TRÊFEGO E PERALTA

RUY CASTRO

Trêfego e peralta
50 textos deliciosamente incorretos

Seleção e organização
Heloisa Seixas

Copyright © 2017 by Ruy Castro

Grafia atualizada segundo o Acordo Ortográfico da Língua Portuguesa de 1990, que entrou em vigor no Brasil em 2009.

Capa
Hélio de Almeida

Foto de capa
Arnaldo Klajn/ Jardim de Luxemburgo, 1981

Preparação
Silvia Massimini Felix

Índice onomástico
Luciano Marchiori

Revisão
Isabel Cury
Fernando Nuno

Dados Internacionais de Catalogação na Publicação (CIP)
(Câmara Brasileira do Livro, SP, Brasil)

Castro, Ruy
Trêfego e peralta : 50 textos deliciosamente incorretos / Ruy Castro ; seleção e organização Heloisa Seixas. — 1ª ed. — São Paulo : Companhia das Letras, 2017.

ISBN 978-85-359-3007-8

1. Artigos – Coletâneas 2. Escritores brasileiros – Coletâneas 3. Jornalistas brasileiros 4. Literatura brasileira I. Seixas, Heloisa. II. Título.

17-08009   CDD-869.9

Índice para catálogo sistemático:
1. Artigos : Coletâneas : Literatura brasileira   869.9

[2017]
Todos os direitos desta edição reservados à
EDITORA SCHWARCZ S.A.
Rua Bandeira Paulista, 702, cj. 32
04532-002 — São Paulo — SP
Telefone: (11) 3707-3500
www.companhiadasletras.com.br
www.blogdacompanhia.com.br
facebook.com/companhiadasletras
instagram.com/companhiadasletras
twitter.com/cialetras

Sumário

Um quaquilhão de teclas — Heloisa Seixas 9

1. JOGANDO COM AS PALAVRAS

Sai o português, entra o clichês [1999] 15
A arte de cultivar abobrinhas [1984] 18
Amarelo, meu amor [1984] 21
O dia em que a cultura bebeu água [1984] 23
Prazer, meu nome é Jennifer [2007] 26
O jogo da trívia [2001] 30

2. PEQUENOS HOMENS PÚBLICOS

O Estado balofo e pimpão [1993] 39
O homem da aura em technicolor [inédito] 42
Os bigodes no poder [1985] 48
Sarney em Moscou [1988] 50
O nosso homem em Havana [1994] 53
Resoluções para o Ano-Novo [1994] 56

Os anos 50 em compota cubana [1993] 59

Os melhores amigos do homem [1993] 62

3. COM TODO O RESPEITO

Não suportamos olhá-la, tocá-la, cheirá-la [2001] 69

O cigarro [1992] 73

É isso aí, bichos [1984] 75

Homens (e mulheres) com H [1983] 78

A deusa ao alcance do sonho [2008] 82

4. LÍNGUAS SOLTAS

Ibrahim Sued [1981] 85

Millôr Fernandes [1983] 110

Elsimar Coutinho [1982] 136

5. DESCONSTRUINDO HERÓIS

Gay Talese nunca se resfria [2015] 169

Lillian Hellman para forno e fogão [1987] 176

Nova York, anos 50 [1993] 181

Amores de apache da Nouvelle Vague [2006] 185

O que eles dizem uns dos outros (e de si mesmos) [1987] 192

6. ILIBANDO VILÕES

O preço da dignidade [2000] 197

Cleópatra é que era mulher de verdade [2001] 201

Britânicos ao sol do meio-dia [2006] 209

Compaixão por Drácula e Frankenstein [2013] 214

O mocinho usa chapéu branco [2014] 220

7. UM ELENCO DE IMPROVÁVEIS

Jânio ergueu um olho [1983] 229

Qual Xuxa? [1984] 235

"Rá!", gritam Baby e Pepeu [1984] 237

Cuidado, Moreira! [1985] 240

Donald Raskólnikov [1984] 243

Com vocês, Zé Carioca [2015] 246

Eu, Chita [2010] 254

8. ECOS DE 1968

Viver no Solar [2015] 265

Verão de 1968 [2007] 276

Dez anos de tropicalismo [1977] 280

Oh, não, 1968 está de volta — de novo! [1996] 286

9. O AUTOR PELO AVESSO

O dia em que eu vi uma vaca [2006] 293

Colega de turma [2009] 295

Querida máquina de escrever [2010] 298

A alta cultura engoliu a baixa cultura [2011] 304

O melhor Carnaval da sua vida [2014] 309

Rapaz de sorte [2015] 312

Ao telefone com João Gilberto [2011] 318

Índice onomástico 327

Um quaquilhão de teclas

Heloisa Seixas

Ruy Castro completa, em 2017, cinquenta anos de vida profissional entre as palavras, em jornais e livros. Sua estreia como jornalista, com matéria assinada na grande imprensa, foi em maio de 1967, no jornal *Correio da Manhã*, do Rio: um texto sobre os trinta anos da morte de Noel Rosa.

Surgiu, então, a ideia de reunir em livro artigos que dessem um panorama, um voo rasante, da produção de Ruy ao longo desse período. E, se falo em voo rasante, é porque todo mergulho na produção de Ruy será incompleto — poucas pessoas, em qualquer tempo ou lugar, castigaram tanto os teclados das máquinas de escrever (mecânicas, elétricas) e dos computadores ao longo da vida. Tentar calcular isso em teclas batidas seria o mesmo que contar os quaquilhões do Tio Patinhas naquela piscina em que ele mergulha.

Sendo assim, a seleção foi árdua. Numa estante que toma uma parede inteira, fileiras e fileiras de pastas se sucedem, catalogadas pelo ano em que as matérias foram produzidas. O critério de seleção foi a importância, a permanência e a qualidade dos textos.

Seja no *Pasquim*, para o qual escreveu desde os primeiros números em 1969, seja na *Florense*, revista sobre design e variedades, para a qual colabora há anos, Ruy é o mesmo. Sempre nos oferece uma quantidade impressionante de informações, num texto de estrutura impecável, cheio de charme e humor. Jeito de escrever que exercitou nos jornais e revistas pelos quais passou — *Manchete, Seleções, Jornal do Brasil, IstoÉ, Playboy, Status, Folha de S.Paulo, Veja, O Estado de S. Paulo* e mais dezenas de outros como colaborador —, às vezes tendo de escrever às pressas, na redação, contra o relógio. Quando lemos Ruy, escrever parece fácil — mas só parece. Ele sabe como é difícil parecer fácil.

A divisão em blocos temáticos tenta abranger os muitos universos de que Ruy tem tratado. Ele próprio reviu os textos e fez cortes e acréscimos, mas sem amenizar o tom de ironia e malícia que os caracteriza — nada de "corrigi-los" para os padrões atuais.

O "trêfego e peralta" do título — definição que certa vez ouviu de um amigo a seu respeito — foi escolhido por ele, que admite nunca ter sido dos jornalistas mais politicamente corretos que conheceu. Ruy fala de cigarros (a favor — ele, que deixaria de fumar em 2005), homossexualidade, mulheres-objeto, drogas e até de cocô, tudo isso com todo — ou nenhum — respeito. O atenuante é que, na época da maioria dos textos que o leitor encontra neste livro, a questão do politicamente correto não se colocava. A expressão nem existia.

Ao falar de política, Ruy também não poupa ninguém. Dispara à esquerda e à direita, e seu compromisso parece ser apenas o de informar o leitor. Mas informar divertindo (ou provocando). Em certos textos, alguns publicados nos anos 80 e 90, seu ceticismo em relação aos nossos políticos soa premonitório. A seleção inclui ainda artigos sobre a geração de 1968, à qual Ruy pertenceu — e, nesses casos, há análises de uma lucidez que chega a doer.

O livro traz também três entrevistas publicadas originalmente nas revistas *Playboy* e *Status*, em que Ruy teve longa participação: com o colunista social Ibrahim Sued, o cartunista e pensador Millôr Fernandes e o médico Elsimar Coutinho, especialista em... você vai descobrir. Entrevistas são, às vezes, um jogo de gato e rato, com o entrevistado tentando escapar das perguntas e o entrevistador perseguindo-o em busca das respostas. Nesse departamento, Ruy dá uma aula de jornalismo. E é também como um repórter por excelência que, em seus tempos de jornal, ele encarou personagens improváveis, como Jânio Quadros, Xuxa ou Bezerra da Silva, e os transformou em leitura deliciosa.

No mais, ilibando vilões ou desconstruindo heróis, Ruy está sempre tentando demonstrar que certas verdades estabelecidas são mera ficção. Em cinco décadas como jornalista, ele sempre lutou contra os lugares-comuns, as obviedades, os modismos. Fez isso com franqueza, dizendo o que pensa sem rodeios, mas também com uma ponta de picardia. E, claro, fazendo uso daquela que é sua principal característica: passar para o leitor o prazer que sente ao escrever.

Está, portanto, apresentado *Trêfego e peralta: 50 textos deliciosamente incorretos*. Só espero, nestas linhas, não ter cometido nenhum clichê — o único pecado que Ruy Castro não consegue perdoar.

1. JOGANDO COM AS PALAVRAS

SAI O PORTUGUÊS, ENTRA O CLICHÊS

Um clichê é uma palavra ou expressão que nos vem à boca
sem passar pela cabeça

[*O Estado de S. Paulo*, 23/1/1999]

O mercado ficou *nervoso*. A Bolsa de Valores *despencou*. As reservas *encolheram*. O dólar *disparou*. As reservas se *volatizaram*. As empresas *amargaram* prejuízos. O ministro tenta *apagar o incêndio*. Os analistas *questionam* o sistema. O governo *descarta* a possibilidade de crise. Urge *diversificar* os investimentos. A economia está *estruturada*. Os estados precisam *enxugar* os gastos.

Como costumava perguntar o professor Higgins (o linguista criado por Bernard Shaw na peça *Pigmalião*, digo *My fair lady*) ao seu amigo, o coronel Pickering: "Diga-me, Pickering, que raio de língua é esta?". O veterano e dedicado Pickering talvez respondesse: "Chama-se economês, Higgins, e foi inventado no Brasil pelos economistas. Parece que é um novo dialeto do português. É falado pelos comentaristas econômicos de televisão e, ultimamente, até pelo povo brasileiro, embora seja compreensível apenas para quem é pago para entendê-lo".

Pickering foi profundo, mas, se dissesse isso, estaria induzindo Higgins a erro — porque esse não é o legítimo economês. Economês é quando o Banco Central diz, como numa esclarecedora nota oficial outro dia, que "a atual política de intervenções intrabanda será *descontinuada*". Imagino que descontinuada (do inglês *discontinued*) queira dizer, em português arcaico, interrompida. Mas o que serão "intervenções intrabanda"? Ou quando um ministro, referindo-se a dívidas não declaradas, anunciou outro dia que o governo empreenderia uma "caça aos passivos ocultos" — com o que criou um pânico entre os gays enrustidos.

As frases tão familiares citadas no começo deste artigo são apenas o economês vulgar, traduzido em clichês. Um clichê, como se sabe, é uma expressão ou frase feita que nos vem à boca ou aos dedos sem precisar passar pela cabeça. É um bloco de palavras que andam juntas e já nasce pronto para ser falado ou escrito — motivo pelo qual é logo adotado pelo povo, que não tem muito tempo para pensar. Como tudo que é dito ou escrito sem ser pensado, os clichês perdem rapidamente qualquer vestígio de significado e, quanto mais ocos se tornam, mais são usados.

Que o povo os adote, é normal. O que me intriga é o fato de os comentaristas econômicos de televisão os usarem até hoje. Eles continuam a dizer que o mercado *ficou nervoso* ou que a Bolsa *despencou*. E, talvez pela gravidade do assunto, cometem a proeza de dizer isso sem um toque de ironia. Na verdade, dão a essas frases uma ênfase de bronze, como se tivessem acabado de inventá-las.

Quem despenca é uva, quem amarga é fel e quem descarta é jogador de burro em pé. Diz o governo que é preciso *reabilitar* os ativos. Mas quem reabilita ativo é a ABBR. Os significados originais e primários das palavras vão perdendo o valor diante dos novos contextos em que os tais verbos passam a ser massacrantemente repetidos.

Seria mais fácil dizer que a Bolsa caiu ou o dólar subiu (verbos simples e diretos, perfeitos para a situação), mas uma irreprimível jequice verbal nos leva a querer complicar. A língua não ganha com isso, só perde — porque, com o abuso, chega o dia em que o próprio clichê acaba sendo abandonado e as palavras que ele invadiu deixam de ser usadas até na sua conotação original. "Válido" e "inserido no contexto", por exemplo, eram boas expressões que se transformaram em clichês nos anos 60. De tanto serem gozadas por nós, no antigo *Pasquim*, foram evaporadas da língua.

Os mais atentos a esses joanetes linguísticos sempre souberam que certos clichês só servem mesmo para fazer piada: "O apresentador Fulano, enquanto ícone da cultura off-USP, é emblemático do estilo de televisão produzido em São Paulo". Ou "A nível de mulher, descobriu-se na praia que a irretocável Beltrana tem estrias e celulite". Até algum tempo, as pessoas ainda julgavam estar falando a sério quando usavam palavras como "enquanto", "ícone", "emblemático", "irretocável" ou "a nível de". Hoje, será possível usá-las sem ser para fins humorísticos?

Talvez sim — porque os jornalistas ainda não acordaram nem para o fato de que o verbo "resgatar" está implorando por uma aposentadoria. O que se continua *resgatando* de filmes, livros e discos nos segundos cadernos é uma grandeza. Mas o esvaziamento semântico de *resgatar* é tão absoluto que, de uns tempos para cá, nem os sequestradores querem saber mais disso — sequestram um infeliz e somem com ele de uma vez, sem pedir resgate. E a última moda (passada a febre de "Fulano *relê* o filme ou peça do Beltrano") é "um *novo olhar* sobre isso-assim-assado". Os franceses já brincavam disso em 1968: "Godard lança *un nouveau regard* sobre o cinema" — e nós, por aqui, também.

Tenho sentido falta, nos últimos tempos, do "leque de opções" e do "apostar todas as fichas". São clichês que, depois de anos de uso exaustivo na imprensa e na fala diária, parecem ter sido, até que enfim, *descontinuados*. Pelo visto, as pessoas se mancaram e descobriram que os leques, mesmo os de opções, são apenas para se abanar em dia de calor. Quanto às fichas, devem ter apostado todas e perdido, o que também já não era sem tempo.

Mas o clichê mais *imbatível* (aliás, "imbatível" também é clichê) continua sendo a notícia de que "Fulaninho *entrou em estúdio* para gravar seu novo disco". Bolas, onde queriam que ele gravasse o disco? Na rua, no outro lado da calçada? É verdade que há uma tíbia justificativa para essa mania de dizer que o fulano *en-*

trou em estúdio. Um simples disco, hoje, leva meses para ser gravado — e um dos motivos é o de que nossos compositores-cantores passam o ano inteiro fazendo shows e não têm tempo para compor. Mas, por obrigação contratual, são obrigados a gravar um disco por ano, e para sair no mês xis. Com isso, *entram em estúdio* de mãos abanando, às vezes sem uma única canção, e deixam para compor tudo de uma vez, durante a gravação do próprio disco. Isso pode explicar por que os últimos discos dos nossos grandes nomes não têm tantas coisas memoráveis quanto os seus discos mais antigos, do tempo em que eles só *entravam em estúdio* depois de fazer a — outro clichê — *lição de casa*.

Nada mais triste e antigo do que um clichê usado, abusado e abandonado. Lembra certas coisas queridas que um dia estiveram em grande evidência, até que foram deixando de estar e hoje só são lembradas durante surtos de nostalgia. Como o estrogonofe, o coquetel de camarão, a samambaia-chorona, o perfume Pinho Silvestre, o vestido saco, as camisas Ban-Lon, a garçonnière, o concretismo e o bambolê.

A ARTE DE CULTIVAR ABOBRINHAS
A sociologia, a filosofia e a linguística são as ciências
em que elas mais dão frutos

[*Folha de S.Paulo*, 16/11/1984]

"Abobrinhas", segundo o *Aurélio*, são os frutos verdes da aboboreira. Só que, na São Paulo de 1984, elas são isso e mais alguma coisa — muita coisa. Abobrinhas são qualquer conversa jogada fora, falar ou escrever sem dizer nada e dar voltas no escuro ao redor do oco para não se chegar a lugar nenhum. Mas é engano pensar que abobrinhas sejam privilégio de gente desinformada, sem assunto ou simplesmente chata. Pode acontecer também — e acontece muito — nos melhores arraiais da alta cultura. Basta folhear suplementos literários, papers acadêmicos, dissertações de mestrado e teses de pós-doc. Vivemos sob a égide da abóbora, enriquecida por muitas abobrinhas de pé de página.

Alguns analistas mais rigorosos chegam ao extremo de afirmar que a maior parte da produção literária, poética, filosófica, cinematográfica e musical dos últimos 150 anos não passa de uma vastíssima abobrinha. Essa opinião também é considerada uma abobrinha, principalmente pelos que a identificam como uma resistência conservadora às abobrinhas menos imediatamente "decodificáveis". É claro que esse debate é, em si, uma abobrinha. Tudo isso prova apenas a inescapável onipresença da abobrinha na cultura contemporânea.

Para alguns, por exemplo, a obra-prima de Guimarães Rosa deveria se chamar *Grande sertão: abóboras*. Eu não acho. Mas alguém poderia adaptar Oswald de Andrade, o autor de *Abobrinhas sentimentais de João Miramar*, transformando sua famosa frase em "a massa ainda comerá da abobrinha fina que fabrico". Há quem sustente que os primeiros capítulos de *Abóboras póstumas de Brás Cubas*, de Machado de Assis, estão cheios da dita. E os mais argutos identificam também abobrices no poema *Morte e vida abobrinha*, de João Cabral de Melo Neto. Mas, pelos mesmos critérios, *Meu pé de abóbora-lima*, de José Mauro de Vasconcelos, seria um título mais condizente.

Os cineastas, sempre à procura de ideias, poderiam assumir de vez a abobrice e partir para filmes com cenas de abobrinha explícita. Inspirados no velho Alfred Hitchcock, poderiam nos brindar com remakes de alguns de seus clássicos, transformando-os em pérolas de suspense e humor, como *Uma abobrinha que cai*, *A abobrinha indiscreta* e *A abobrinha que sabia demais*. E um dos nossos cineastas "marginais" poderia tornar seus delírios mais simpáticos, produzindo algo como *Comeu a abobrinha e foi ao cinema* — embora nada supere o alto índice aboboral de *2001: Uma abobrinha no espaço*, de Stanley Kubrick, e *Abobrinha, meu amor*, de Alain Resnais. Bem que Steven Spielberg tentou, com *Abóboras imediatas do terceiro grau*, mas sua inexperiência o impediu de produzir uma abóbora-prima.

Se o abobrismo é a doença infantil da abobrinha, o melhor exemplo poderia ser o *18 Abobrário*, de Marx, mas não faltam casos na sociologia, na filosofia e na linguística. Na realidade, são os terrenos onde elas vicejam e dão mais frutos — sem trocadilho. Da *Crítica da abobrinha pura*, de Kant, à *Crítica da abobrinha dialética*, passando por *A abobrinha e o nada*, de Sartre, e *Abobrinha e consciência de classe*, de Lukács, a abobrinha pode ser a pedra de toque de abóboras monumentais.

Os amantes de Walter Benjamin, que não sai da cabeça de nove entre dez abobrófilos, poderiam seguir a trilha do mestre e perpetrar *Origem da abobrinha barroca alemã* ou *A abobrinha na era da sua reprodutibilidade técnica*. Os fãs de Roland Barthes, em compensação, têm visto diminuir a influência de seus clássicos *O grau zero da abobrinha* e *Fragmentos de uma abobrinha amorosa*. Ao mesmo tempo, sobe a cotação de Michel Foucault, principalmente com *Microfísica da abobrinha*.

Desde que Gertrude Stein escreveu que "uma abobrinha é uma abobrinha é uma abobrinha", os poetas descobriram um rico filão, cuja pepita mais preciosa saiu em 1958: o *Plano-piloto da abobrinha concreta*. Ele antecipava diversos achados desenvolvidos mais tarde por Umberto Eco em *Abóbora aberta*. Sem isso, não teria sido possível a Haroldo de Campos publicar o seu recente *Abobráxias*. Ou o novo romance de Paulo Leminski, *Abóbora é que são elas*, o qual traz inclusive uma abobrinha na capa. Mas, como qualquer criança sabe, nada supera em aboborismo as interpretações e análises a respeito de qualquer uma dessas abobrices.

A presença da abobrinha no pensamento moderno tinha de chegar à política, cultivada pioneiramente entre nós pelo outrora festejado e hoje reduzido às suas devidas dimensões *Geoabobrinha do Brasil*, do geogeneral Golbery do Couto e Silva. Mesmo assim, foi ele nitidamente o inspirador de frases como "Prefiro o cheiro da abobrinha ao cheiro do povo" e "Hei de fazer deste país uma abobrinha", pedras angulares da plataforma do general então candidato à presidência, João Batista Figueiredo.

Enfim, assuma a sua porção abobrinha. Se a abobrinha é inevitável, relaxe e aproveite. E não acredite no ditado de que uma abobrinha não faz verão. Neste verão vai fazer. É só ler o que os dois candidatos à presidência [*Tancredo Neves e Paulo Maluf*] andam dizendo pelos jornais.

AMARELO, MEU AMOR
A melhor cor para sair às ruas — ou para curtir o luto no Carnaval

[*Folha de S.Paulo*, 10/4/1984]

Se todos gostam do amarelo, por que alguns insistem nas eleições indiretas? É porque, para o governo, o perigo amarelo sobrevoa Brasília. Se a Câmara dos Deputados aprovar a emenda constitucional proposta pelo deputado Dante de Oliveira (PMDB-MT), que restabelece o voto presidencial direto no Brasil, o Planalto vai ficar amarelo de susto. Ou, no mínimo, rir amarelo. No dia da votação na Câmara, nenhum deputado conseguirá disfarçar sua pigmentação política. E os pássaros de outra plumagem, eleitos pelo voto em 1982, mas que não deram seu sinal verde às diretas, experimentarão nas próximas eleições uma profunda anemia nas urnas. Ou uma icterícia. De qualquer forma, ficarão amarelos.

Em compensação, os 95% de brasileiros vitoriosos terão vastos motivos para comemorar. Os cariocas poderão fazer isso no bar Amarelinho, na Cinelândia. Nas outras cidades, deve haver bares com nomes igualmente sugestivos — procure nas Páginas Amarelas. Não faltará quem saia cantando "*Encontrei meu pedaço/ Na Avenida/ De camisa amarela...*", de Ary Barroso. Ou "*Quando eu morrer/ Não quero choro, nem vela/ Quero uma fita amarela/ Gravada com o nome dela...*", de Noel Rosa. E, os mais sofisticados, "*Mas nestes dias de Carnaval/ Para mim você vai ser ela/ O mesmo perfume, a mesma cor/ A mesa rosa amarela...*", de Capiba e Carlos Pena Filho.

Um ou outro canal de televisão poderia programar para essa noite o clássico faroeste de William Wellman, *Céu amarelo* (*Yellow sky*, 1948), com Gregory Peck. Ou o desenho *O submarino amarelo* (*The yellow submarine*), dos Beatles. Vídeos da Yellow Magic Orchestra, um grupo japonês de rock, animarão os aparelhos de quem sabe das coisas. E os nostálgicos ressuscitarão aquele velho sucesso dos Herman's Hermits, "Mellow yellow". A marcha da contagem dos votos em Brasília ficará ainda melhor se acompanhada em rádios munidos com as pilhas Rayovac, "as amarelinhas".

Será um dia especialmente glorioso para assistir a *O sítio do picapau amarelo* na televisão. Ou reler o livro de Monteiro Lobato. Mas acho que as crianças vão estar muito ocupadas brincando de amarelinha.

Assim como os adultos terão um renovado interesse em folhear *O jogo da amarelinha*, de Julio Cortázar. Uma determinada família de São Paulo, a do sr. Manuel J. Amarelo, residente à avenida Francisco Morato, deverá ter motivos particulares para comemorar. Haja balões amarelos.

Acho que nem Caio Graco Prado, diretor da Editora Brasiliense e pai da ideia de o povo sair às ruas usando amarelo pelas diretas, poderia prever tantas adesões à sua campanha. Caio deve ter escolhido o amarelo por ser uma cor que sugere o sol, o ouro, o milho, o girassol, a nossa bandeira — coisas que simbolizam a vida. E eu acrescentaria a gema do ovo, a camisa da Seleção e os picolés da Kibon. A vaca amarela pulou da janela e o resto você sabe.

A vitória do amarelo e a volta das eleições diretas não significarão a solução imediata para algumas mazelas que, ao contrário de outros povos civilizados, os brasileiros insistem em contrair, como o impaludismo (também conhecido como "amarelão") e a febre amarela. Mas terão sido um passo importante para que o Brasil deixe de ser esse imenso abacaxi (que, quando maduro, também fica amarelo), tão difícil de descascar. Com eleições diretas e sem governantes que se deleitam em jogar cascas de banana aos pés da nação, as coisas podem melhorar tanto que talvez até a Seleção Canarinho pare de nos deixar rubros de vergonha e tudo volte a ser ouro sobre azul. Por isso, no dia 25, serei radical: convocarei minha namorada japonesa e sairei às ruas de amarela pelas diretas.

Mas, se a Emenda Dante de Oliveira não passar, podemos seguir o conselho de Machado de Assis, para quem o luto por quem morresse no Carnaval deveria ser... amarelo.

O DIA EM QUE A CULTURA BEBEU ÁGUA
Tanto Marx quanto Comte foram postos para secar

[*Folha de S.Paulo*, 4/1/1984]

Mesmo o mais sólido saber corre o risco de se diluir em água. Bastou uma hora de chuva forte em São Paulo, entre 4 e 5 da tarde de ontem, para que grande parte da produção dos mais importantes filósofos, sociólogos, economistas, antropólogos, historiadores e cientistas políticos brasileiros e internacionais, deste e de outros séculos, se transformasse numa pasta de papel da qual será difícil extrair, a partir de agora, uma visão transformadora do mundo, um pensamento organizado ou o mais humilde silogismo. Não foi para isso que eles dedicaram anos de trabalho intelectual — para verem os seus livros morrerem afogados na inundação que atingiu 12 mil dos 63 mil volumes da Biblioteca de Filosofia e Ciências Sociais da USP.

É que esses pensadores, que anteviram tudo, não contaram com as calhas entupidas no telhado da biblioteca, nem previram o horripilante espetáculo da água vazando pela claraboia, infiltrando-se pela laje e jorrando aos borbotões sobre as estantes. Caso contrário, teriam reformulado vários conceitos.

Em poucos minutos, por exemplo, os séculos da *História da civilização* levantados por Arnold J. Toynbee rolaram água abaixo, vítimas de um encanamento sem manutenção. Os diversos exemplares da popularíssima *História da riqueza do homem*, de Leo Huberman, conheceram os rigores da pobreza crônica a que a USP condena a sua área de ciências humanas. E tanta água escorria dos livros de Malthus que só pode ser castigo por ele ter sido, no século passado, um profeta do apocalipse.

Assim que as águas baixaram, funcionários da biblioteca começaram a avaliar os estragos. Os livros de Charles Darwin, que tratam da sobrevivência dos mais fortes entre as espécies, viram suas possantes encadernações serem desfeitas com a mesma facilidade com que se desfariam as páginas de papel-bíblia do Gênesis. A revolucionária Rosa Luxemburgo teve suas orelhas enrugadas como papiros. E, por uma cruel ironia, os sofridos escritos de Antonio Gramsci acabaram com suas páginas organicamente coladas umas às outras. Pode ser, no entanto, que a umidade agora contida nas páginas de *Os donos do poder*, de Raymundo Faoro, e de *Ideologia da cultura brasileira*, de Carlos Guilherme Mota, torne sua leitura menos árida.

Coincidentemente, ninguém foi mais flagelado pelas águas que rolaram na usp do que as inúmeras edições das obras completas de Karl Marx. Coleções inteiras em português, inglês, francês e alemão — inclusive a preciosa *Werke* de Marx e Engels, editada pela Dietz Verlag, de Berlim, em 39 volumes — beberam mais milímetros de chuva do que todo o resto reunido, por estarem exatamente no epicentro do toró. Algumas dessas edições podem ter-se perdido para sempre. Para que não se diga que o temporal teve conotações ideológicas, a obra de Auguste Comte, o inventor do positivismo, também saiu quase liquefeita.

Mas, se muitos livros podem ser repostos (e grande parte deles foi colocada para secar, aberta em leques, sob ventiladores), as preciosas coleções de revistas acadêmicas, com seus exemplares únicos e esgotados, nunca mais serão as mesmas. E os milhares de jornais, amarrados em embrulhos e ainda não catalogados por falta de pessoal, não servirão nem para embrulhar peixe.

"A chuva foi uma calamidade", diz a professora Sylvia Caiuby Novaes, "mas a calamidade já existia antes. Há anos estamos alertando a usp para o estado de abandono da Biblioteca de Filosofia e Ciências Sociais. Os diversos relatórios estão aí para provar. Os recursos que a usp e os convênios destinam às ciências humanas são ridículos em comparação aos destinados às ciências exatas e biológicas. É claro que isso é um reflexo da política dos órgãos de planejamento econômico e científico, que estabelecem as prioridades para os seus próprios departamentos e negligenciam os setores sociais que deveriam orientar o avanço da ciência."

Só pode ser isso. O projeto do prédio da Filosofia e Ciências Sociais, por exemplo, não previa a existência de uma biblioteca. Os dois precariíssimos andares que ela ocupa hoje — sem telefone, com o porão normalmente alagado e milhares de volumes esperando catalogação — tinham sido destinados ao convívio dos alunos. E os quinhentos leitores por dia que, nas épocas de pique, disputam os seus 63 mil volumes têm apenas onze funcionários para atendê-los.

Os mesmos que estão pondo livros para secar e fazendo figa para que, quando chover de novo, que seja em outra horta.

PRAZER, MEU NOME É JENNIFER
Mas pode me chamar de Djyénniffer

[*O Perú Molhado*, 9/11/2007]

Alexandre, Rodrigo, Filipe — digo, Felipe —, Thiago e Diego. Onde foi que você ouviu esses nomes ultimamente? Eu respondo: em toda parte.

Cinco entre dez cidadãos brasileiros de hoje, na casa do zero aos 25 anos, foram registrados com eles. São nomes bonitos, mas é uma epidemia. Já posso imaginar esses garotos respondendo à chamada no colégio — são tantos com o mesmo nome que os professores têm de chamá-los pelos sobrenomes. Sem falar nas variações.

Os Alexandres podem ser Alessandros, Alexandros, Alexanders, Aleksandros e Alekxandres — não importa, todos se tornam Alex, Sandy ou Xande. Os Diegos também abundam, principalmente no futebol — não há time que não tenha pelo menos três. E os nossos Filipes, que deveriam ser Filipes, são, quase sempre, Felipes, com é. É coisa de brasileiro — porque os Filipes portugueses, franceses, espanhóis e ingleses sempre foram Filipes, com i — de Philippe III, o Ousado, rei da França em 1270, passando por Philippe IV, o Belo, também rei da França em 1285, e seu filho Philippe V, o Longo, rei de um monte de lugares em 1294, até Philippe I, o Formoso, rei de Castela e dos Países Baixos em 1500, e Philippe III, o Esbanjador, rei de Espanha e de Portugal em 1620, sem falar no príncipe Philip, duque de Edimburgo e marido da rainha Elizabeth II, da Inglaterra. Se algum deles fosse Phelipe, Phelippe ou Phellippe, teria sido destronado, besuntado com alcatrão e coberto de penas, e sido mandado a reinar lá na Cochinchina — ou no Brasil.

Sem falar na mania, também recente, dos nomes terminando em son. Exceto os Edsons, Wilsons e Nelsons, que sempre os tivemos, até algum tempo só havia um ou outro Jefferson ou Edmilson. Hoje pululam os Joílson, Jobson, Joelson, Harson, Revson, Kleberson, Anderson, Vanderson, Jadilson, Emerson, Ibson, Athirson, Edilson, Valdson, Liedson, Tailson, Denilson, Lenilson, Ademilson, Richarlyson e até Glelberson. Como você sabe, são todos nomes de jogadores de futebol — como se seus pais, já prevendo uma futura carreira para os garotos nas quatro linhas, lhes sapecassem esses nomes, sem os quais um menino não chega hoje nem aos dentes de leite de um clube. Mas é só coincidência — todas as categorias profissionais estão infestadas de sons. Já reparou também que, entre os milhares de Davids hoje no Brasil, nenhum deles é Davi, como antigamente, mas dêivid?

Veja bem, nada contra isso, e quem quiser se chamar Claudemirson que o faça — estou só registrando uma tendência. Já não posso dizer o mesmo de quem teve a infelicidade de ser registrado como Máicon (o pai provavelmente queria dizer Michael) ou Maicosuel — pronuncia-se Maicossuel. Outro que me intriga é Danrley, nome de um goleiro que já teve a sua época — será um misto de Daniel com Shirley, nomes talvez de seus pais? E o que dizer de Máiron, Kerlon, Weldon, Cleiton, Rogélio e Leyrielton? Todos esses são jogadores que, um dia, já disputaram o Brasileirão — e nenhum deles campeão. E já houve até um Thiego — espero que não seja filho de Thiago com Diego.

Há algo de ridículo em sapecar nomes estrangeiros nos filhos, numa idade em que eles ainda não podem se defender. Mas nada supera o de um jogador que apareceu há tempos não sei onde e já se evaporou: Creedence. Se isso lhe diz alguma coisa, o nome completo do rapaz é Creedence Clearwater da Silva. O pai dele seria fã de um grupo de rock dos anos 70, o Creedence Clearwater Revival. Para sorte do garoto, Creedence não é um mau nome, só meio bobo. Imagine se o pai dele fosse fã dos Sex Pistols, do New York Dolls ou do Flying Burritos Brothers?

Onde foram parar os Carlos, Eduardos, Joões, Josés, Jorges, Antônios, Franciscos, Pedros e Luíses? Esses são os nomes básicos da língua, porque podem ser combinados entre si e com muitos outros. Durante séculos, serviram-nos muito bem. Mas, nos últimos vinte anos, sua queda na preferência popular é visível. Temo também que, brevemente, assim que morrer o último, não haverá um único Sebastião no Brasil. Ou um Raimundo, Benedito ou Valdemar. Por sorte, essas coisas são cíclicas e espero que, num futuro não muito distante, eles reapareçam — assim como os Plínios, Clóvis, Abílios, Odoricos, Teotônios e Aníbais, nomes outrora populares, mas que, hoje, segundo um amigo meu, só são encontrados em cemitérios. Aliás, Ruy também corre esse risco.

E o que dizer das Karens, Natashas, Agathas, Priscillas, Jéssicas, Ticianes, Viviennes, Kellys e Suellens? Sim, esses nomes existem e há inocentes brasileirinhas que atendem por eles. Suas mães sabiam o que estavam fazendo quando mandaram o marido ao cartório para registrar a infeliz? E o problema que se cria quando se trata de uma Paola? Já devemos ter quase tantas Paolas entre nós quanto na Itália. A diferença é que, na Itália, toda Paola se pronuncia Paula. No Brasil, diz-se, hilariamente, Paôla.

Os cartórios, por sinal, devem sofrer para pôr em letra de fôrma o nome que certos pais e mães levam para registrar. Não há critério, nem pode haver. Uma simples e bela Manuela pode se tornar Manoela, Manoella, Mannoella, Mannuelly ou Emmanuelly. O mesmo com as Camilas, Isabelas e Gabrielas — o tabelião se distrai e é soterrado por uma montanha de consoantes dobradas, kás, ípsilons, dáblius e variações que transformam aqueles nomes em Kamilly, Izabelly e Gabrielly. Fora as Grazielly, Michelly, Michaelly, Nicolly, Danielly, Mirelly, Raphaelly e Adrielly, além das Ayla, Thayla, Lorrayne, Kauany e minha favorita, Kethelyn. E um dos grandes pesadelos dos cartórios são as Jénnifer — já as há grafadas Djénifer, Djénniffer e, naturalmente, Dyénniffer.

É normal que certos nomes estrangeiros entrem em moda universalmente por causa de alguém famoso, geralmente de Hollywood. Em 1936, houve um surto de Shirleys no Brasil e no mundo, por causa da menina-prodígio Shirley Temple; outro de Elizabeths em 1950, por causa de Elizabeth Taylor (e da rainha Elizabeth, da Inglaterra); e ainda outro de Doris em 1960, por causa de Doris Day. Mas não sei de nenhuma Suellen, Ticiane ou Vivienne internacional para provocar esse enxame de homônimas nacionais — pelo visto, nem nos Estados Unidos suas mães se atrevem.

Ou se atrevem? Acabo de ser informado de que os nomes femininos mais populares nos Estados Unidos nos últimos quinze anos são Melanie, Kylie (pronuncia-se kái-li), Alyssa, Dylan, Chloe, Destiny, Tiffany, Crystal, Megan e, estranho que pareça, Madison. Mas não se iluda: os americanos sensatos também estão horrorizados com essa cafonice e torcendo pela volta das Joan, Susan e Lucy.

Gostaria de acreditar que, um dia, aqui no Brasil, as moças voltarão a se chamar Isabel, Helena, Margarida, Lília, Leila, Sônia, Lúcia, Cristina, Angélica e Heloisa. Sem falar naquele que, antigamente, era um nome muito popular. Todas as mulheres o usavam. Como era mesmo?

Ah, sim: Maria.

O JOGO DA TRÍVIA
Fellini inventou a palavra "paparazzo", não? Não!

[*O Estado de S. Paulo*, 3/2/2001]

A morte de um engenheiro americano chamado Al Gross, aos 82 anos, em 2001, numa cidadezinha do Arizona, Estados Unidos, não provocou comoções internacionais. A rigor, não provocou comoção nenhuma, a não ser talvez em seus filhos e netos, e mesmo assim para lamentar que vovô não tivesse sido menos otário. Gross foi o inventor do walkie-talkie, aquele aparelho usado pelas tropas americanas na Segunda Guerra e que, muito mais tarde, daria origem ao telefone celular. O princípio era o mesmo: um telefone portátil e sem fio — cuja aplicação para fins não militares ele também previu, mas por algum motivo não chegou a desenvolver. Resultado: foi o único a não se beneficiar da própria invenção. Hoje, ao ver multidões de celular em punho (inclusive em teatros, cemitérios e sessões espíritas), os netos de Gross devem achar que ele morreu tarde.

Mas seu caso não é único. Só os mais ambiciosos ou espertos lucram com as geringonças que inventam, embora tantas delas alterem profundamente nossa vida. O generoso Alberto Santos-Dumont, por exemplo, nunca se interessou em patentear seus inventos. Em 1902, ele acoplou o motor à explosão a um balão de hidrogênio, aplicou-lhe um volante e uma hélice e tornou esse balão dirigível; quatro anos depois, foi o primeiro a fazer um avião levantar voo por conta própria, sem catapulta. Como se não bastasse, popularizou o relógio de pulso e inventou também o hangar, a porta corrediça e a palavra "aeroporto". Santos-Dumont não quis ganhar nada com isso e, ainda em vida, teve o desgosto de ver o avião universalmente atribuído a dois jecas americanos que "voaram" quando ninguém estava olhando.

O que dizer, então, dos não especialistas que inventaram ou nomearam coisas e cuja glória nunca foi reconhecida? Digamos, a contagem regressiva, de amplo uso no lançamento de foguetes — você sabe: 10... 9... 8... 7... De quem foi essa ideia? Pois não saiu de nenhum cientista alemão refugiado nos Estados Unidos e trabalhando na Nasa (nem a Nasa existia). Foi um alemão, mas estava longe de ser cientista: o cineasta Fritz Lang, diretor de *Metrópolis* (1927). Lang inventou a contagem regressiva ao filmar *A mulher na Lua* (*Die Frau im Mond*, 1928). Na cena em que um foguete vai ser disparado, o roteiro previa uma contagem de 1 a 10. Mas Lang temeu que ela não funcionasse, porque a plateia não podia saber quando a contagem terminaria. Então lhe ocorreu contar ao contrário, de 10 a 0 — e criou a contagem regressiva. Hoje a ideia pode parecer óbvia, mas, como dizia Nelson Rodrigues, só os profetas enxergam o óbvio.

Se as coisas têm nomes, é preciso que alguém os invente. E, a meu ver, em certos casos o nome deveria ter tanto valor quanto o que ele nomeia. Mas não é o que acontece e, muitas vezes, os responsáveis pelo batismo de coisas que movimentam milhões costumam perder-se na História. Quem sabe quem criou a palavra "discothèque", designando aquelas boates onde se toca música gravada? Pois foi outro cineasta, em fins dos anos 40 — aliás, futuro cineasta: Roger Vadim (também futuro inventor de Brigitte Bardot, em *E Deus criou a mulher* [*Et Dieu... créa la femme*, 1956]). O jovem Vadim começou a chamar de "discothèque" as pequenas boates de Saint-Germain-des-Prés que não tinham dinheiro para música ao vivo, na Paris de fins dos anos 40. O nome pegou no mundo inteiro e, quase trinta anos depois, serviria para designar um gênero de dança que faria a fama de John Travolta e das Frenéticas.

Falando em dança, quem inventou (e batizou) o chá-chá-chá? O percussionista cubano Tito Puente e o coreógrafo americano Fred Kelly, na escola de dança de Kelly em Pittsburgh, Pensilvânia, em certa noite do pós-guerra. Puente criou a batida, Kelly criou a dança e um dos dois ou os dois juntos chegaram ao nome chá-chá-chá, resultado talvez de uma onomatopeia. A operação levou menos de vinte minutos, e o resultado foi uma das epidemias dos anos 50. Um dos expoentes do chá-chá-chá foi o cantor e dançarino Harold Nicholas, um dos Nicholas Brothers, de tantos filmes de Hollywood. Em 1950, os irmãos foram para a Europa, onde Harold fez carreira própria como cantor em várias línguas e, em 1962, estourou com o infeccioso chá-chá-chá "Las secretarias", de Pepe Luis — que, no Brasil, seria gravado naquele mesmo ano por... Elis Regina, quando ela ainda disputava o título de rainha da brotolândia.

Eu sei, há séculos ninguém mais dança o chá-chá-chá, e ele está tão fora de moda quanto outros símbolos daquela época, como o Gumex, jogar peteca e filme que termina com beijo. Mas quem garante que não possa voltar? Se isso acontecer, será uma forma de fazer justiça a Fred Kelly, já que até os entendidos desconhecem que sua grande invenção foi, esta, sim, seu irmão Gene Kelly. Apesar de mais novo, foi Fred quem ensinou Gene a dançar e nunca se incomodou em ficar na sombra enquanto o irmão brilhava nos musicais da MGM.

Certas palavras incorporaram-se de tal forma às mais diversas línguas que, no futuro, ninguém mais se lembrará de quem, como, onde, quando e por que as criou. Mas, enquanto essa memória ainda existe, muitos sabem que "robô" (tanto o conceito quanto a palavra) foi uma concepção do escritor tcheco Karel Capek (1890--1938) em sua peça *R.U.R.*, de 1921. A palavra "robota" significava "trabalho forçado" em tcheco, e "R.U.R." queria dizer "robôs universais de Rossum", sendo Rossum o nome do cientista que os inventou, usando matéria orgânica sintética. Na peça de Capek, os robôs — machos e fêmeas — eram tão parecidos com os humanos que, ao descobrir que podiam tomar o lugar destes, partiram decididamente para a conquista. Hoje, os robôs de verdade dispõem de uma arma ainda mais letal: a inteligência artificial — tornaram-se capazes de aprender sozinhos e de transmitir informação entre eles, com o que podemos botar nossas barbas de molho.

Falando em aprender, o que acontece quando passamos a vida inteira acreditando numa informação errada? Quem não sabe, por exemplo, que foi Federico Fellini o inventor da palavra "paparazzo", que designa o fotógrafo alerta e agressivo, à cata de celebridades em situações comprometedoras e capaz de vender a mãe para fotografar um beijo ou uma bofetada? Originalmente, Paparazzo era o nome do fotógrafo que acompanhava Marcello Mastroianni em suas rondas noturnas pela Via Veneto no filme de Fellini *A doce vida* (*La dolce vita*, 1960) e inspirado no fotógrafo Tazio Sechiarolli, amigo do cineasta. De nome próprio de um personagem fictício, "paparazzo" passou a ser substantivo comum e ganhou até uma flexão — os fotógrafos desse estilo tornaram-se, desde então, os "paparazzi". Tudo isso já passou em julgado, naturalmente, mas... suponha que não tenha sido Fellini a inventar o nome.

O personagem foi criado por ele, mas quem o chamou de Paparazzo foi Ennio Flaiano, famoso escritor italiano dos anos 50 e o principal roteirista de *A doce vida*. Flaiano tirou esse nome de um obscuro romance inglês passado na Itália, que ele acabara de ler, e em que havia alguém assim chamado. Fellini gostou da sugestão — o som de "Paparazzo" sugeria-lhe um zumbido — e deu o papel ao ator Walter Santesso. Durante a filmagem, os técnicos da equipe começaram a chamar de "paparazzi", no plural, os atores que interpretavam os fotógrafos. E, como a produção de *A doce vida* sempre teve ampla cobertura da imprensa, os repórteres ouviram aquilo e encarregaram-se de difundir o apelido.

Mas, para repor o devido mérito a Fellini, basta dizer que,

em *A doce vida*, ele inventou algo até maior e mais importante. Fellini inventou a própria Via Veneto.

A rua já existia desde fins do século XIX, com esse mesmo nome, e, ao longo do século XX, foi ganhando ilustres inquilinos: hotéis como o Excelsior e o Ambasciatori, a livraria Rossetti, botequins de luxo como o Café de Paris e o Harry's Bar, a boate Bricktop's e a embaixada americana (no monumental Palazzo Margherita). Mas não era, de modo algum, o reduto boêmio e de escândalos mostrado no filme. Já comportava até alguns dos futuros paparazzi, mas, quase sempre, eles passavam a noite bocejando na porta das casas noturnas e sem produzir uma única foto aproveitável.

Não significa que a Via Veneto não tivesse uma certa vida noturna — mas apenas o suficiente para que Fellini a escolhesse como cenário de uma "fábula moral", como ele a chamava, sobre a decadência e o fracasso. Marcello, seu personagem (vivido por Mastroianni), tinha planos de, um dia, tornar-se grande escritor, mas acabou como um repórter de libações e futilidades — e o próprio escritor que ele admirava e queria ter sido (Steiner, interpretado por Alain Cuny) mata os filhos e se mata, por não ver sentido no mundo. Ou seja, que drama! Pois, para surpresa de Fellini, o mundo recebeu *A doce vida* como uma celebração do hedonismo e fez da Via Veneto, onde se passa a história, o seu jardim de prazeres.

O filme era sensacional e estava destinado a uma carreira internacional, mas, ao ser condenado pelo Vaticano, aí é que ninguém mais podia deixar de vê-lo. Em troca, ganhou uma aura de escândalo da qual nunca mais se livrou, e a Via Veneto assumiu a feição que a imaginação das pessoas lhe conferiu. Novas casas noturnas, com mesas na calçada sob grandes toldos, abriram uma ao lado da outra. O cortejo de automóveis, como no filme, promoveu um permanente engarrafamento nas madrugadas, com os boêmios abandonando os carros conversíveis para confraternizar no meio da rua. Histórias de amor começavam ou acabavam à razão de uma por minuto, as drogas e a prostituição ficaram às claras e falava-se de orgias em cada apartamento da rua. Com isso, de astros do cinema a perfeitos desconhecidos, hordas vindas de toda parte tomaram a rua, muitos tentando atrair a atenção dos paparazzi — os quais, como não podia deixar de ser, multiplicaram-se. Diz-se que Fellini, ao ler nos jornais sobre essa absurda Via Veneto que saltara de seu filme, ficava abatido.

Uma Via Veneto que, em *A doce vida*, nem era a verdadeira — porque Fellini, em vez de filmar na rua, a reconstruíra em Cinecittà, e é essa, com exceção de poucas cenas, que vemos no filme. A própria Cinecittà beneficiou-se da invenção de Fellini porque, em vez de demolir o cenário ao fim das filmagens, usou a sua Via Veneto para atrair turistas e ainda a alugou para outros filmes. Ninguém acreditaria que uma atmosfera de castidade perpassara toda a produção de *A doce vida*, e a prova era que Anita Ekberg, a louraça que se banha na Fontana di Trevi, passou incólume pelos garanhões Mastroianni e Fellini, e ganhou deste um apelido com o qual muita gente — todos os que lhe deram em cima e não conseguiram nada — concordou: Anita Iceberg.

Bem, essa saraivada de informações, tipo memória-puxa-memória, é o que, nos anos 70, alguns de nós, aqui no Rio, chamávamos de "jogo da trívia" — um desafio para ver quem detinha a maior quantidade de cultura inútil. Exemplos?

Em que filme a expressão "born loser" — inglês para "perdedor nato" — foi ouvida pela primeira vez e começou a ser usada para definir certas pessoas? Em *Desafio à corrupção* (*The hustler*, 1961), de Robert Rossen, em que Paul Newman interpreta um jogador de sinuca aparentemente invencível, mas em quem Jackie Gleason via um perdedor nato (e tinha razão).

Quem trouxe para o guarda-roupa universal aquelas sandálias baixinhas, de tiras fininhas de couro cru? A escritora Colette, em Saint-Tropez, por volta de 1927. Um dia, vendo velhas gravuras que mostravam os gregos de sandálias, ela pediu à sua sapataria na Rue Clemenceau que lhe fizesse um par igual. Foi um sucesso. Jean Cocteau e Picasso, seus vizinhos no sul da França, logo as adotaram, e as antigas sandálias gregas, lançadas, quem sabe, por Platão e Aristóteles, voltaram a calçar pés ilustres.

Quem foi o primeiro no Brasil a escrever a palavra "mídia"? Pelo que sei, Paulo Francis, por volta de 1968, adaptando "media" (latim, mas pronunciado em inglês), plural de "medium" (eram tempos de Marshall McLuhan). Em Portugal, não se fala mídia, mas "meios de comunicação social".

Quem criou o verbo "patrulhar", no sentido de fiscalizar a cabeça ou o comportamento político alheio? O cineasta Cacá Diegues, em 1978, para se opor a uma esquerda doentiamente séria que enxergava desvios ideológicos em quem insistisse em ser feliz durante a ditadura militar. Na verdade, o que Cacá inventou foi a expressão "patrulha ideológica". Com o fim das ideologias nos anos 80, restou o verbo "patrulhar" — perfeito para definir toda espécie de censura ao comportamento alheio.

Quem foi o primeiro a chamar Pelé de rei? Nelson Rodrigues — quase seis meses antes de os jornalistas franceses conferirem esse título a Pelé na Copa do Mundo de 1958, na Suécia. E qual jogador inaugurou o lindo gesto de atirar a bola pela lateral para que um adversário caído fosse atendido? Por todos os relatos, Garrincha, num Botafogo x Fluminense nos anos 60.

E por aí vai. O jogo da trívia não tem fim quando se começa a praticá-lo. E que bom que não tenha. Serve para exercitarmos um músculo cada vez mais em desuso no planeta: o da memória.

2. PEQUENOS HOMENS PÚBLICOS

O ESTADO BALOFO E PIMPÃO

Longe dos olhos e do coração da nação

[*Jornal do Brasil*, 25/6/1993]

Houve um tempo em que o Estado brasileiro, com todos os seus guichês, concorrências, licitações, carimbos e papéis timbrados, cabia direitinho no Rio de Janeiro — não por acaso, a capital federal.

Seu principal endereço ficava no Palácio do Catete, um casarão neoclássico do século XIX, antiga residência do barão de Nova Friburgo no bairro do Catete, com seus três andares encimados por cinco vigilantes águias e cercados por um jardim cheio de convenientes grutas. Era ali que, de 1897 a 1960, o presidente da República — digamos, Getúlio Vargas — dava expediente. Ao fim deste, já tarde da noite, o Estado — no caso, Getúlio — subia um lance de escadas, vestia o pijama, escovava os dentes e ia dormir. Não há melhor técnica para determinar o endereço do Estado do que saber onde ele mantém a sua escova de dentes.

Quando se tratava de receber figurões estrangeiros, o Estado oferecia jantares no Palácio Laranjeiras, a menos de dez minutos de distância, ou big recepções no Palácio do Itamaraty, também não muito longe. Ou seja, a República gastava pouco em deslocamentos. No verão, o Estado subia para Petrópolis e governava no Palácio Rio Negro, tomando guaraná Mineirinho e abanando-se com a revista *Fon-Fon*. Esses palácios eram atendidos por velhos e eficientes serviçais, alguns do tempo de Rodrigues Alves, conhecedores de todos os seus recantos e servindo inclusive de mordomos — com o que se economizavam horrores em mordomias.

Os ministérios, que eram então apenas onze e bastavam, tinham um prédio para cada um na Esplanada do Castelo (exceto o da Guerra, que ficava na avenida Presidente Vargas) e davam perfeita conta do serviço, sem gastar milhões em faxineiras, contas de água e de luz, taxa de lixo e de incêndio e outras despesas de funcionamento. Um único ministro cuidava da Educação e da Cultura. Outro se encarregava da Justiça e dos Negócios Interiores. E ainda outro, da Viação e das Obras Públicas. Mas o recordista era o ministro do Trabalho, do Comércio e da Indústria — um mesmo homem geria três pastas pelo salário de um! Era um Estado menor, bem mais econômico.

Bem, isso quanto ao Poder Executivo. O Legislativo e o Judiciário também funcionavam no Castelo, donde os três poderes não apenas ficavam literalmente de olho uns nos outros como podiam ir a pé quando tinham de visitar-se. Poupava-se um dinheirão em telefone, contínuos e gasolina. Falando em economia de gasolina, a Petrobras era um simples prédio na avenida Presidente Vargas, quase esquina com a avenida Rio Branco, não muito longe do Banco do Brasil, da Bolsa de Valores, da Light, da Rádio Nacional e do Café Nice, que eram as principais instituições nacionais. Enfim, o Estado cabia perfeitamente no Rio e nem por isso o carioca tinha de acotovelar-se com ele para tocar a vida.

Ao contrário. Os dois se misturavam. Quando fora do horário de serviço, o Estado saía pela cidade e se confundia com a paisagem. O Estado ia à praia, ao futebol e andava pelas ruas de camisa esporte e sapatos sem meia. À noite, o Estado podia ser visto bebendo com os amigos no Juca's Bar, jantando no Bife de Ouro, dançando com a patroa na boate Vogue ou comendo (com os olhos) as coristas de Carlos Machado no Night and Day — uma corista que fazia o Estado perder o sono nos anos 50 era Norma Bengell, e muitas vezes o Estado quis beijá-la, em vão. Sempre que podia (ou seja, sempre), o Estado se dedicava a diversões inocentes, como assistir às comédias de Walter Pinto no Teatro Recreio, na praça Tiradentes, e, depois do espetáculo, convidava uma ou outra estrela de Walter para conhecer suas garçonnières em Copacabana. Era muito natural e ninguém se espantava com o fato de que o Estado gostava de mulher.

Enfim, o fato de o Estado funcionar no Rio não impedia que o Rio continuasse funcionando com seus hotéis, boates, teatros, restaurantes, confeitarias, cabarés, igrejas, pontos de bicho, alfaiatarias, escritórios de despachantes e consultórios dentários, para não falar do Carnaval. Na verdade, o Rio funcionava até melhor, porque o Estado gosta de ser bem atendido e é generoso nas gorjetas. O Estado era quase humano e, no Rio, sentia-se como na casa da sogra. O Rio era a sua residência sete dias por semana, e um deputado ou um senador das províncias podia ficar quatro anos sem pisar no seu burgo eleitoral. E quer saber? Funcionava melhor assim.

Pelo fato de morar numa cidade com quatrocentos anos de história, habitada por nativos escolados, o Estado, mesmo que não quisesse, tinha de ficar esperto para com os chamados anseios nacionais. Afinal, era só sair à rua no Rio e dar um pulo ao botequim da esquina para que o Estado soubesse se estava agradando ou não. Nos poucos minutos em que tomava um café no balcão e comprava um maço de Mistura Fina e fósforos, o Estado podia ouvir o diabo a respeito de si próprio. Exposto desse jeito, sua silhueta não escaparia ao controle. Se a turma percebesse que ele, Estado, estava engordando sem que isso produzisse resultados em benefício geral, a chiadeira era geral.

Em 1961, como se sabe, o Estado deixou o Rio. Mudou-se para um simpático ermo chamado Brasília e, ali, longe dos olhos e dos corações da nação, pôde dedicar-se a engordar à vontade. Não apenas a engordar, mas a cozinhar um — como se diz? — caldo de cultura próprio, em que haja banhas e gorduras suficientes para engrossá-lo, na forma de dezenas de ministérios inúteis, estatais sanguessugas, fundações fantasmas, projetos monumentais e intimidades espúrias com toda sorte de elementos. O resto do país pode estar sendo reduzido ao osso, mas o Estado exibe, todo pimpão, a sua balofice — e ai de quem resolva cortar os seus pneus, celulites e adiposidades. Enfrentará a ira dos que lucram diretamente com ele; dos que não lucram, mas esperam lucrar; e das ideologias que se agarram a ele como a sua principal razão para existir.

O HOMEM DA AURA EM TECHNICOLOR
Tudo que o Brasil levou anos amadurecendo deixou para acontecer sob JK

> [*Inédito — escrito para uma antologia de textos sobre Juscelino que não chegou a ser publicada, c. 1995*]

Quando se fala da cultura nos "anos dourados" — a década de 50 —, ninguém saca um talão de cheques. Saca o nome e o sorriso do presidente Juscelino Kubitschek. Piscando em neon, a sigla mágica JK parece anunciar Brasília, a Bossa Nova, o Cinema Novo, *Grande sertão: veredas*, o concretismo, as façanhas de Pelé & Garrincha, Vlamir & Amaury, Éder Jofre, Maria Ester Bueno, Ademar Ferreira da Silva e até uma ou outra Miss Universo. Para os pósteros, é como se, graças à era JK (1956-60), tudo tivesse acontecido no que o próprio, modestamente, classificou como "cinquenta anos em cinco".

Mas, até para fazer inteira justiça a Juscelino, que tal se tentássemos ver essas conquistas sob uma perspectiva mais rigorosa?

A Bossa Nova, por exemplo, ao contrário do que se apregoa, não foi uma criação dos anos JK. Embora tenha estourado em fins de 1958, com a gravação de "Chega de saudade", de Tom Jobim e Vinicius de Moraes, por João Gilberto, ela foi o resultado de um processo que começara pelo menos dez anos antes, no governo do mais bossa-velha dos presidentes, o marechal Eurico Gaspar Dutra (1946-50). Digamos que "Chega de saudade" foi a síntese do trabalho de muitos instrumentistas, compositores, letristas, cantores e arranjadores que já vinham lutando pela modernização da música popular. Homens e mulheres como Lucio Alves, Dick Farney, Dorival Caymmi, Os Cariocas, João Donato, Johnny Alf, Luiz Bonfá, Tito Madi, o Trio Surdina, Billy Blanco, Dolores Duran, Maysa, Sylvinha Telles e muitos mais — gente vinda de toda parte do Brasil e que se concentrara no Rio, porque era no Rio que existiam não apenas as boates e as gravadoras, mas também o cosmopolitismo, a praia e a *joie de vivre* de que a nova música precisava para existir. Atrevo-me a dizer que, em 1958, a Bossa Nova, ou algo parecido, teria acontecido de qualquer maneira e com qualquer presidente, até mesmo com o engessado brigadeiro Juarez Távora, que Juscelino derrotou nas urnas.

E não sei também se, pessoalmente, Juscelino poderia ser o indutor de uma revolução musical. Sua música favorita não era uma cantiga folclórica mineira, o "Peixe vivo"? Era o que diziam. E quando, em plena presidência, ele resolveu tomar aulas de violão, quem chamou como professor? João Gilberto? Luiz Bonfá? Roberto Menescal? Não. Chamou Dilermando Reis, o virtuose de "Abismo de rosas", a antítese da Bossa Nova.

E o Cinema Novo, seria um produto da era JK? Não. É só conferir a cronologia. *Rio 40 graus*, o filme que, para todo mundo, preconizou o Cinema Novo, começou a ser rodado sob Getúlio, estendeu-se durante o curto período de Café Filho (agosto de 1954-novembro de 1955) e estreou no próprio 1955 — sempre antes da posse de Juscelino. Já os filmes mais importantes produzidos na era JK (*Absolutamente certo!*, de Anselmo Duarte, 1957, *O grande momento*, de Roberto Santos, 1958, e *Na garganta do diabo*, de Walter Hugo Khouri, 1959) eram rebentos tardios do neorrealismo italiano, sem nada do futuro Cinema Novo. Aliás, esse rótulo nem sequer existia sob JK — só seria criado pelo crítico carioca Ely Azeredo em 1962, inspirado em filmes como *Barravento*, de Glauber Rocha, *Os cafajestes*, de Ruy Guerra, e *Porto das Caixas*, de Paulo Cesar Saraceni, todos feitos sob Jânio Quadros na presidência (1961) ou sob o parlamentarismo (1962) com João Goulart. E quando *Deus e o diabo na terra do sol* foi para as telas, em 1964, já estávamos sob os militares.

Tudo bem, você poderá dizer que, assim como a Bossa Nova foi gestada antes para só nascer sob JK, também o Cinema Novo foi gestado sob JK para só nascer depois — e estará correto. Mas, nesse caso, terá de escolher: ou a Bossa Nova ou o Cinema Novo. Um deles pode dever sua existência a JK, não os dois.

Grande sertão: veredas, este sim, foi publicado em 1956, com Juscelino recém-chegado ao Catete. Mas, pelo que se sabia de Guimarães Rosa, ele deve ter levado dez anos escrevendo-o. Posso quase visualizar o meticuloso Rosa, de gravata-borboleta e com um gato no colo, esculpindo cada palavra de *Grande sertão* em seu apartamento no Posto 6, em Copacabana, enquanto, a poucos quilômetros dali, o Brasil perdia a Copa do Mundo de 1950 para o Uruguai, o tenente Bandeira era acusado do crime do Sacopã em 1952 e Getúlio dava um tiro no peito em 1954. E como, para Rosa, a vida real não existia, nada daquilo tinha a menor influência na sua criação — donde o que *Grande sertão* teria a ver com a era JK? Quanto ao concretismo, foi também naquele ano de 1956 que esse tipo de poesia chegou ao público. Mas é sabido que o concretismo vinha de muito antes, de experiências que o poeta suíço-boliviano Eugen Gomringer estava fazendo na Europa desde 1950 e que os brasileiros Augusto e Haroldo de Campos e Décio Pignatari começaram a replicar aqui por volta de 1952, com o nome de *Noigandres*. Donde pode-se abater também o concretismo da conta de Juscelino. Além disso, o poeta favorito de JK era Augusto ("Escarra nessa boca que te beija!") dos Anjos.

Certo, sim, o Brasil venceu a primeira Copa do Mundo em 1958, na Suécia, bem no meio de seu governo. Mas, para isso, o trabalho também começara antes — mais precisamente, com o fracasso brasileiro na Copa da Suíça, em 1954, dois meses antes do suicídio de Getúlio (nenhuma relação entre as duas coisas). Ali se decidiu que, para a Copa seguinte, haveria finalmente um planejamento sério. O Brasil faria (pela primeira vez em sua história) uma excursão à Europa, que aconteceria em 1956, para familiarizar-se com possíveis adversários. Conhecida a sede do nosso grupo na Copa, um representante da então CBD (e que acabou sendo o médico da Seleção, dr. Hilton Gosling) iria à Suécia com antecedência, para escolher a concentração ideal para o time. E, também pela primeira vez, o destino da equipe não ficaria entregue a um treinador onipotente, mas a uma comissão técnica formada por veteranos das quatro linhas. Claro que esse planejamento, iniciado pelo cartola Silvio Padilha e prosseguido por João Havelange, não teria o menor significado se o Brasil não contasse, naquela geração, com Garrincha, Bellini, Zito, Zagallo, Nilton Santos, o muito jovem Pelé e aquele que seria eleito o maior jogador da Copa: Didi.

Por sinal, uma geração tão extraordinária que, em 1962, quatro anos mais velha, seria bicampeã do mundo na Copa do Chile — e ninguém jamais atribuiu essa vitória ao governo parlamentarista de Jango.

Mas, e Vlamir, Amaury, Éder Jofre, Maria Ester Bueno, Ademar Ferreira da Silva? Por que, de repente, na era JK, o Brasil passou a colecionar títulos mundiais no basquete, no boxe, no tênis, no atletismo? Isso não quer dizer alguma coisa? Nem tanto. Vlamir, Amaury, Éder Jofre, Maria Ester Bueno e Ademar Ferreira da Silva eram grandes atletas — maiores do que as precárias condições a que eram historicamente submetidos por aqui para treinar, se aperfeiçoar ou mesmo se manter. Se foram tão grandes atletas, devem isso a eles mesmos e a seus clubes, não a nenhum planejamento ou ajuda federal. E, antes deles, o Brasil já produzira fabulosos esportistas, que apenas não chegaram a resultados tão espetaculares. E, depois deles, continuou a produzir outros, que igualmente não chegaram.

Quanto ao título de Miss Universo, lamento, mas também não está entre os conquistados por Juscelino. Quando Martha Rocha foi vice, o presidente era Getúlio. As lendárias Terezinha Morango (1957) e Adalgisa Colombo (1958) não chegaram nem perto do pódio. E a primeira Miss Brasil a ganhar o título foi a gaúcha Ieda Maria Vargas, em 1964 — mas pode-se creditar um título de beleza ao então presidente ditador, o marechal Castelo Branco, um dos homens mais feios do século?

E Brasília? Bem, essa glória ninguém lhe tira. De fato, Juscelino *fez* Brasília. Talvez não a tenha feito exatamente como gostaria porque, segundo uma fonte próxima, detestava concreto aparente e gostava mesmo era de coluna grega.

Quer dizer que os "anos dourados" foram uma ficção? Não! Eles existiram e se deram, de fato, no governo Juscelino. Mas, se Juscelino foi responsável por eles, foi por ter transferido ao país seu otimismo, sua fome de progresso e ter feito um governo em que, exceto por episódios isolados, as liberdades civis nem estiveram em discussão. Foram anos leves, em que os brasileiros exerceram a plena felicidade — inclusive a oposição, que dizia de Juscelino o diabo, e ele, a bordo do Viscount presidencial ou ocupado com a construção de Brasília, nem se abalava em retaliar. Havia um clima perfeito para a criação, e a onda de desenvolvimento que convulsionou o país gerou dinheiro suficiente para que se bancassem as mais ousadas experiências, uma delas a revolucionária revista *Senhor*. Sem falar em sua tremenda estrela: só um homem com aura em technicolor teria tantas coisas positivas na área da criação artística e do esporte deixando para acontecer justamente durante seu governo.

Além disso, Juscelino, que não tinha tempo para ler, gostava de cercar-se de intelectuais. Volta e meia você o via nas folhas ao lado do crítico Alvaro Lins (que foi chefe de sua Casa Civil), o poeta Augusto Frederico Schmidt (autor de muitos dos seus discursos), os romancistas Mário Palmério, Autran Dourado e Otto Lara Resende, o psicanalista Hélio Pellegrino e até mesmo o recluso Carlos Drummond. Os artistas plásticos também se sentiam bem com ele: Portinari, Di Cavalcanti, Guignard, Ceschiatti, Athos Bulcão, Bruno Giorgi, Mariana Peretti, Burle Marx — vários o pintaram; outros participaram da construção de Brasília e alguns ficaram por lá até hoje.

Quanto ao "Peixe vivo", justiça se faça a Juscelino. Há relatos de que, com seu governo ainda em meio, ele já não suportava escutar a cantiga. Mas não podia fazer nada porque, em toda cerimônia a que comparecia, a banda de música atacava, pelo protocolo, o Hino Nacional e, em seguida, o "Peixe vivo" — ponha aí um mínimo de três ou quatro cerimônias por dia, trezentos e tantos dias por ano, durante quatro anos, significando que, em seu governo, Juscelino foi submetido pelo menos 4 mil vezes ao "Peixe vivo". Mas, como experiente político que era, nunca deu a entender que ficaria mais feliz se tocassem qualquer outra de suas preferidas — uma delas, "Chão de estrelas", de Silvio Caldas e Orestes Barbosa.

Seu repertório podia ser antigo, mas, nisso, Juscelino era mesmo diferente — foi o único dos nossos presidentes com direito a um epíteto musical: "Presidente bossa-nova". Mesmo que a letra desse samba a seu respeito, de Juca Chaves, estivesse longe de ser um elogio. Na verdade, era uma crítica às suas extravagâncias, como voar do Rio a Brasília para ver o nascer do sol no Planalto e voar de volta, usar o jato presidencial para mandar parentes ao dentista, não perder uma chance de se deixar fotografar ao lado de estrelas do cinema, tirar os sapatos por baixo da mesa em recepções oficiais para coçar um pé no outro, tirar as mulheres dos outros para dançar e, sobretudo, como dizia a letra, ser "simpático, risonho, original".

OS BIGODES NO PODER
Eles podem ser uma garantia de autoridade institucional

[*Folha de S.Paulo*, 28/4/1985]

Com a posse de José Sarney na presidência da República, temos finalmente a volta dos bigodes ao poder. Bastos bigodes, piramidais, que podem ser cofiados durante dramáticas reuniões ministeriais em que o presidente seja instado a tomar alguma decisão importante. É difícil cofiar um bigode e falar ao mesmo tempo, o que permite ao governante pensar um pouco antes de proclamar uma decisão. À luz desse fato novo, os pesquisadores da USP e da UFRJ já podem se preparar para examinar as relações entre os bigodes e a política brasileira de 1930 até hoje. Pelo menos cinco dissertações de mestrado poderiam ser engatilhadas a respeito. Os portadores desses bigodes já puseram as barbas de molho.

Uma das teses diria que talvez não seja apenas coincidência que o presidente civil encarregado de encerrar o ciclo militar ostente bigodes tão ou mais formidáveis que os do presidente que, de certa forma, provocou esse ciclo: Jânio Quadros. Claro que são estilos diferentes de bigodes. O de Jânio, errático e espaventoso, desde o começo serviu de inspiração para o símbolo que o acompanhou, a vassoura. O de Sarney, farto, mas geometricamente contido, denota uma tolerante autoridade quanto à profusão de pelos que insiste em crescer sob o seu nariz. Isso pode caracterizar todo um estilo de governo.

O bigode de Jânio quando presidente era indiscutivelmente preto, mesmo porque, em 1961, ele mal passara dos quarenta anos. Já o do presidente Sarney, segundo as más-línguas — segundo as boas, também — é tingido, fio por fio, com um pincel de mertiolate embebido numa tinta preparada com frutos silvestres do Maranhão. A seguir, ele o apara com uma tesourinha de pontas redondas, tomando cuidado para que os fios internos se conservem ligeiramente mais curtos que os externos — para dar uma sensação de um bigode "cheio", que evoque a sua legitimidade no cargo. A remoção do entulho de tufos e as pinceladas diárias foram consideradas indispensáveis pelo seu secretário especial para Assuntos Extraordinários, Mauro Salles.

E com razão. De Jânio para cá, o outro único presidente a posar de bigode para as fotos oficiais foi o marechal Costa e Silva, já no ciclo militar. Seu apodo, no entanto, grisalho e pífio, desaparecia diante das câmaras de televisão e tornava Costa e Silva parecido com o Chacrinha. Um pouco de tinta, nem que fosse acaju, teria reforçado a autoridade de Costa e Silva e talvez evitado a edição do Ato Institucional nº 5. Outro influente político brasileiro daquela época e que perdeu substância à medida que seu bigode embranquecia foi o folclórico governador paulista Adhemar ("Rouba, mas faz") de Barros. Quando Adhemar finalmente resolveu raspá-lo, em 1965, os militares não tiveram alternativa senão lhe cassar o mandato.

Segundo costumes antigos, quando um homem fazia um compromisso de honra com outro, arrancava um fio de bigode, como uma espécie de cautela ou fiança. No século XIX, a rainha Vitória já fazia isso. No caso brasileiro, Sarney afirmou que "os compromissos do falecido Tancredo Neves", a quem ele substituiu na presidência, "serão os seus". Haja bigodes.

SARNEY EM MOSCOU

Os soviéticos já temem que a URSS esteja se tornando uma casa da sogra

[*Tribuna da Imprensa*, 8/6/1988]

A URSS pede soda. Mal despachou Ronald e Nancy Reagan de volta para casa, já se prepara para ter de aturar o presidente José Sarney e dona Marly em visita oficial a Moscou. A data da viagem só será confirmada depois que Sarney consultar seu babalaô. Os soviéticos acham que a abertura política que estão promovendo, a glasnost, é necessária, mas que seu líder, Mikhail Gorbatchóv, não precisava transformar o país na casa da sogra. Eles temem que essa infiltração solerte e insidiosa de ideologias exóticas venha a solapar a estabilidade de suas instituições ateu-orientais e bagunçar todo o coreto.

Os russos ficaram particularmente magoados com os palpites de Reagan na questão dos direitos humanos na URSS e ofendidíssimos quando Nancy insinuou que Laika, a cadela-astronauta que se tornou heroína nacional ao ir (literalmente) para o espaço em 1958, não chegava às patas de Rex, o cachorro que guarda os jardins da Casa Branca. Alguns membros do cerimonial do Krêmlin pensaram em retaliar, servindo caviar vermelho e não dourado ao casal, mas foram desaconselhados em nome da paz mundial.

Bem, agora será a vez de Sarney e Marly. Como não há redução de armas nucleares a negociar, o Itamaraty e o Krêmlin já mandaram vir a vodca e começaram a preparar a pauta da visita. De saída ficou decidido que a comitiva de Sarney não poderá ultrapassar 418 pessoas, mesmo com as passagens pagas pelo governo brasileiro. Isso porque o último Plano Quinquenal decretado por Stálin provocou uma escassez de sabonetes da qual a URSS até hoje não se recuperou. A não ser que a comitiva de Sarney leve os seus próprios sabonetes. Os soviéticos comprometem-se a fornecer passes de metrô e vales-refeição para a comitiva, desde que o consultor-geral da República Saulo Ramos, que Sarney leva para todo lado, se comprometa a não mastigar com a boca aberta.

Sarney foi avisado de que não precisará aprender russo por linguafone para comunicar-se em Moscou, mas, com sua mania de querer falar a língua dos países que visita, já está afiando seu sotaque nordestino para ser mais facilmente entendido pelos nativos. O sotaque de Sarney presta-se magnificamente a pronunciar palavras como *otchitchórnia*. Sarney dará uma "aula" na Universidade de Moscou a respeito das possibilidades de uso do babaçu como fonte de energia e citará como exemplo as façanhas do lendário indígena I-Juca Pirama. A "aula" será ilustrada com slides de antigas tampas de latas dos biscoitos Aymoré.

Está prevista, naturalmente, a troca de presentes no âmbito cultural. O maranhense Sarney receberá de Gorbatchóv obras de poetas russos como Púchkin, Maiakóvski e Klébnikov, e retribuirá com as de Gonçalves Dias, Bandeira Tribuzzi e José Sarney. No capítulo prosa, se Gorbatchóv presenteá-lo com edições raras de Gógol, Tolstói e Dostoiévski, Sarney retribuirá com as de Coelho Netto, Josué Montello e José Sarney. Haverá também espetáculos musicais. Os soviéticos oferecerão concertos de Tchaikóvski e Prokófiev, sendo em troca agraciados na embaixada brasileira com uma récita de trovas de Catulo da Paixão Cearense (que, apesar do nome, era maranhense) e de canções de protesto de João do Valle (destaque para "*Seu Malaquias preparou/ Uma peba na pimenta...*"). A uma exibição do Balé Bolshói, seguir-se-á um show de bumba meu boi.

Enquanto isso, a chiquérrima primeira-dama soviética Raïssa Gorbatchóv levará Marly Sarney a visitar o Palácio de Inverno dos antigos tsares, em Leningrado. Depois de extasiar-se com os candelabros de prata que tocam música, com as mesas de malaquita e com as lareiras de lápis-lazúli, Marly afirmará estranhar apenas a ausência de *matriochkas* na decoração — aquelas bonequinhas russas que, quando você abre, vai encontrando uma dentro da outra. Raïssa comentará discretamente que elas, abundantes em mafuás, já eram cafonas desde os tempos de Pedro, o Grande, no século XVIII. Marly aproveitará para passar o dedo nos móveis com acabamento em ouro, a fim de certificar-se de que são tão bem espanados quanto os santos de peroba que mandou instalar no Palácio da Alvorada.

As duas primeiras-damas também trocarão presentes. Raïssa dará a Marly um pente de ouro que a tsarina Alexandra esqueceu na fuga assim que soube que Lênin estava rumo à estação Finlândia, e uma réplica em crina do bigode de Rasputin. Marly retribuirá com um corte de tecido das Casas Pernambucanas e fios autênticos do bigode de Sarney. As duas discutirão também o eterno problema das empregadas domésticas e compararão preços de geladeiras em Moscou e São Luís do Maranhão. Ao fim de tudo, Marly sairá dizendo que "entendeu finalmente o comunismo" e que, na volta ao Brasil, não hesitará em filiar-se ao PCB. "Se o comunismo produz tanta riqueza e palácios tão lindos", dirá ela, "não sei por que as pessoas são contra."

Em Moscou, os dois líderes terão uma agenda de trabalho sobre a aproximação entre os dois países. Passeando pela Praça Vermelha, Sarney se congratulará com Gorbatchóv pela sua proposta de ficar apenas cinco anos no poder, com direito a uma reeleição. E acrescentará que ele próprio, Sarney, também estava pensando nisso, agora que já assegurou seus cinco anos no Planalto. Gorbatchóv dirá que o maior problema da abertura econômica da URSS, a perestroika, é uma nefasta instituição soviética chamada *naliéva*. "É uma peste que contamina toda a nação e que precisa ter a cabeça cortada", afirmará Gorbatchóv. De tanto ouvir falar em *naliéva*, Sarney perguntará o que significa. Ao saber que se trata da palavra russa para *propina*, Sarney dirá que, no Brasil, não tem disso não.

Um passeio pelo rio Volga lembrará a Sarney os açudes em que costuma banhar-se numa de suas duzentas fazendas perto de São Luís. Os dois discutirão a coletivização da agricultura, e Sarney afirmará que, nesse ponto, o Brasil está à frente da URSS, já que tem um ministério da Reforma Agrária e a URSS, não. Haverá uma momentânea confusão quando Gorbatchóv se referir aos pogroms, que considera lastimáveis, e Sarney responder que todos os *programas* de seu governo serão cumpridos até o fim de seu mandato — que ele não sabe quando será. Serão feitas as inevitáveis comparações entre ferrovias — a soviética Transiberiana e a brasileira Norte-Sul —, e Sarney afirmará que esta última é muito mais arrojada, por ligar o nada a lugar nenhum.

Sarney se interessará em saber como Gorbatchóv está conduzindo o problema do índio na URSS e Gorbatchóv perguntará a Sarney de quantos mísseis dispõe o Brasil. Ambas as perguntas ficarão sem resposta, considerando-se que são segredos de Estado. Do Estado soviético e do estado do Maranhão.

O encontro entre os dois líderes terminará com Gorbatchóv aceitando o convite de Sarney para ir visitá-lo no Brasil em caráter oficial. Sarney até já marcou a data da visita — 1995 —, embora não se saiba se Gorbatchóv continuará presidente até lá.

O NOSSO HOMEM EM HAVANA
Dicas de passeios para Collor e Rosane em Cuba

[*Jornal do Brasil*, 28/1/1994]

O ex-presidente Fernando Collor e sua esposa, Rosane, foram de férias para Cuba, deixando nossas esquerdas indignadas. Pelos cânones, tipos como Collor jamais poderiam conspurcar o sagrado solo cubano, daí a indignação. Pois deveriam se poupar dessa indignação. Se o próprio Fidel, que é o dono da ilha, não está reclamando, quem somos nós para estrilar? Para não falar nos cubanos que, esses, sim, é que teriam motivo para chiar. E deles ainda não se ouviu um pio. Bem verdade que, de uns anos para cá, os cubanos não são muito de chiar ou piar — desde 1959, pelo menos. E se tiver sido Fidel que, apesar dos tardios desmentidos, convidou Collor a visitá-lo? Nesse caso, não entendo mais nada e o jeito será apelar para o Frei Betto.

Collor em Cuba parece enredo das comédias de Hollywood nos anos 40. Naqueles filmes, todo ex-presidente subitamente impopular em seu país, ou qualquer pessoa que tivesse de sair de circulação por uns tempos, ia para Havana, que era o símbolo da impunidade. Ali, ao som de fabulosos boleros, com rumbeiras de sarongue tocando chocalho à beira da piscina e *latin lovers* de bigodinho e mangas bufantes, a trama não tinha como negar fogo. O inverossímil é que, no fim do filme, o galã americano sempre ficava com a lambisgoia loura, e não com a morena de fechar o comércio que lhe estava dando em cima. Mas assim era Hollywood. E assim era Cuba antes de Fidel.

Agora que Cuba não é mais assim, o que restará dos prazeres e lazeres na pérola do Caribe para o nosso fatigado ex-presidente? O último paraíso socialista não vai muito bem das pernas desde que os russos lhe cortaram a mesada, mas ainda é uma delícia de lugar — para quem não é cubano.

Nesse momento, Collor deve estar, no mínimo, dourando-se ao sol de Varadero, uma praia como poucas no planeta. Ou a bordo de um Tupolev a caminho de Cayo Largo, para ser recebido na pista do pequeno aeroporto por uma banda de *mariachis* tocando "Guantanamera". Ou aportando de iate na Marina Hemingway, já lambendo os beiços para o carrossel de lagostas do restaurante Papá. Os burocratas cubanos orgulham-se desses belos *points* a quilômetros de Havana. Os cubanos propriamente ditos nem tanto, porque só os conhecem de fotografia, e os únicos nativos e nativas em tais lugares são os que servem a mesa e a cama dos turistas.

Claro que, pelo fato de Cuba estar passando por certos apertos econômicos, Collor não poderá desfrutar de algumas atrações que eram o grande charme do país. Por exemplo, mostras de curtas-metragens búlgaros, festivais de poesia oral nicaraguense, exposições de cartazes moçambicanos e outras efemérides subdesarrojadas. Até há pouco, essas ofertas abundavam. Hoje, menos, por falta de quórum — desapareceram aquelas copiosas delegações de sindicalistas do Leste Europeu ou do Quarto Mundo, que garantiam as plateias para esses eventos. O que se vê agora são chusmas de turistas suecos, todos com cara de quem nunca ouviu falar de Camilo Cienfuegos.

Portanto, se Collor quiser divertir-se em Havana, o jeito será ir tomar um *mojito* na Bodeguita ou um daiquiri na Floridita, famosos por terem sido os botequins que Ernest Hemingway frequentava quando morava lá, no tempo da outra ditadura. Mas, se estiver em busca da atmosfera boêmia e revolucionária dos anos 50, que impregnava aquelas paredes, Collor pode tirar o cavalo da chuva — as paredes da Bodeguita têm hoje mais fotos de Rubens de Falco na novela da Globo *La esclava Isaura* do que do autor de *O velho e o mar*.

Já Rosane, que trota atrás do marido com seus sapatinhos de Minnie Mouse, achará muito mais graça em Havana. Um *must* em sua agenda será uma visita a La Maison, o palacete colonial--Catete no exclusivo bairro de La Playa, onde a Contex, a estatal cubana de moda — sim, existe! —, desfila os seus modelitos de alta-costura. Como tudo em Cuba, a Contex deve ter sofrido com o recente fim do comunismo. Afinal, alguns países para os quais ela exportava, como a URSS, a Iugoslávia, a Tchecoslováquia e a Alemanha Oriental, não apenas deixaram de comprar como de existir. E um dos principais modelos de suas passarelas, Aline, filha de Fidel, fugiu outro dia para os Estados Unidos e desfalcou o time.

Mas que bom que Collor seja chegado a uma magia negra. Nesse departamento, pelo menos, ele poderá esbaldar-se em Havana. Os cubanos, em todos esses anos em que vêm construindo o socialismo, não deixaram de lado a *santería*, o candomblé local, nem por um minuto. O único problema é que, com o racionamento de tudo na ilha, tem havido uma dramática escassez de galinhas para os despachos.

RESOLUÇÕES PARA O ANO-NOVO
Presidentes e ex-presidentes afiam suas garras para 1995

[*Playboy*, dezembro de 1994]

Não olhe agora, mas 1995 está às portas e você ainda nem fez a sua lista de resoluções para o Ano-Novo. Pois, enquanto você continua olhando para ontem, outros mais espertos já resolveram o que querem e o que não querem fazer no novo ano.

O presidente eleito Fernando Henrique, por exemplo, já tomou uma importante resolução para 1995: não deixará que as agruras do Planalto interfiram no seu look de Raf Vallone ou Amedeo Nazzari, galãs do neorrealismo italiano dos anos 40. E ele tem toda razão. Já reparou como, depois de assumir o trono, nossos presidentes envelhecem séculos de um minuto para o outro? Pois Fernando Henrique não quer ficar como o general Figueiredo, que, em 1979, assumiu a presidência todo lampeiro e, seis anos depois, saiu do Planalto parecendo a múmia de si mesmo. Ou como José Sarney, que, ao fim de seu interminável mandato, já estava com os bigodes prematuramente pretos. Ou como o hoje popularíssimo Itamar Franco, cujo cabelo (que ele penteia com ventilador) teve momentos de absoluto espavento nos últimos dois anos de seu mandato.

Fernando Henrique teme que os abacaxis que terá de descascar branqueiem o seu cabelo cor de gelo, provoquem-lhe tremendos pés de galinha, escavem leitos amazônicos ao redor de sua boca e façam com que as bolsas sob seus olhos inchem como ventosas. É por isso que ele já resolveu: bola pererecando na zona do agrião, ele vai entrar de sola e chutar para o mato, que o jogo é de campeonato — depois, se precisar, pede desculpa. E, mesmo assim, se ele achar que está envelhecendo, não perderá tempo consultando as bases — fará imediatamente uma nova plástica.

Você falou em Itamar Franco? Pois o nosso querido presidente, às vésperas de vestir o pijama, já decidiu que, no Carnaval de 1995, irá fiscalizar ele próprio as calcinhas das moças que o procurarem nos camarotes do Sambódromo. No último Carnaval, Itamar deixou essa tarefa a cargo de terceiros, e o resultado foi o que se viu — e como se viu! A modelo Lilian Ramos levantou os braços para gritar "Oba!" e o Brasil inteiro percebeu que ela estava desprevenida sob o minivestido. Pois, este ano, Itamar será implacável: mulher sem calcinha não entra no seu camarote. Vai direto para sua suíte no Hotel Glória.

Luiz Inácio Lula da Silva também já tomou suas resoluções de Ano-Novo. Uma delas: não vai disputar eleições em 1995. Com a última, já são quatro derrotas na sua carreira. E bem que ele queria ser tetra, mas não desse jeito. Para cumprir sua resolução, o competente candidato (porque vive competindo) será ajudado pelo fato de que *não* haverá eleições em 1995.

E o velho e cansado ex-governador Leonel Brizola tomou uma resolução drástica para 1995: vai se mudar do Rio. Ele não suporta mais o clima de violência da cidade. Imagine que os bandidos e traficantes circulam com a maior liberdade pelas imediações de seu edifício, na avenida Atlântica, e a qualquer hora ele pode ser atingido por uma bala perdida! Sem falar nos camelôs, nos quais tropeça assim que sai do seu prédio. E ainda há quem o responsabilize por tudo isso em seus dois períodos como governador! Outro motivo pelo qual Brizola resolveu se mandar é porque será o único jeito de recuperar sua popularidade — o Rio em peso irá acompanhá-lo em festiva carreata até a fronteira do estado, para certificar-se de que ele foi mesmo embora. E, de preferência, não volte — nem como turista.

E o ex-presidente Fernando Collor — lembra-se dele? Pois Collor resolveu que, um dia desses, em 1995, irá visitar seu velho amigo e tesoureiro PC Farias na prisão. Mesmo sabendo que corre o risco de gostar do ambiente e querer ficar por lá também. Afinal, seria sua chance de ter seu dia a dia povoado por gente diferente, nem que seja o carcereiro ou a mulher da faxina. Collor não suporta mais passar dia e noite na imensidão da Casa da Dinda, olhando para sua mulher, Rosane. Principalmente porque, agora, com o fiado cortado por sua estilista Glorinha Pires Rebelo, Rosane deu para repetir roupa. E isso é uma coisa que Collor não tolera. Outro dia mesmo ela lhe apareceu com um tailleur vermelho, estilo Xuxa, com o qual ele já a viu em algum lugar — pode ter sido numa recepção para marajás indianos no Alvorada ou numa sessão de macumba na Dinda, mas, que ele já a viu com o tailleur, não tem dúvida.

Uma hora dessas Collor se enfeza, estrangula Rosane com um colar de pérolas e vai passear de jet ski.

OS ANOS 50 EM COMPOTA CUBANA
Se você já tem o socialismo, para que ainda vai querer uma ereção?

[*Folha de S.Paulo*, 21/3/1993]

Há várias diferenças entre nós e os cubanos. Por exemplo: eles já têm o socialismo e sabem que não deu certo. Aqui, não descansaremos enquanto não criarmos o nosso, com o mesmo objetivo. Outra diferença: quando — e se — Fidel Castro vier a faltar, muitos brasileiros sentirão saudades dele. Os cubanos, não. Em compensação, nós, brasileiros, já sabemos quem matou Odete Roitman — e, neste momento, milhares de cubanos perdem o sono tentando responder a essa importante pergunta da novela *Vale tudo*, de Gilberto Braga, estrondoso sucesso da televisão local. Há poucas semanas, um brasileiro em visita oficial a Havana foi chamado a um canto com ar conspiratório por um alto funcionário do governo cubano. O sujeito levou o nosso patrício à Bodeguita, um dos bares favoritos de Hemingway, pagou-lhe um *mojito* e, depois de olhar para os lados, sussurrou-lhe: "Quem matou Odete Roitman?".

O último paraíso socialista estertora e, se você, como eu, é louco pelos anos 50, é bom ir rapidinho a Cuba antes que Fidel acabe. Quando e se isso acontecer, não importa o tipo de regime que o suceda, Cuba sofrerá uma modernização que a fará perder muito de seu atual encanto. Entre outras coisas, a ilha ingressará nos anos 60. Ir a Cuba pode ser, inclusive, a sua última oportunidade de fazer turismo socialista. Até há pouco, as alternativas eram a Albânia e o comitê central do PC do B. Mas a Albânia acabou e o PC do B está funcionando precariamente no quarto dos fundos do apartamento de seu secretário-geral João Amazonas, junto com os rodos e baldes. Cuba, definitivamente, é a melhor opção.

Há coisas deliciosas em Cuba. As normalistas, por exemplo. Nesta época do ano, como se tivessem saído de uma estampa do sabonete Eucalol, elas adornam as ruas de Havana com suas saias plissadas azuis ou mostarda e irresistíveis meias soquete brancas. Se você fizer a uma delas a clássica proposta, "Posso ajudá-la a carregar seus livros?", ela lhe devolverá um *gracias* e um sorriso. E, se você lhe pegar na mão, descobrirá que as unhas da garota estão pintadas com coraçõezinhos, flores ou meias-luas. Algumas cubaninhas mais românticas pedem que as manicures lhes escrevam coisas como "Juan, te amo" — uma letra em cada unha das duas mãos.

Um país que ainda valoriza suas normalistas e manicures deveria ser preservado do jeito que está, nem que fosse em compota, para o estudo das gerações futuras. É uma pena que, graças à crise provocada pelo bloqueio americano e pelo fim da mesada soviética, as coisas estejam mudando. Os lindos Buicks, Packards e Cadillacs 1959, deixados pelos cubanos ricos e pelos americanos que fugiram às pressas aquele ano, começam a desaparecer das ruas. Estão sendo substituídos pelos Ladas quase tão velhos que os soviéticos mandavam. E as motos equipadas com aqueles nostálgicos *side-cars*, que costumavam abundar em Havana, também estão sumindo. Em seu lugar, surgiram as bicicletas Flying Pidgeon, que os cubanos estão comprando dos chineses. Não será surpresa se até o nosso presidente Itamar Franco conseguir vender-lhes uma frota de Fuscas.

Como na sequência cubana do filme *Eles e elas* (*Guys and dolls*), grande musical de 1955 com Marlon Brando e Jean Simmons, as ruas de Havana voltaram a ficar cheias de gente a qualquer hora do dia e da noite, como eram nos anos 50. Para um cubano com quem conversei, isso é o resultado da última estratégia de Fidel para combater o desemprego. Cada vaga numa empresa é ocupada por três empregados que se revezam, cada qual trabalhando dois dias por semana. No domingo, a vaga descansa. Sem muito que fazer nos dias em que não trabalham, os cubanos ficam zanzando para lá e para cá. E tem-se visto ultimamente muitas crianças à solta, de ambos os sexos, pedindo artigos de primeira necessidade aos estrangeiros — chicletes, canetas, canivetes suíços e, no caso das meninas, batons.

Felizmente, nem tudo muda. Cuba deve ser o último país do mundo em que a reputação de Hemingway continua estável. Os cubanos mal desconfiam da crescente desadmiração dos críticos de toda parte pela obra do querido Ernest. E nem passa pela cabeça deles que o macho que eles aprenderam a admirar em Hemingway anda sendo tratado com casca e tudo por seus biógrafos mais recentes — os quais o atingem bem naquele ponto de que ele tanto se orgulhava: *sus cojones*. O mínimo que eles dizem é que Hemingway tinha um problema crônico de impotência, que compensava mandando daiquiris para o bucho em Cuba e chumbo em elefantes na África.

Hemingway perdeu por não esperar. A grande atração turística atualmente em Cuba é um remédio, o PPG — pronuncia-se pi-pi-ji —, desenvolvido pelos médicos cubanos para filtrar o colesterol e que resultou num surpreendente efeito colateral: a desobstrução das veias do pênis, resolvendo vários casos de impotência. O PPG é vendido nas *tiendas*, que são as lojas de muamba para turistas nos hotéis chiques de Havana. Custa quarenta dólares a cartela e os gringos os compram às grosas. É inacessível para os nativos, mas, se você já tem o socialismo, para que ainda vai querer uma ereção?

OS MELHORES AMIGOS DO HOMEM
Se Figueiredo gostasse de canários ou peixinhos dourados,
talvez não tivéssemos a abertura

[*Jornal do Brasil*, 18/6/1993]

O grande problema de nossos presidentes da República — e
isso já vem desde a Proclamação, em 1889 — é que, ao contrário
dos presidentes americanos, eles não têm um bicho na residência
oficial. Um bicho oficial, quero dizer. Um animal no antigo Palácio
do Catete ou no atual Palácio da Alvorada teria resolvido muitos
problemas. Além de dar um toque, digamos, mais humano à administração, permitiria que, pela escolha do bicho, soubéssemos
mais sobre o governante durante sua administração. Os analistas
políticos agradeceriam porque, não importa qual seja o animal,
seu dono acaba incorporando certos traços da sua personalidade e
reagindo como ele, o animal, reagiria.

Os presidentes dos Estados Unidos são impecáveis nesse departamento. Sai um presidente e entra outro, e um bicho (geralmente um cachorro) adentra a Casa Branca com a nova família e
é entronizado sob grande aparato. Talvez seja um dos artigos não
escritos da Constituição americana: para tomar posse na presidência, o sujeito tem que levar um bicho a tiracolo. Há pouco, se
você se lembra, o mundo parou para acompanhar a posse de
Socks, o gato de Bill Clinton, no lugar de *Millie*, a cadela de George
Bush, nos jardins da Casa Branca. Não faltou na ocasião quem
observasse o contraste entre o olhar de *Socks* e o de Clinton — o
de *Socks*, naturalmente, muito mais alerta e confiável.

A saga das mascotes da Casa Branca nos reserva importantes
lições. James Buchanan, que governou de 1856 a 1860 e é considerado um dos piores presidentes da história dos Estados Unidos,
tinha um elefante. Quando o elefante saía para dar uma voltinha

pelos jardins, mobilizava um enorme staff de faxineiros equipados com pás e latões para ir recolhendo os despachos do bicho. Não admira que Buchanan tenha perdido nas eleições seguintes para Abraham Lincoln. O sucessor de Lincoln, por sua vez, Andrew Johnson (1865-69), mantinha uma família de camundongos na Casa Branca. O problema é que só ele via esses camundongos. Seus assessores suspeitavam de que esses camundongos não existiam porque, no dia de sua posse, Johnson mal conseguia parar de pé para jurar a Constituição. E para que ninguém tivesse dúvida de que estava ótimo, ele fez um quatro.

A prova de que a escolha do animal pode influir no estilo do presidente está no caso de Teddy Roosevelt, que governou os americanos de 1901 a 1909. Ele tinha um canguru na Casa Branca. Na sua administração, os Estados Unidos entraram em várias guerras e anexaram o Havaí, Cuba, Porto Rico, as Filipinas e o Canal do Panamá. Esse ímpeto guerreiro de Teddy Roosevelt talvez se explicasse pelo seu temperamento expansionista. Mas ele podia estar apenas precisando de mais espaço para o canguru.

Já os nossos presidentes preferem governar sozinhos, e é uma pena, porque só fazem lambança. De Getúlio Vargas para cá, o único presidente de quem se soube que era chegado a um animal foi o último presidente militar, o general João Batista Figueiredo (1979-84) — que gostava de cavalos e dizia preferir seu cheiro ao cheiro do povo. (Um de seus antecessores, o general Costa e Silva, 1967-69, também adorava cavalos, mas só para apostar.) Os historiadores do futuro não desprezarão esse dado se quiserem explicar o estilo rude e quase equino de Figueiredo, necessário para enfrentar os próprios colegas de farda. Tivesse ele uma preferência por canários ou peixinhos dourados, e talvez a abertura política não fosse possível.

Nossos presidentes não gostam de bichos, mas, por algum motivo, durante a sua temporada no trono, não abrem mão de um amigo ou auxiliar cuja fidelidade e dedicação os fazem salivar mais que qualquer mascote. Getúlio Vargas era um. De 1951 a 1954, quando foi presidente constitucional, era acompanhado full time por seu guarda-costas, ajudante de ordens e ministro do Mar de Lama, Gregório Fortunato — a própria primeira-dama, dona Darcy, para chegar a Getúlio tinha de despachar antes com Gregório. Aliás, se adivinhasse que Getúlio ia dar aquele tiro no peito, Gregório teria rapidamente se enfiado no pijama do presidente quando este puxou o gatilho.

Juscelino Kubitschek (1956-60) tinha o marechal Lott, seu ministro da Guerra. Jânio Quadros (1961) teve o estimado Zé Aparecido de Oliveira, seu secretário particular. João Goulart (1961-64) tinha Darcy Ribeiro — e, se você conheceu o velho Darcy já mais maduro e equilibrado, pode imaginar o que significava para um presidente ter como chefe da Casa Civil o jovem Darcy. Os marechais Castello Branco e Costa e Silva tinham um ministro da Justiça, Carlos Medeiros Silva, sempre disponível para atos institucionais e Constituições a martelo. Foi dele a Constituição de 1967, que o Congresso, docemente constrangido, se viu obrigado a promulgar. Quando ela saiu, Nelson Rodrigues ouviu, em plena avenida Rio Branco, um camelô gritando: "Saiu a Nova Prostituição do Brasil! Saiu a Nova Prostituição do Brasil!". Só depois é que Nelson se deu conta de que tinha sido vítima de um engano auditivo. O fulano estava apregoando a nova Constituição do Brasil. Mas dava na mesma.

O general Ernesto Geisel (1974-78) tinha o general Golbery do Couto e Silva, mas, nesse caso, era quase como se Golbery é que tivesse Geisel — pelo menos, a cabeça da dupla era ele. E Figueiredo, além dos cavalos, tinha seu ministro do Exército, o general Walter Pires — a qualquer movimento suspeito vindo de qualquer lado, Figueiredo ameaçava, "Eu chamo o Pires!", e o país se encolhia.

José Sarney (1984-89) tinha o advogado Saulo Ramos, o único brasileiro vivo que leu seu livro *Os maribondos de fogo*. E Fernando Collor (1990-93) tinha, naturalmente, seu infame tesoureiro P. C. Farias — e uma gata, Teresa, como cunhada.

3. COM TODO O RESPEITO

NÃO SUPORTAMOS OLHÁ-LA, TOCÁ-LA, CHEIRÁ-LA
Por que temos vergonha da merda?

[*O Estado de S. Paulo*, 5/5/2001]

Há dias, em Brasília, o artista plástico Siron Franco depositou em frente ao Congresso Nacional uma escultura de dois metros e meio: um objeto cravejado de fezes. Não fezes de verdade, mas rolos, bengalas e bastonetes de serragem prensada, torneados e pintados de forma a não deixar dúvida. Siron batizou sua obra de "O que vi pela TV", referindo-se a uma recente sessão do Congresso transmitida pela televisão. O objeto ficou em exposição durante apenas algumas horas, silente e denunciador, mas teve tempo de ser apreciado por parlamentares e populares. Apesar de realista, a escultura poupou sua plateia de uma característica do fato que a inspirou: o cheiro.

Como metáfora da situação política nacional, o buquê de fezes de Siron pode ter constrangido somente os parlamentares que ainda prezam a si próprios e ao Legislativo — os outros não têm motivos para se ofender. Como manifestação da liberdade de expressão, foi perfeito. A escultura ficou à vista, não foi recolhida nem mesmo em nome dos "bons costumes", e, ao se dar por satisfeito, o autor embalou-a, enfiou-a de volta no caminhão e a levou para casa. Em outros tempos, Siron seria preso, pendurado no pau de arara e incurso na Lei de Segurança Nacional.

Mas, e se não for uma metáfora? E se isso for só mais um indício de que, no Brasil, estamos nos habituando a conviver com o excremento no nosso cotidiano? Os exemplos abundam.

O mais recente livro de Rubem Fonseca, *Secreções, excreções e desatinos* (Companhia das Letras), é uma antologia de histórias que falam de tripas, cânceres, pústulas, suores, salivas, menstruações, ejaculações e mucos, além das mais prosaicas merda, meleca e flatulências. Mas seu destaque é o primeiro conto, uma substanciosa pensata intitulada "Copromancia", que já abre assim; "Por que Deus, o criador de tudo que existe no Universo, ao dar existência ao ser humano, ao tirá-lo do Nada, destinou-o a defecar?". Segue-se uma minuciosa semiótica das fezes à luz de seu peso, cor, odor, volume, forma e espessura, até desaguar na ficção propriamente dita: a criação de uma nova ciência, a copromancia, que permitiria enxergar o futuro através dos excretos.

Um indigesto superespetáculo em cartaz em São Paulo, *Les Misérables*, musical baseado no romance de Victor Hugo, tem seus momentos culminantes se passando nos esgotos de Paris, por onde seu personagem, o invencível Jean Valjean, perambula num rio de dejetos humanos. Pelo luxo e capricho do show, imagino que suas plateias achem natural assistir a isso e, na sequência, irem jantar no Gigetto. A propósito, o livro *Victor Hugo — Uma biografia*, de Graham Robb, recém-lançado pela Record, dá o devido destaque à passagem do esgoto de *Les Misérables* na obra do autor. "O esgoto não mente", dizia Hugo, que construiu toda uma teoria da produção e do consumo na Paris de seu tempo em função do que (literalmente) rolava por aqueles subterrâneos medievais. Hoje os esgotos são uma atração turística, visitados por todo mundo — daí, em outro romance, *A porta*, de 1996, também da Record, a escritora Heloisa Seixas ter posto um escatológico casal brasileiro fazendo amor nos esgotos de Paris.

O último número da revista "Domingo", do *Jornal do Brasil*, traz excelente matéria da repórter Cleo Guimarães intitulada "Nojentinhas e carentes", sobre o sucesso no Brasil das bonecas espanholas da linha Cocolin. Uma dessas bonecas é a Popô, que vem sentada num vaso sanitário e, quando "alimentada" com uma mistura de mousse em pó e água, "faz cocô". Outras são a

Pipizinho, que "faz xixi e fica com o bumbum assado", e a Cocolin propriamente dita, que, segundo o fabricante, "senta no peniquinho, solta punzinhos e dá gostosas gargalhadas". No ano passado, as crianças brasileiras compraram 150 mil de tais bonecas. Aliás, pela universalidade desses nomes, temo pelo dia em que nosso campeão mundial dos superpenas, o baiano Popó, tiver de lutar em Roma e a luta for transmitida por Galvão Bueno. Para entender esse temor, basta saber que, em alguns toaletes públicos de Roma, as descargas vêm equipadas com duas válvulas, indicando a quantidade de água a ser despejada para cada função: "Pipi, cinco litros" e "Popó, nove litros". Posso imaginar Galvão narrando empolgado uma vitória de Popó aos ouvidos da torcida italiana no estádio.

Pensando bem, não há nada de novo nessa fixação brasileira pelos produtos das funções intestinais. Novo é o fato de que, agora, essa fixação se dá cada vez mais a céu aberto. Em todas as cidades do país, durante ou fora do Carnaval, as pessoas deram para se aliviar na rua. Com isso, durante o tríduo, nossos mares, rios e lagoas recebem por dia milhões de litros de urina e fezes in natura, vindos de esgotos clandestinos que desafiam qualquer administrador — no Rio, o prefeito Cesar Maia ameaçou tapar os esgotos ilegais que cercam a lagoa Rodrigo de Freitas, para que a merda voltasse para dentro das casas. Mas quem vai se assustar com isso?

Há pouco, uma pesquisa na internet sobre a mais bela capa de disco produzida no Brasil elegeu a de um antigo LP de Tom Zé, *Todos os olhos*, criada pelos sócios de uma agência de propaganda, e=mc2, Décio Pignatari, Reinaldo Moraes e Chico Andrade, mostrando em close uma bola de gude supostamente enfiada num ânus. Na verdade, na foto que saiu na capa, a bola estava na boca da modelo, mas apenas porque o ânus, tentado inúmeras vezes, não era convincente. A boca se parecia mais com um ânus do que o próprio.

Chocado? Não devia. Conviver com esse assunto talvez seja uma sina brasileira e já venha de longe — apenas não nos dávamos conta. Em 1961, para celebrar a presença de Jean-Paul Sartre no Brasil, um grupo de intelectuais cariocas ofereceu uma feijoada ao escritor francês no apartamento do jornalista José Guilherme Mendes, no Rio. Sartre nunca fora apresentado à feijoada. Quando lhe destamparam o panelão, ele exclamou: *"Mon Dieu! C'est la merde!"*.

Pena que, entre os anfitriões, não estivesse o poeta Vinicius de Moraes, cuja fixação pela dita-cuja era conhecida de todos os seus amigos. Vinicius controlava atentamente o seu desempenho diário no vaso e, como gostava de contar, muitas vezes lamentou ter de puxar a descarga e despedir-se de sua produção. Aliás, um de seus poemas infantis mais bonitinhos dizia: *"A gente pega o abacate/ Bate bem no batedor/ E depois do bate-que-bate/ Que é que parece?/ Cocô"*. P.S.: Vinicius adorava abacate.

A respeito dos escândalos que têm explodido e vindo à tona na política nacional, o cronista Arnaldo Jabor escreveu que "o Brasil precisa mesmo é de um exame de fezes". Mas a prova de que nem só agora o excremento se tornou um parâmetro de avaliação da situação nacional, basta lembrar Graciliano Ramos. Caminhando com ele pela rua do Ouvidor, nos anos 40, seu colega José Lins do Rego lhe disse: "Mestre Graça, se as coisas continuarem assim, vamos acabar comendo merda". Ao que Graça respondeu: "Sim, mas de quem?". E, talvez refletindo o individualismo dos anos 50, o compositor Ary Barroso, autor de "Aquarela do Brasil", disse certa noite na cantina Fiorentina: "Enquanto o meu estiver marrom, está tudo bem". E deu mais uma garfada em seu nhoque.

Talvez esse assunto não seja um privilégio do Brasil. Nesse sentido, um livro de luxo e, literalmente, de merda, mas não menos fascinante, acaba de chegar às nossas livrarias mais liberais: *Cacas — The encyclopedia of poo*, do fotógrafo italiano Oliviero

Toscani, pela editora alemã Taschen. *Poo* é cocô em inglês. A começar pela capa, suas 113 fotos são uma galeria do que o reino animal é capaz de produzir nesse departamento — do elefante ao peixinho dourado, passando pelo hipopótamo, pela girafa, pelo coelho, pelo periquito, pelo grilo e por muitos outros, até o homem. Os textos (em inglês, francês e alemão) são um manancial de informações sobre essa coisa que, diz Toscani, nasce com o homem e é tão natural quanto respirar, mas "muitos de nós não suportamos olhá-la, tocá-la ou cheirá-la".

"Desfazemo-nos dela atrás de portas fechadas", diz ele. "Ejetamo-la por vasos antissépticos. Não a mencionamos diante de pessoas educadas. E é um dos últimos tabus da sociedade civilizada. Mas é também uma das fontes de energia mais desprezadas do planeta. Podemos cozinhar com ela, construir com ela, admirá-la, vesti-la. É única — não há dois exemplares iguais. É tão velha quanto a criação. E não faltará nunca. É hora de celebrá-la."

O Brasil, pelo visto, já começou.

O CIGARRO
O parceiro com quem, sem trocar de lábios, dialogamos em segredo

[Relatório Anual da Souza Cruz, 1992]

Não olhe agora, mas já reparou como o ato diário, docemente corriqueiro, de abrir um maço de cigarros pode despertar uma volúpia quase sensual? Desde que você o faça direitinho — devagar, com maestria de dedos, como se cada camada do invólucro fosse um véu entre você e as delícias prometidas.

O ritual começa pela retirada da fita de castidade. Libertado, o celofane desliza pelo corpo da carteira e esta se apresenta, nua.

É abri-la e remover o último véu — a nesga de papel prateado. Surgem vinte lindos cigarros — exatamente iguais a bilhões de outros da mesma marca, gêmeos em perfume e sabor, mas de certa forma únicos, porque exclusivamente seus, prontos a se imolarem por você. Levar a chama a um deles deve ser um gesto tão exato e meticuloso quanto acender o desejo da namorada. E, não por acaso, a primeira tragada tem sempre o quê de um primeiro beijo.

Alguém disse que as três melhores coisas da vida são um uísque antes e um cigarro depois. Quem quer que tenha sido, estava mal informado. Melhor é um cigarro antes e outro depois. E talvez essa seja a única situação em que o cigarro não é uma das melhores coisas durante.

Seja quem for o designer que o aperfeiçoou, imaginou o cigarro como um complemento capaz de confundir-se de corpo e alma com quem o fuma. Tornou-o masculino em mãos masculinas; feminino em mãos femininas. Sofisticado, entre sofisticados; vulgar, entre vulgares. Um símbolo de rebeldia, para os jovens; um instrumento de quietude, para os mais velhos. Um caloroso aliado nos momentos de ação e um companheiro solidário nos de reflexão.

Emprestou-lhe uma eloquência extra como sedutor e, no meio da mistura de fumos, incluiu ingredientes que permitem ao fumante passar uma imagem de segurança, altivez e independência. Mas, muito mais que um amigo, fez do cigarro o nosso cúmplice. O parceiro com quem, sem trocar de lábios, dialogamos em segredo.

E também o único a saber que ninguém é inocente ao fumar. Há sempre uma pose interior ao se acender um cigarro, soprar a fumaça ou calcar a cinza. Mesmo quando não há. Ao sublinhar nossas atitudes, o cigarro faz, de todos nós, atores. Podemos ser galãs de comédia romântica, vilões de filme noir ou densos heróis de drama europeu — qualquer um ao alcance da fantasia daqueles anéis de fumaça azulada.

Qualquer um — desde que urbanos, modernos e adultos. Pois é isso o que o cigarro é.

É ISSO AÍ, BICHOS
Até cachorros andam praticando o violento esporte nasal

[*Folha de S.Paulo*, 14/10/1984]

"*Schlaf, mein Schläfchen, schlaf*" — "Dorme, meu cordeiro, dorme" — escreveu o alemão Walter Benjamin em *Haxixe*, livro em que descreve suas experiências e as de seus amigos com a droga. Benjamin foi um dos mais importantes pensadores e escritores deste século, mas sua influência não precisava ter se estendido a ponto de alcançar um modesto bichinho brasileiro chamado Bigorrilho.

Bigorrilho é um coelho que andou nas manchetes dos jornais de São Paulo nas últimas semanas como tendo sido viciado em maconha por seus donos. Não é que ele *fumasse* maconha, vejam bem. Apenas se habituou a alimentar-se exclusivamente das folhas da própria, com o que passou a recusar outras verduras e tinha engulhos à simples visão de uma alface. Devido a denúncias, o animal foi recolhido, examinado pelas autoridades médicas e correu até o risco de ser sacrificado. Finalmente, foi devolvido a seus proprietários, sob a condição de que deviam deixá-lo variar a dieta. Parece que, durante seus baratos, Bigorrilho julgava-se Pernalonga e sonhava ser contratado por Hanna e Barbera ou, quando crescesse, tornar-se o coelho da *Playboy* ou a lebre de *Alice no País das Maravilhas*.

O caso de Bigorrilho não é inédito na longa história das relações entre os bichos e as drogas. De certa maneira, todos os animais consomem alguma coisa que lhes altera a personalidade, deixando-os *up* ou *down*. Papagaios, por exemplo, adoram ser alimentados com sementes de cânhamo, o que lhes facilita aprender a falar expressões como "É isso aí, bicho". Cavalos são dopados regularmente nos hipódromos de toda parte, segundo denúncias de jóqueis e tratadores. Uma injeção no pescoço pode fazer um azarão atropelar ou uma barbada não pagar nem placê. Alguns desses cavalos cometem a indelicadeza de morrer antes da reta final, o que desaponta profundamente os apostadores.

A polícia treina cães para farejar cocaína em navios ou aviões — e como você pensa que ela faz isso? Servindo-lhes cocaína até torná-los dependentes. Daí que, quando encontram alguma, camuflada em qualquer tipo de bagagem, ficam fissurados, abanam o rabo sem parar e uivam algo parecido com "She don't lie", de JJ Cale. A ideia de que até cachorros andam praticando o violento esporte nasal dá bem uma ideia da difusão dessa droga. Keith Richards, guitarrista dos Rolling Stones, misturava LSD na Papita de seus filhotes, para que eles não estranhassem o ambiente da casa quando ficassem grandinhos. Já Edgar Allan Poe, grande consumidor de ópio, servia absinto a seus gatos, dos quais também era apreciador. Numa dessas, escreveu seu conto "O gato preto".

Todo mundo já embriagou perus em véspera de Natal e é normal que, ao fazer isso, também tome uns tragos para estimulá-los. Alguns perus revelam-se tão bons companheiros de copo que chega a ser um crime matá-los. Os perus mais exigentes recusam-se a aceitar uísque nacional, tolerando apenas os escoceses engarrafados no Brasil — mesmo suspeitando que, de qualquer maneira, não acordarão de ressaca no dia seguinte. Para dizer a verdade, não acordarão de jeito nenhum.

O Circo Tihany apresenta um macaco fumante. Ele prefere Marlboro e não caiu nessa história dos cigarros light. Lewis Carroll, no já citado *Alice*, inventou aquela lagarta lógica que fumava pelo narguilé, mas não explicou se este continha ópio — as crianças podem imaginar o que quiserem. E muitos pescadores afirmam que, jogando-se uma raiz de timbó — uma espécie de curare — no remanso de um rio, os peixes embarcam numa trip tão deliciosa que vêm boiar de barriga para cima na superfície, podendo ser recolhidos até com a mão. Uma trip que os leva diretamente para a frigideira, mas eles não parecem se incomodar.

As formigas, naquelas suas fascinantes aventuras de recolher folhinhas no inverno, costumam deparar com determinadas excreções de pulgões. Ao comê-las, ficam tão baratinadas que abandonam suas tarefas e desorganizam completamente a vida do formigueiro. Isso provoca grande irritação nas formigas mais responsáveis, principalmente nas que não foram avisadas da presença de excreções dos pulgões.

Como se tudo isso não fosse suficiente, os laboratórios científicos, sob o pretexto de pesquisa, estão criando legiões de bichos quimicamente alterados. Fazem-se experiências, por exemplo, com toda espécie de ratos-brancos, para saber suas reações a esta ou aquela droga e prever seus possíveis efeitos sobre seres humanos. Com isso, todos, um dia, acabam sofrendo de síndrome de abstinência, que é o que acontece quando se retira subitamente a droga do animal. Não admira que eles fiquem uma fera e se tornem agressivos. Baratas domésticas, pelo mesmo motivo, tornam-se tão viciadas em inseticidas que infestam os apartamentos exigindo dedetização — é o barato delas. E já se fala até em bactérias dependentes de antibióticos.

Não há registro de gatos propensos à toxicomania. Suspeita-se que, no máximo, a intermitência da luz da televisão pode provocar-lhes epilepsia, principalmente em gatos expostos a programas de auditório — mas isso deve ser pela quantidade de horas que ficam diante do aparelho. Seres humanos também correm esse risco. O gato é um animal orgulhoso da sua individualidade, que só faz o que quer e não se interessaria em cheirar nem uma fileira de mata-pulgas. Sábio, ele só se deixa alterar por uma gata no cio.

HOMENS (E MULHERES) COM H
A música popular sai do armário

[*Folha de S.Paulo*, 15/10/1983 e 18/2/1984]

Em 1980, quando Gilberto Gil falou de sua "porção mulher" em "Super-homem — A canção", as feministas aproveitaram para enquadrar os homens até então postos em sossego. O argumento era o de que você era um ser arcaico, ultrapassado e desprezível se não assumisse a sua "porção mulher". E isso se aplicava mesmo que você fosse um truculento beque do Taquaritinga ou do Votuporanguense. Na época, diversos cidadãos, saudosos dos tempos de "Olha a cabeleira do Zezé", torceram para que a canção de Gil fosse um caso isolado ou uma moda passageira. Bem, não foi. Pouco depois, o ás da guitarra Pepeu Gomes, sobre quem nunca restara a menor dúvida, fez uma inesperada profissão de fé em "Masculino e feminino", ao declarar que *"Ser um homem feminino/ Não fere o meu lado masculino./ Se Deus é menina e menino/ Sou masculino e feminino"*. Vê isso aí, Baby.

Mas, então, foi como se toda a música popular, de repente, saísse do armário. Em "Jonny pirou", de 1982, Ney Matogrosso conta a história do jovem executivo de uma multinacional que, na geral do Maracanã, se apaixona por um tremendo torcedor do

Flamengo, que o abraça pelas costas e o faz sentir "*pela primeira vez/ a sensação de um gol*". A suave cantora Joyce, em "Diga aí, companheiro", fala das curiosas relações entre um marido e uma mulher modernos: "*Você me pede o batom e eu empresto/ Empresto a sombra para passar nos cílios/ Mas você tem que me dizer, amor/ O que é que eu vou dizer aos nossos filhos*". Para não falar das atribulações de Paulinho Boca de Cantor, em "Rock Mary", da mesma época: "*O que é que eu faço sem Mary?/ Se mandou com uma dona/ Cujo sapato é bem maior do que o meu*". E o sempre alerta Gilberto Gil? O que será que ele quis dizer, em "Entre a sola e o salto", com "*Entre a sola/ E o salto do sapato alto dela/ No espaço embaixo/ Do sapato dela/ Quanto amor*"? Só Alcione deve saber — afinal, foi ela quem gravou.

Para alguns, essa corrente começou quando Chico Buarque cantou o amor daquela moça por uma tal de Bárbara: "*Bárbara, Bárbara/ Nunca é tarde, nunca é demais/ Onde estou, onde estás/ Meu amor, vem me buscar/ Vamos ceder enfim à tentação das nossas bocas cruas/ E mergulhar no poço escuro de nós duas*" — embora, segundo algumas moças que experimentaram mergulhar naquele poço, a coisa mais excitante que lhes aconteceu em seguida foi sair para jantar. Na época, a censura implicou com "Bárbara" e cortou a palavra "duas" do último verso, o que deixava a letra sem sentido. Foi preciso que Gal Costa e Simone a gravassem, tempos depois, para restabelecer a lógica poética.

Um dos sucessos atuais das paradas, "Peluda", do grupo Saída de Emergência, é uma viril resposta àquela antiga cantiga de Geysa Bôscoli e Guilherme Figueiredo, que dizia "*Eu nunca vi/ Mulher de bigode, Maria Chiquinha*". Não viu, mas vai passar a ver, porque "Peluda" diz assim: "*Essa menina é cabeluda/ Perna peluda matão/ Garota moitão/ Entupo o ralo do chuveiro/ Soltando pelo no chão./ Mulher de bigode, nem o diabo pode/ Mamãe tam-*

bém tinha/ Bastante franjinha. Me raspo/ Me raspo/ Me raspo/ Me raspo todinha./ De papelote encrespo os cachos/ Das axilas até o dedão/ Garota moitão/ Você precisa é de barbeiro/ Banho de cheiro? Eu não".

Nada disso se confunde, naturalmente, com a mimosa balada gravada por Cely Campelo em 1959, "Lacinhos cor-de-rosa" — *"Um sapatinho eu vou/ Com laços cor-de-rosa enfeitar/ E perto dele eu vou/ Andar devagarinho/ E o broto conquistar".* E pensar que inúmeras crianças cantaram isso com a mesma inocência com que brincavam de roda ao som de *"Botei meu sapatinho/ Na janela no quintal"*!

A corrente é forte e, pelo visto, sem volta. Em "Minorias", Filó e Sérgio Natureza louvam as glórias de um multiminoritário (pertencente a várias minorias) que *"Tinha um avô que era índio/ E uma avó bem mulata/ Um irmão que era bicha/ E uma prima sapata".* E até os insuspeitos João Bosco e Aldir Blanc, velhos poetas do amor, descrevem, em "A nível de", a história de dois casais, Vanderlei e Iolanda e Odilon e Adelina, que partem para um suingue como os praticados pelas melhores famílias — e terminam na mais heterodoxa combinação: Vanderlei com Odilon e Iolanda com Adelina.

Mas nem sempre a coisa é vista por um ângulo tão compreensivo. Raul Seixas mostrou que estava desatualizado ao cantar no seu "Rock das aranhas" que *"Subi no muro do quintal/ E vi uma transa que não é normal/ Ninguém vai acreditar/ Eu vi duas mulher/ Botando aranha pra brigar.// Soltei a cobra/ E ela foi direto/ Foi pro meio das aranha/ Pra mostrar como é que é certo.// Cobra com aranha é que dá pé/ Aranha com aranha/ Sempre deu jacaré".* Outra saga sem final feliz é a de "Jane e Júlia", do grupo Brylho: *"Jane faz crochê/ E Júlia faz tricô/ Uma é avó/ E a outra é avô./ Jane é linda e loura/ E Júlia usa hennê/ O que uma pode/ A outra podes crer./ Jane é rock and roll/ E Júlia, iê, iê, iê/ Uma é uma fera/ E a outra, podes crer./ Aí pintou um namorado/ Houve briga/ É uma pena, não teve jeito/ E o caso delas acabou".*

Em certo momento, o mesmo Ney Matogrosso voltou à cena pisando firme para restaurar o primado da macheza. Em "Homem com H", ele bate no peito para afirmar que *"Nunca vi rastro de cobra/ Nem couro de lobisomem/ Se correr o bicho pega/ Se ficar o bicho come/ Porque eu sou é homem/ Sou homem com H".* Sem falar no seu atual sucesso nas paradas, "Calúnias", em que proclama: *"Telma, eu não sou gay/ O que falam de mim são calúnias/ Meu bem, eu parei".* Depois de jurar que *"Não é meu esse baby-doll",* finalmente esclarece que *"Esses rapazes são apenas meus amigos".*

Por sorte, Gilberto Gil (que, afinal, foi quem começou tudo com "Super-homem — A canção") reapareceu para botar ordem na casa. Acaba de apresentar uma ode intitulada "O veado" — para escândalo, talvez, de seus antigos e sóbrios colegas da Gessy--Lever, onde ele trabalhava carregando uma pastinha de couro cheia de prospectos, antes de ficar famoso. Claro que "O veado" se refere ao bicho — ou não passaria na censura —, mas alguns de seus versos estão sendo adotados pelas pessoas mais sensíveis: *"O veado/ Quanto tato/ Preciso para chegar perto".* Ou *"Ser veado/ É ter as costelas à mostra/ E uma delas/ Tê-la extraída das costas".*

Tanta oferta deve estar equivalendo à procura. O mercado gay, até há pouco ignorado pela indústria fonográfica — e, por isso, historicamente obrigado a tomar ídolos de empréstimo no mercado *straight,* como Judy Garland, Dalva de Oliveira e Doris Day —, parece ter finalmente encontrado as suas vozes.

Basta uma rodada pelo dial. A ponto de o poeta e letrista Waly Salomão ter ido se queixar com Gilberto Gil a respeito de "O veado":

"Mas, Gil, com tantos animais em perigo de extinção", disse Waly, "como é que você me faz uma música logo sobre o único bicho em expansão?"

A DEUSA AO ALCANCE DO SONHO
E se der tudo errado com a mulher ideal?

[*Gloss*, janeiro de 2008]

No tempo em que as deusas do cinema ainda reinavam na fantasia masculina — ponha aí os anos 50 ou 60 —, os homens dormiam e sonhavam com uma mulher perfeita, que seria a mistura de dez ou doze daquelas divas. Um dia, essa mulher, que seria a mágica soma daquelas qualidades, desceria da tela e se sentaria no colo deles, na primeira fila, e sabe-se lá o que aconteceria.

A mulher ideal seria aquela que tivesse... os olhos de Elizabeth Taylor... o nariz de Grace Kelly... a boca de Brigitte Bardot... os seios de Marilyn Monroe... a cintura de Gina Lollobrigida... os quadris de Sophia Loren... a bundinha de Doris Day... as coxas de Cyd Charisse... as curvas de Jayne Mansfield... a feminilidade de Romy Schneider... a voz de Barbra Streisand... a sensualidade de Lauren Bacall... a elegância de Audrey Hepburn... a fibra de Katharine Hepburn... o talento de Bette Davis... a inteligência de Jeanne Moreau... o mistério de Kim Novak...

Nenhum homem jamais parou para pensar no que aconteceria se, em caso de espetacular zebra, essas qualidades se misturassem e a mulher que resultasse disso tivesse... os quadris de Audrey Hepburn... a bunda de Lauren Bacall... o nariz de Barbra Streisand... a feminilidade de Katharine Hepburn... os seios de Jeanne Moreau... a elegância de Marilyn Monroe... a inteligência de Cyd Charisse... as curvas de Bette Davis...

Por sorte, essa fixação passou. Hoje, o homem aprendeu que a mulher ideal é aquela que responder aos seus olhares — no escritório, no restaurante, na sala de espera do dentista ou em qualquer lugar. E, se ela se sentir uma deusa, melhor ainda.

4. LÍNGUAS SOLTAS

IBRAHIM SUED

Da Tijuca a Copacabana e Paris, via bonde e Concorde

[*Playboy*, março de 1981]

Os cães continuam ladrando, mas a caravana não deixa de passar. Mesmo assim, Ibrahim Sued não se cansa de dizer *sorry* à periferia, como se ainda se desculpasse pelo fato de ser não só um dos jornalistas mais poderosos do país, como — de leve — o mais rico. Uma fortuna que, quando começou a ser notada, já montava a 1 milhão de dólares, muitos zeros a mais do que costuma figurar na conta bancária dos jornalistas comuns.

Acontece que Ibrahim Sued não é um jornalista comum. Não é raro ele próprio ser o personagem mais influente e importante da sua coluna diária no *Globo*, pela qual desfilam banqueiros, políticos, diplomatas, artistas e grã-finos. Ministros superocupados atendem-no ao telefone em questão de segundos. Personalidades como a rainha da Inglaterra, alguns papas e diversos presidentes americanos já lhe estenderam a mão. No Brasil, sua intimidade com o poder começou com Getúlio Vargas e, desde então, Ibrahim habituou-se aos protocolos palacianos com a mesma facilidade com que, no início de seu convívio com a alta sociedade, descobriu que a lavanda servida antes de um jantar não era para ser bebida.

Hoje, com a tranquilidade dos que se sabem vencedores, Ibrahim orgulha-se de apregoar sua origem de menino pobre de ascendência libanesa. Afinal, ninguém como ele fez tão depressa o percurso Tijuca-Copacabana-Paris (via bonde e Concorde), nem trocou tão triunfalmente o bife a cavalo do Beco dos Aflitos, na Cinelândia, pelo Bife de Ouro do Copacabana Palace.

Quem viveu essa fascinante aventura de escalada social está no direito de patrocinar a maior festa de que o Rio foi palco nos últimos anos: a do casamento da filha, para o qual ele convidou seus 2 mil amigos mais íntimos, incluindo os do jet set aos antigos camaradas dos tempos bicudos. (Ou assim queria Ibrahim. Mas vários destes últimos não compareceram porque não tinham roupa para a ocasião. Em alguns casos, Ibrahim ofereceu-se para ajudar, apenas para que não deixassem de ir.)

O que também diferencia Ibrahim da totalidade dos jornalistas brasileiros é que ele não tem apenas faro para as notícias — as notícias é que parecem procurá-lo. Desde 1964, por exemplo, tem sido sempre um dos primeiros a saber qual será o próximo ocupante daquela cadeira em Brasília — foi assim com as sucessões presidenciais que levaram à escolha dos generais Costa e Silva, Médici, Geisel e Figueiredo. Suas fontes de informação, no Planalto e fora dele, ainda não deixaram que errasse uma. Para a próxima sucessão, Ibrahim também tem um surpreendente palpite — que ele revela, em primeira mão, nesta entrevista.

E não apenas as notícias parecem procurá-lo. Ibrahim também é notícia. Sua fama de ignorante (que ele ajudou a cultivar) tornou-o objeto de um folclore que já rendeu boas gargalhadas. Mas ninguém rirá por último senão Ibrahim. Foi esse folclore que o aproximou da massa de leitores, que nunca o confundiu com seus personagens do café-society. Pois, hoje em dia, é o próprio Ibrahim quem faz questão de declarar esses personagens uma raça em extinção, preferindo focalizar na sua coluna o mundo da economia e das finanças — o que fala tanto à fantasia do seu atual público quanto as listas das dez mais elegantes falavam à dos leitores de 1960. Cavalo não desce escada, como ele não se cansa de dizer.

Nunca tive ninguém mais difícil de entrevistar. Não só porque Ibrahim conhece todos os truques, mas também porque não o deixam quieto. Passei com ele duas tardes em seu escritório na rua Siqueira Campos, em Copacabana, e a conversa foi interrompida inúmeras vezes por pessoas que o procuravam, ao vivo ou por telefone. Ibrahim não deixa de receber ninguém, mas fica nervoso, impaciente e se irrita diante de gente pretensiosa ou ostensivamente interesseira. Ao mesmo tempo, foi extremamente gentil com o filho de um antigo empregado, que lhe pediu uma recomendação para treinar no Flamengo, clube de que Ibrahim é torcedor. O escritório de Ibrahim é relativamente modesto, mas a porta não se confunde com as das outras salas comerciais do andar — porque é de autoria do entalhador Batista, um dos mais cotados do Brasil e, não por acaso, seu amigo particular.

Ibrahim também não tem muita paciência com entrevistas, a não ser que ele esteja do lado de cá do gravador. Garanti-lhe que esta, para *Playboy*, seria diferente.

Alguém já o definiu como "um herói da classe média". O que isso quer dizer?

Não sei. Deve ser porque eu sou um self-made man, que veio de baixo, sem pai nem mãe, filho de imigrantes, sem nome tradicional, que levantou a cabeça e deixou a classe média mais embaixo.

Então, você é um modelo para ela?

Bem, não cheguei na alta, mas saí da média, não é? E isso foi à custa de muito trabalho. Trabalho e honestidade. Engolindo sapos. Fingindo ter um poder maior do que tinha. O jornalista é forte e poderoso pelo mal que pode fazer, e não pelo bem que ele faz.

Você está podre de rico?

Eu considero hoje que quem tem 1 milhão de dólares no banco não é rico. É remediado.

Numa entrevista dez anos atrás, você admitiu que tinha 2 milhões de dólares. Então você é rico.

Rico, não. Bem de vida. Além disso, o dólar valorizou. Então eu tenho um pouquinho mais. Tenho imóveis, quadros, coisas que valorizam. Devo ter aí uns 3 milhões de dólares. Mas sempre paguei aos bancos em dia, nunca passei cheque sem fundos, nunca dei trambique. Atualmente devo a vários bancos, mas eles sabem que sou bom pagador. Não tenho muita ambição — talvez por isso não tenha quebrado, como muita gente por aí. O que eu quero é viver bem, viver como milionário — sem ser milionário.

Como diz você, é a volta por cima. Mas não será também uma espécie de volta por ter sido tão pobre nos primeiros anos?

Talvez, talvez. Nunca fiz análise, porque acho esse negócio de análise uma farsa. Eu mesmo me analiso. Sofri humilhações, passei fome, fiquei noites sem jantar, mas tudo isso me ajudou. Não fiquei chorando miséria — eu saí da miséria.

O que você chama de viver bem?

É fazer as coisas que eu gosto. Gosto de viajar, de ir a Paris, de boemia, de comer e beber bem. Só que já não posso fazer isso todos os dias. Tenho de maneirar. A vida é cruel nesse aspecto, porque a gente devia nascer velho e morrer criança. Há vinte anos eu não tinha dinheiro para comer caviar. Hoje tenho e não gosto mais de caviar. Nem posso comer todo dia, por causa do colesterol. São as contradições. Então, como diz aquele ditado espanhol, viver bem é a melhor vingança contra a vida.

Você gosta de contar que, no começo da sua carreira, tinha duas calças e um paletó e, mesmo assim, era considerado o rapaz mais elegante de Copacabana. É isso?

A elegância é importante no começo da vida.

Como é possível alguém ser elegante tendo apenas duas calças e um paletó?

Eu era elegante porque meus dois ternos estavam sempre

bem passadinhos. Tinha só dois pares de sapato também — um no pé e outro no engraxate. Eu tomava banho todo dia, achatava o cabelo com gomalina e parecia um jovem milionário quando me apresentava nos lugares.

A época a que você se refere, começo dos anos 50, era de enorme afluência, o que tornava possível que uma pessoa como você subisse de classe social. Seria possível alguém repetir a sua façanha hoje?
Hoje é mais difícil — ou mais fácil. [*risos*] Não sei, não posso definir precisamente. Se o sujeito seguir uma carreira e trabalhar, ele pode se projetar, inclusive como jornalista. Só que hoje o jornalista está mais cerceado, não pela censura, que não existe mais, mas pelos donos dos jornais. Eu fiz dez anos de jornalismo pela televisão, faço colunismo diário há 28 anos, escrevo em diversas revistas, e sempre me adaptei à direção de cada lugar. Eu dou a eles o direito de cortar, não de enxertar. Evidentemente, cada empresa tem uma linha política, uma orientação determinada. Dentro do *Globo*, por exemplo, eu não posso ir contra a orientação do Roberto Marinho. O jornal é dele, não meu.

Para muita gente, nenhum jornalista consegue ser bem-sucedido como você sem ter usado de picaretagem. O que você diria disso?
O que eu fiz foi capitalizar as minhas relações. Meu primeiro apartamento foi comprado pela Caixa Econômica e eu paguei. Para comprar o segundo, que era maior, pedi dinheiro emprestado ao José Luiz Magalhães Lins, do Banco Nacional, e paguei. Se não pagasse, teria perdido o crédito. Tudo que tenho, comprei e paguei. Nunca almocei de graça no Copacabana Palace, como muitos quiseram fazer. Cadê a picaretagem?

Suponhamos que o colunista Ibrahim Sued tivesse acesso antecipado a informações sobre negócios que lhe pudessem ser úteis pessoalmente. Por exemplo, uma próxima subida do dólar...

Você aproveita a informação, é claro. Você é humano! Se os leitores vão aproveitar, por que você não aproveita? Muita gente ganhou dinheiro com a maxidesvalorização do cruzeiro [*em 1979*] — menos eu, que soube dois ou três dias antes. Mas eu estava em Paris. Por mais fechada que seja uma informação, por mais segredo que se faça, às vezes o governo ou o próprio ministro deixa escapar, entende? Mas isso não é picaretagem. Picaretagem é forçar a barra, tomar dinheiro, usar tráfico de influência. O que tenho eu devo também à minha intuição.

Que espécie de intuição?

Por exemplo, tenho dois terrenos na Barra da Tijuca, que foram comprados há dez anos e hoje estão valorizadíssimos. Eu senti que Ipanema e Leblon iriam correr para a Barra e comprei. E por aí vai.

Que espécie de investimento você sugeriria a quem tivesse dinheiro sobrando neste momento?

Se eu tivesse 1 milhão de dólares sobrando, comprava dois quadros de Chagall, dois de Picasso e pendurava na minha parede. O melhor investimento na inflação sempre foi ouro, prata, brilhantes e telas.

E a Bolsa?

A Bolsa, a longo prazo, sempre é bom negócio. Pode baixar hoje, mas, daqui a seis meses, sobe de novo e acaba compensando. Eu aconselho assim: se tiver um dinheirinho sobrando, compre ações e esqueça. Fique recebendo os dividendos, as bonificações e vá juntando. Por que o João Jabour é o maior acionista do Banco do Brasil? Porque ele acreditou e nunca vendeu. O que não deve é entrar na Bolsa para jogar, como na época do boom [*em 1970*], em que muita gente vendeu carro e hipotecou apartamento para comprar ações. Até contínuo estava comprando! Aí estourou. A Bolsa é manobrada por um grupo de especuladores. Então, o negócio é comprar e esquecer.

No boom da Bolsa, você perdeu ou ganhou?
Perdi. Comprei Banco do Brasil a quarenta e vendi a dezessete, comprei Vale do Rio Doce a cinquenta e vendi a 23.

Então, às vezes, cavalo também desce escada. Em todos esses anos de colunismo, você viu muitas fortunas desaparecerem da noite para o dia?
Muita gente. Eram ricos, tinham propriedades e ficaram pobres, porque não souberam aplicar, não trabalharam.

Quem, por exemplo?
O Jorge Guinle está menos rico. [*risos*] Gastou muito. Continua rico, mas menos.

Houve quem ficasse a zero?
Houve. Mas não vou citar.

Você ajudou a construir muitas fortunas para os outros?
Devo ter ajudado. Eu promovi muita gente, mas não espero gratidão de ninguém. Se não foram gratos nem com Jesus Cristo! Você passa vinte anos promovendo, dando boas notícias sobre o sujeito e, um dia, por qualquer coisa, ele se volta contra você. Mas já me acostumei. Hoje eu sei quem são os meus amigos. Porque são os anos que fazem os amigos. Hoje não dou a mão para mais ninguém — nem para a minha mãe.

Você já levou muito trambique de amigos?

Já, e de pessoas que eu ajudei. Até dinheiro no banco arranjei para eles. Mas o que se vai fazer? Não vou ficar chorando o passado.

Quando foi que você atingiu o máximo de poder e influência através da sua coluna? Hoje ou há dez anos?

Não sei, talvez com o decorrer dos anos. O meu poder são as amizades. Costumo dizer que meu patrimônio são os amigos, porque eu cultivo os amigos na alta e na baixa. [*risos*] Até hoje, por exemplo, visito periodicamente o presidente Médici [*fora do poder desde 1973*]. Se eu abandonasse o jornalismo e quisesse montar um escritório de relações públicas, seria um empresário bem-sucedido nessa área.

No começo da década de 70, você diminuiu o noticiário social na sua coluna e passou a dar mais importância ao noticiário político e econômico. Será porque alguns de seus melhores personagens, como Didu e Tereza Souza Campos, já não eram tão ricos como antigamente?

Que ricos? Eles nunca foram ricos! Rico é, ou foi, o Jorge Guinle. O Didu sempre foi funcionário do Banco do Brasil. O que aconteceu é que os hábitos mudaram, e aquela coisa de café-society deixou de interessar. Quem ainda está preocupado com a lista das dez mais elegantes, que, na época, esgotava jornal e revista? Eu não sou saudosista. O mundo evoluiu, se modernizou e eu acompanhei. Há quinze, vinte anos, toda festa era de casaca ou smoking, hoje é esporte. Antes se fazia o livro *Quem é quem na sociedade*, hoje não tem mais isso. Os círculos fechados faliram, as *locomotivas* acabaram e as elites agora são formadas por executivos e homens de negócios.

Seja como for, as elites brasileiras de hoje são mais sofisticadas ou mais provincianas que as daquele tempo?

Provincianas, não. Elas foram aprendendo, naturalmente. Há quinze anos, os ricos brasileiros não conheciam champanhe Crystal, só as mais tradicionais. Ninguém sabia que o melhor restaurante de Paris era o do Paul Bocuse. Essas coisas eles aprenderam lendo a minha coluna.

O dinheiro está mudando de mãos?

Está. Mas o que eu quero dizer é o seguinte: em todas as épocas, as elites sempre escandalizaram e sempre empobreceram, mas sempre existiram e existirão. Os tempos é que mudaram. Ninguém mais fala em paulista de quatrocentos anos. Hoje um Kubitschek, um artista de cinema ou um modesto negociante chega a ser presidente do Brasil, dos Estados Unidos, da França. Antigamente, para um partido indicar alguém como candidato à presidência, o sujeito precisava ter tradição política — hoje ele é indicado pelo seu valor. Um embaixador precisava ser de família tradicional para ser considerado educado. Hoje eles pegam um executivo conhecido internacionalmente para chefe de missão. Então, mudou.

É verdade que o presidente Costa e Silva queria nomeá-lo embaixador no Líbano?

É, mas eu não quis. Um embaixador ganha 5 mil dólares por mês e eu queria 30 mil para ser um embaixador de mão-cheia. Como eles não davam, eu ia ter que gastar do meu bolso. [*risos*] Isso é caricatura, claro. Ele queria me fazer embaixador no Líbano porque sentia que os árabes iam ficar na moda e eu, como filho de imigrante... Mas não aceitei porque, além de falar mal francês e só um pouco de árabe, teria que largar tudo — jornalismo, meus negócios etc.

Sua intimidade com o poder, com os presidentes, começou a partir do Juscelino?

O que acontece é que muitos homens de posição são meus contemporâneos — eu no jornalismo, eles na vida pública. Uns, mais velhos, outros, mais jovens, mas eu cultivo minha amizade com todos, inclusive quando eles saem do poder. O Juscelino, por exemplo, eu combati o tempo todo enquanto foi presidente. Mas, no dia em que ele passou a faixa e viajou, fui esperá-lo em Paris. Ele me viu no aeroporto e disse: "Você aqui?". Eu respondi: "O senhor sabe que, apesar de seu opositor, eu lhe prometi que, quando deixasse a presidência, iria buscá-lo na porta do Palácio. Mas, como eu estava em Paris, vim esperá-lo no aeroporto". Eu era um dos poucos ali por causa dele. Aí nasceu a nossa amizade. Anos depois, magoado, no exílio, o Juscelino me contou coisas de arrepiar o cabelo — que, mesmo com ele morto, eu não revelo porque respeito as minhas fontes. O Juscelino teve os seus defeitos, mas os seus opositores também tinham.

Sendo amigo de Juscelino e, ao mesmo tempo, adepto da dita revolução de 1964, como você reagiu quando ele foi cassado?

Reagir como? Eu não podia fazer nada. Na minha opinião, o Juscelino não deveria ter sido cassado, e isso só aconteceu porque, três dias antes da revolução, ele foi ao Palácio falar com o Jango, iludido de que haveria eleições em 1965. Quer dizer, o serviço de informações do Juscelino falhou.

Como um homem de 1964, como você, está vendo o desempenho econômico do país em 1981, agora que ultrapassamos os 100% de inflação ao ano?

Eu acho que agora os militares têm de partir para entregar o poder aos civis. O que eu lamento é que os civis que estão voltando sejam os mesmos que levaram este país ao caos, desmoralizaram os partidos políticos e quase entregaram isso aos comunistas. Como o *seu* Brizola, por exemplo, que pedia dinheiro dos empreiteiros para fazer caixinha para o seu partido, o PTB. O Jango recebeu dinheiro para adiar por seis meses a desapropriação das refinarias. Isso tudo está mais do que provado. Era um caos. Chegou um momento em que o povo teve de sair às ruas, porque não se podia viver mais com aquela gente no poder.

Um dos objetivos do movimento de 1964 foi acabar com a corrupção. Você acha que a corrupção acabou?

É possível que ainda exista corrupção, mas não como antigamente, quando era feita às claras.

Não lhe parece que, num regime fechado, a corrupção é maior, já que não é possível fiscalizá-la?

Eu não posso dizer que haja corrupção agora, porque não tenho conhecimento e não posso provar. Claro que deve acontecer, mas em muito menor escala do que a que levou os militares a fazer a revolução. Agora, a do passado eu provo, porque está tudo nos inquéritos. Era a corrupção dos comunistas e dos pelegos, manobrados pelo *seu* Brizola, que queria dar um golpe de Estado e ser um novo Fidel Castro. O Jango pegava a propina, o Brizola tomava dinheiro, era uma vergonha.

Na sua opinião, a volta de políticos como Leonel Brizola e Miguel Arraes chega a ser uma ameaça ao atual regime?

Não são ameaça nenhuma, porque eles não representam mais nada. O Brizola, no Rio, vai levar um banho. É um arrivista, que nunca fez nada pela cidade. Por que ele seria votado aqui? Isso eu faço uma aposta [*Ibrahim teria perdido a aposta, porque Brizola elegeu-se governador do estado do Rio em 1982*]. Nem ele, nem os políticos que o estão seguindo, que são os políticos que fracassaram perante a opinião pública. Porque, da mesma forma que nós temos os militares que fracassaram, eles são os políticos que quase levaram este país à falência, à bancarrota.

Quais são os militares que fracassaram?

Eu não quero falar em nomes. Eu estou falando em tese. Dos políticos a gente pode falar: o sr. Jânio Quadros, o sr. João Goulart, o sr. Brizola. Agora, os partidos têm de novo a chance de chegar ao poder, de pôr um civil na presidência da República, mas já estão se atrapalhando, entrando no ramerrão. Não se vê um líder aí dessa oposição apresentar um projeto que dê uma solução. Eles só falam em política, em coisas vazias e em demagogia. Aliás, o governo está entrando também na demagogia. Até o nosso presidente Figueiredo solta as suas demagogias de vez em quando.

Que exemplos você pode dar disso?

Outro dia ele fez um discurso falando em "grupos poderosos". Ora, esses grupos existem em todas as democracias do mundo. Em compensação, esse pessoal da oposição vive falando: "Queremos liberdade! Queremos eleições!". Estão pedindo democracia, o que nós já temos; eleições, vamos ter. É por isso que o noticiário político é a parte menos lida dos jornais atualmente — pela falta de conteúdo da oposição nas suas declarações. O Lula, por exemplo, virou um pelego, quando devia ter ficado no seu lugar, defendendo os metalúrgicos. A princípio, eu era admirador dele. Agora fiquei desiludido.

Falando na entrega do poder aos civis, há alguém na oposição que você respeite e considere apto até para ser presidente da República?

Tancredo Neves. Ele tem uma atitude de oposição digna.

Na sua opinião, vai dar quem para presidente em 1984?

Como eu disse, acho que o próximo presidente será civil e,

pelo que tenho observado, o governador da Bahia, Antônio Carlos Magalhães, leva muita chance. Pode ser também que, na hora de decidir, o PDS [*partido majoritário, da situação*] resolva escolher ainda um militar.

O partido do governo não se limita a legitimar uma decisão que é tomada a portas fechadas por um círculo restrito de militares?
Não, isso já foi, agora não é mais. Estamos num regime plenamente democrático, graças ao presidente Geisel e ao presidente Figueiredo. O mal do Brasil é este: vocês já querem falar de sucessão presidencial quando ainda faltam quatro anos, sendo que primeiro vêm as eleições para governador e muita coisa pode acontecer. Precisamos tratar é de administrar, porque o país está falido, sem caixa.

Se fosse você a escolher, quem seria o próximo presidente?
Ainda é cedo, não é? Mas, mesmo com a inflação e tudo, ainda seria o Delfim Netto. Eu acho que ele vai deixar o ministério, vai largar a vida pública, mas é um homem preparado, que leu, estudou. O problema é que o Delfim está sufocado num governo sem caixa. Foi um erro do governo Geisel, que não previu esse estouro do petróleo. O Brasil não pode se dar ao luxo de fazer um projeto de energia nuclear que custa 34 bilhões de dólares.

O que levou os governantes militares a terem uma especial predileção por obras gigantescas, como a rodovia Transamazônica?
Eles tinham poderes, né? A Transamazônica foi um sonho de verão do nosso ministro Mário Andreazza, um sonho tipo Brasília. Só que Brasília é irreversível.

Você não acha que, numa democracia plena, esses erros poderiam ser evitados antes de se tornarem irreversíveis?
Acho. Perfeitamente. Se houvesse uma imprensa livre quan-

do o ministro Andreazza resolveu construir a Transamazônica, acho que ela poderia ter sido impedida com as críticas. Críticas construtivas, claro. A liberdade é vital para qualquer país.

Apesar de pensar assim, você sempre foi profundamente identificado com o regime de 1964, não?

Mas é preciso não confundir. A esquerda festiva tem mania de ficar falando em regime fechado, regime aberto. Política é uma coisa, administração é outra. Política é demagogia. A revolução não acertou com a usina nuclear, mas eu te mostro as estradas e uma série de coisas feitas pelos governos da revolução. A oposição fica dizendo que a falta de liberdade impediu o progresso do Brasil. Absolutamente. O Brasil progrediu de 1964 para cá. Agora, não quer dizer que não tenha havido erros.

Você não acusava esses erros na época?

Eu não podia, porque o jornal não publicava ou eu seria preso. Uma vez, fui chamado ao Ministério do Exército para depor e disse que não tinha ajudado a fazer a revolução para sofrer censura. Mas isso não tem nada a ver com o fato de eu apoiar a revolução. O Juscelino governou com liberdade, construiu Brasília e com isso arrebentou o país, porque aquilo custou uma fortuna.

Você acha possível um regime com liberdades democráticas e competência administrativa ao mesmo tempo?

Claro, estão aí os Estados Unidos, a França, a Inglaterra, a Suécia, a Noruega, onde há socialismo com liberdade. Onde não tem liberdade é na Rússia ou em Cuba, e ninguém fala.

Qual foi o presidente brasileiro que melhor conseguiu conciliar as duas coisas?

Castelo Branco. Fez um governo forte, mas com liberdade.

O que você acha do período Médici?

Foi o melhor período do Brasil. Deu sorte em tudo, estava tudo bem, ganhou até a Copa do Mundo. Foi a época de maior euforia no país.

Para muitos, foi também o período mais negro do Brasil.

Não estou falando no plano político, mas no administrativo. Eu votaria hoje no general Médici para governar num regime democrático, porque ele tem muita estrela, uma longa experiência e é um homem muito comedido. Mas não sei se ele aceitaria.

Você também sofreu censura naquele tempo?

Ah, muita. Lembra que eu escrevia na coluna: "Não me mandem canetas"? Era o meu brado oculto contra a censura. O fato de eu ser a favor da revolução não me impedia de ser contra a censura. Agora, quero ver se tem liberdade é em Cuba, onde o Fidel Castro fuzila todo mundo e ninguém diz nada, porra.

Como uma pessoa amplamente favorável à livre-iniciativa, como você vê a crescente estatização da economia brasileira?

Eu sou contra. Acho que o Brasil deveria assimilar o padrão americano, mesmo porque, até geograficamente, temos tudo para chegar ao padrão deles. Depende dos governantes. Agora, na última eleição direta [*a de 1960*], foram escolher o Jânio Quadros, que é um débil mental, e o João Goulart, que era um despreparado — deu no que deu. Então o povo não soube escolher. Vamos ver se saberá agora.

Que sugestões você daria aos atuais governantes?

Eu abriria o país para o investimento estrangeiro e arranjava mais dez Ludwigs para fazer outros tantos Projetos Jari [*o bilionário americano Daniel Ludwig estava tentando implementar uma fábrica gigante de celulose entre o Pará e o Amapá*]. Eu criaria depósitos em dólares no Brasil, o que, não sei por quê, é proibido. O que tem de brasileiro lá fora com dólar no banco — inclusive eu, com conta declarada no Citibank em Paris. Eu traria para cá e botaria no Citibank no Brasil. Criaria uma reserva.

Não deixa de ser uma plataforma. O que mais você faria nas circunstâncias atuais?

Aumentaria os professores. A verba da educação teria prioridade sobre tudo. Uma civilização só se constrói com educação e, até hoje, continua uma merda a educação no Brasil. Daria subvenções aos colégios de segundo grau, para diminuir o custo das mensalidades. Se um homem ganha xis por mês e tem três filhos, só em educação vai metade do salário dele. Outra prioridade básica seria a socialização da saúde, o que ninguém conseguiu fazer no Brasil.

Por quê?

Porque os fabricantes de remédios, os grandes negociantes da saúde, não deixam. Outra coisa: a previdência social não tem que tratar de saúde, tem que tratar é da previdência social. Quem deveria tratar da saúde seria o Ministério da Saúde.

Não é surpreendente ouvir Ibrahim Sued propondo medidas socializantes?

Mas isso pode existir com democracia. Há países, como os que eu citei acima, que são democracias socialistas, o que eu acho ideal. Socialismo com liberdade.

Essa liberdade incluiria também eleições diretas para todos os cargos públicos?

Até para prefeito e, nesse caso, eu seria candidato à prefeitura do Rio.

Por falar em educação, por que essa sua fama de analfabeto?
É essa gente da esquerda festiva, que não gosta de mim e diz que eu sou um ignorante. [*risos*] São uns chumbetas, uns bobocas.

Até quando você estudou?
Fiz o ginásio, comecei o científico, como se dizia na época, e larguei. Estava a perigo.

Você gostaria de ter tido uma educação mais completa?
Se eu tivesse um título, um diploma universitário... É uma coisa importante para qualquer pessoa, seja milionária ou pobre. Prepara o sujeito para a vida. Apesar de que, agora, tem muita política na universidade, muito professor desvirtuando, entende? Mesmo na PUC, que é uma das melhores universidades. Outro dia mesmo, o cardeal Vicente Scherer, arcebispo de Porto Alegre, encaminhou uma carta ao Vaticano para estudar a infiltração de padres-professores que aderiram às ideias de Marx, Engels, Lênin e Mao Tsé-tung. A gente sente nos filhos que o ensino está sendo infiltrado. Em vez de ensinar, qualquer padre ou professor só quer protestar.

A que você atribui esse suposto interesse dos padres por Marx?
Eles estão apelando. A Igreja perdeu bastante — não digo a doutrina católica, mas os padres — e, por isso, fica falando em fome. Ora, padre é para rezar. Veja esse d. Clemente, aqui do Rio, fica falando em fome naquela igreja suntuosa ali na praça Nossa Senhora da Paz, em Ipanema. Por que ele não vende a igreja, que vale uma fortuna, constrói um barraco num local menos esnobe e dá o dinheiro para matar a fome dos pobres?

Você tem dois filhos na universidade. Como é a sua relação com eles nesse departamento?

Conversamos muito. Eles têm seu ponto de vista e eu tenho o meu.

Você discute Marx com eles?

Não. Isso é para ler depois dos trinta anos. A troco de quê um garoto tem de ser obrigado a ler esses troços? Tem mais é que se formar agora, para depois analisar a vida. Além disso, esses filósofos comunas são muito chatos.

Você já leu algum?

Não li e nem vou ler. Não sou intelectual e nem quero ser, graças a Deus. Por que eles não mandam o garoto ler Roosevelt ou De Gaulle?

Já que estamos falando de juventude, fazia-se tanto sexo no seu tempo de jovem quanto hoje?

Eu acho que, há vinte anos, fazia-se tanto quanto hoje, só que mais escondido. Antigamente, o rapaz comia a garota e ficava calado. Hoje são elas que saem dizendo: "Comi o fulano, dei uma boa trepada, ele é mesmo bom de cama".

Por que essa transformação?

Não sei. Pergunte ao Marx, ao Lênin, a um desses intelectuais profundos... [*risos*]

No seu tempo, você comia ou era comido?

Essas coisas particulares não se comentam.

Por que essa sua fama de grande garanhão?

Não sei... Eu já disse, isso é um assunto privado meu, de Ibrahim Sued. Não vamos discutir se eu já tive muitas mulheres, se eu já tive tantas mulheres, se eu dou sorte com elas, porque eu não sou artista de cinema nem de televisão. Vá perguntar ao Alain Delon. Eu não comi ninguém. As mulheres de hoje é que falam que comeram este ou aquele.

Falam muito de você?
Não sei. [*risos*]

Seja como for, no seu livro O segredo do meu su... sucesso, *você admite ter ido para a cama com as duas mulheres mais deslumbrantes dos anos 50: Marilyn Monroe e Ava Gardner.*
É. A Ava passou três dias aqui no Rio, estava numa fase desesperada, tinha acabado de se separar do Sinatra, mas foi uma das mulheres mais bonitas que conheci na vida. Depois se meteu com álcool e cocaína, e envelheceu. Não há beleza que resista ao tóxico.

E com a Marilyn?
Foi em Hollywood. Ela estava começando a carreira, ainda não era um mito. Era muito bonita, e estava querendo aparecer. Deve ter sido por volta de 1952. Pode ser que, dez anos depois, nem me desse bola. Seja como for, eu não escolhi nenhuma das duas. As duas me escolheram. [*Ibrahim se confundiu. Quando foi aos Estados Unidos pela primeira vez, em 1955, Marilyn já era uma celebridade mundial.*]

Qual das duas era melhor de cama?
[*risos*] Eu era um rapazinho... Acho até que, naquele tempo, quem não era bom de cama era eu...

Além de você, qual o brasileiro que mais se deu bem com as estrelas estrangeiras?

Jorge Guinle. Ele mente muito e, quando faz a lista, se são vinte, ele põe quarenta — bota várias que não faturou. Inclusive a Elaine Stewart, e essa eu tenho certeza que não. [*risos*]

Elaine Stewart foi uma estrela belíssima dos anos 50, mas de carreira curta em Hollywood. Provavelmente só é lembrada hoje no Brasil por ter sido sua namorada num festival de cinema, não?

A Elaine largou o cinema para não ter de dar para o Otto Preminger, aquele diretor. Ele queria escalá-la em *O homem do braço de ouro*, mas com a condição de ela dar para ele. Como ela não topou, ele escalou a Kim Novak. Então a Elaine abandonou a carreira, casou-se e hoje faz um programa de televisão pela manhã.

Entre os grandes brasileiros conquistadores de estrelas, pode-se incluir o falecido Baby Pignatari?

Não. O Baby não comeu praticamente ninguém — uma ou duas, no máximo. De fato, ele era muito rico, foi para Hollywood e saiu na capa da *Life*, mas foi uma passagem meteórica — seis meses no máximo. Depois se aposentou. Outra coisa: o Baby rachava nota nos restaurantes. Ostentava riqueza, mas rachava nota. Já com o Jorge Guinle, ninguém pagava na mesa. E tudo muito discretamente.

Chocante!

Uma vez esteve aqui a Romy Schneider, num Carnaval. Estávamos eu, ela e o [*cronista*] Carlinhos Oliveira no Copacabana Palace. Ela tomou um porre, começou a dançar na mesa, tirou a camisa do Carlinhos e acabou se atracando com ele. Mas não saíram os dois. O felizardo foi um outro qualquer, um desconhecido. Saímos eu e o Carlinhos, feito dois bobocas. Outra que esteve aqui, tomou um porraço e dançou nua na mesa de um caju-amigo do Carlinhos Niemeyer foi a Jayne Mansfield.

E saiu com quem?

Não posso dizer, porque ele era casado na época e continua casado com a mesma mulher. Só dou as iniciais: F. A. O que teve de briga depois com o marido da Jayne por causa desse rapaz...

Encerrando esse capítulo de quem namorou quem, o Chiquinho Scarpa realmente namorou a Caroline de Mônaco, como declarou no seu programa de televisão?

Não. Ele soltou isso sem querer no meu programa. Foi uma infelicidade dele, um lapso de garoto querendo fazer farol. Enquanto ele falava da Raquel Welch, tudo bem. Mas, quando chegou na Caroline, o negócio chocou [*a família Grimaldi, de Mônaco, o processou*]. Foi uma infelicidade, da qual ele já se arrependeu. O Chiquinho não conhecia, nem conhece, a moça.

Você poderia dizer quais são realmente os brasileiros de trânsito internacional, que circulam na área do jet set?

Tem vários, mas pode-se citar Olavinho Monteiro de Carvalho, Laís Gouthier, Perla Lucena, Antônio Gallotti, Walther Moreira Salles. O Jorge Guinle também circula na área pesada do jet set, se bem que ele prefere o café-society, porque não é tão chato quanto o jet set.

Como é a elite brasileira em comparação à elite internacional, em termos de dinheiro?

Olha, o Joaquim Guilherme da Silveira me disse há mais de vinte anos: "Não existe brasileiro rico no exterior". Então, um brasileiro, para dar uma festa como a do [*rei mundial do estanho*] Patiño, em Portugal, há uns dez anos, na qual se gastaram 2 ou 3 milhões de dólares, não tem. O sujeito pode ter esse dinheiro aqui, mas imobilizado. Mas mesmo a festa do Patiño tinha no fundo um sentido comercial, como a maioria das festas de hoje. Ninguém mais dá festas por prazer.

Por acaso, você deu a maior festa do Rio nos últimos quinze anos: a do casamento da sua filha. Foi por prazer ou a negócios?

Eu dei aquela festa porque tinha uma filha se casando e 3 ou 4 mil amigos. Como não podia convidar trezentos, convidei todos, de todas as classes e categorias — desde contemporâneos do jornal, outros que ficaram duros e não compareceram, enfim, fiz uma festa. Que não foi uma exibição. Servi bom champanhe, servi bom uísque escocês — porque eu não sou como o sr. Joaquim Monteiro de Carvalho, que pode dar uma festa com uísque nacional. Eu não posso, porque sou Ibrahim Sued. Tenho que servir uísque escocês. [*risos*]

Mas o Joaquim Monteiro de Carvalho serve uísque nacional?

Pode até servir, se quiser. Eu é que não posso. Mas não houve nada de fausto, a não ser o templo da igreja da Candelária. Aquilo, sim, é fausto.

Foi o maior dia da sua vida?

Foi. Sabe o que é criar uma filha, que se casa direitinho, dentro dos preceitos tradicionais e com um rapaz rico? Mas o importante é que ela seja feliz, e o marido é um ótimo rapaz.

Na sua opinião, a elite brasileira de hoje está mais preocupada com os problemas sociais do país do que há vinte anos, ou é a mesma coisa?

Olha, o grã-fino acabou, esquece isso. Se mudou para melhor ou pior, eu não sei. Mas é claro que, há vinte anos, era uma época mais patriarcal. O próprio empregado era mais humilde.

O que se chamava antigamente de café-society era efetivamente a elite dos ricos brasileiros ou se compunha das pessoas que queriam se promover?

Era aquela coisa misturada, a sociedade tradicional junto com a gente mais nova, que estava aparecendo.

O seu leitor tinha então a ilusão de que acompanhava a vida dos ricos-ricos quando, na realidade...

Ah, esse ranço esquerdista... O cara ficou rico de repente, começou a sair, gastar e fazer o que os ricos fazem, qual é o problema?

Nenhum, mas, se não forem chamados de ricos, vão ser chamados de quê?

Isso acabou, entende? O café-society foi inventado exatamente para definir essas pessoas, que não eram da sociedade tradicional, mas ficavam ricos e se misturavam. Então o cara ficou rico e não vai gastar, não vai se divertir? Só no Brasil é que o cara fica rico e continua em casa. O brasileiro precisa acabar com esse preconceito contra os ricos. Nos Estados Unidos, o cara passa num carro bacana e o duro da esquina diz: "Ainda vou ter um assim". No Brasil, não. Riqueza é progresso, porra! O que não pode é certos trambiqueiros de São Paulo.

Quem, por exemplo?

Ah, aquela gente do Banco Halles [*protagonistas de uma das maiores fraudes bancárias da história do Brasil, entre 1969 e 1973*], certas corretoras. A maioria é trambique. E estão soltos, andam de Mercedes, de lancha. Não foram para a cadeia!

Por quê?

Esse problema é do governo. Eu não sou do governo, nunca quis cargos públicos.

Voltando àqueles ricos-ricos de que estávamos falando, havia alguns deles que não o convidavam para suas recepções?

Ah, isso tinha. Não me convidavam, eu não os citava na coluna e hoje me convidam ainda menos. Mas isso acabou, não tem mais.

É verdade que você tentou entrar para o Country Club e levou uma saraivada de bolas pretas?
É, me deram três bolas pretas. Se eu tentasse de novo agora, acho que levaria umas quinze. [*risos*] Mas eu desisti. Tenho muitos amigos por lá e até descobri quem batalhou contra mim, mas deixa pra lá. Não tenho nada contra o fulano, ele pode até precisar mais tarde.

Sua coluna já acabou com algum casamento?
Não. Como é que eu vou saber? Cada casal que se separa, ninguém pode interpretar, só as quatro paredes. O sujeito ronca, a mulher pode não gostar; a mulher arrota, o sujeito pode não gostar. Se há culpa, é de ambos.

Você acha que o casamento está em crise?
O casamento, não. As pessoas é que estão em crise. Não posso julgar por uma minoria que casa e descasa. O casamento ainda é uma instituição, sem dúvida alguma.

E que espécie de crise você vê nas pessoas?
Como eu vou saber? Há mais gente se descasando hoje, mas tem também mais guerra, o homem foi à Lua, enfim, o mundo mudou. Antigamente, descasar era vergonhoso. Hoje não é.

Você, por exemplo, é um descasado.
Fui casado durante quinze anos, estou separado há cinco e, por enquanto, estou satisfeito. Não pretendo me casar tão cedo. Sei lá, de repente me aparece uma Kim Novak de vinte anos

atrás... E, quanto a esse negócio de solidão, o sujeito pode se sentir só até no meio de uma multidão, casado ou solteiro, não faz diferença. Metade das pessoas que frequentam boates são desajustadas, veem aquilo como fuga. A outra metade vai mesmo para gastar.

Um conhecido psicanalista carioca, o dr. Eduardo Mascarenhas, disse que a maioria dos casamentos dentro do society se faz por interesse e, por isso, fracassa. O que você acha?
Isso já era. Esse Eduardo Mascarenhas não sabe de nada. Ninguém mais casa por interesse. Um ou outro, talvez, mas isso acabou. É evidente que, se um dos dois tem dinheiro, a coisa melhora, ameniza, mas a garotada não está mais com essa preocupação.

Você, há tempos, sugeriu que se criasse um Clube dos Machões. O que você queria com isso?
Aquilo foi uma brincadeira, eu estava fechando a coluna e andava meio sem assunto. Então bolei a coisa e botei no meio o [*milionário e boêmio*] Mariozinho de Oliveira, o [*ator*] Jardel Filho e outros amigos. Quando saiu, começaram a me ligar do *Fantástico* pedindo entrevistas e eu passei a curtir. No fundo, era uma reação contra essas feministas e machonas, tipo Angela Ro Ro, que fazem declarações de amor por outra mulher em público e dão porrada no diretor. [*risos*] Se quiser ser feminista, que seja, mas tem que ser também feminina, porque no fundo o homem gosta é de mulher submissa. A mulher pode ser política, dessas que reivindicam, mas, dentro de casa, tem de ser feminina. E a mulher gosta é do homem que a obriga carinhosamente — não dando porrada — a ser submissa. Quando há amor, não há atrito nem rejeição.

Com que idade você está?
Cinquenta, e quero viver mais quinze ou vinte bem vividos.

Que história é essa de que você está com 56?
Hein?

Dizem que você nasceu em 1924...
E eu vou discutir se tenho 50, 53 ou 56? Eu tenho a minha idade. Sou de 1927 e, na minha faixa de vida, três ou seis anos a mais ou a menos, que diferença faz? [*Ibrahim nasceu em 23 de junho de 1924. Tinha 56 anos no dia da entrevista.*]

Dá para fazer um balanço, pelo menos. Você se considera um homem que usou ou foi usado?
Ah, isso sim. Quando eu analiso hoje, vejo como fui um idiota, como fui usado pra chuchu. Mas hoje não me usam, não. Só quando eu quero.

MILLÔR FERNANDES
Um navio que levou a vida abandonando os ratos

[*Status*, fevereiro de 1983]

Em meados de 1982, Millôr Fernandes foi demitido da revista *Veja*, de que era colunista havia quatorze anos. Motivo: usar sua página dupla semanal de humor para declarar seu apoio à candidatura de Leonel Brizola ao governo do estado do Rio. O fato provocou discussões em todas as rodas cultas do país — um colunista, fosse ele Millôr ou qualquer outro, ser demitido por ter opinião. Onde já se viu?

O curioso é que Brizola, do PDT, tinha remotíssimas chances de vencer. Os favoritos eram Miro Teixeira, do PMDB, apoiado pela maioria dos amigos de Millôr, e Wellington Moreira Franco, do

PDS, candidato oficial dos militares, que ainda detinham o poder. Saindo do fundo das pesquisas, Brizola cresceu, disparou e, no dia 15 de novembro daquele ano, venceu a eleição, apesar de uma manobra do órgão oficial de apuração, o Proconsult, ter tentado desviar seus votos para o candidato oficial. O fato de ver seu predileto vencer não alterou o estilo de Millôr — no dia seguinte à posse de Brizola, Millôr já se colocou na oposição.

Tais escaramuças políticas não abalaram em nada seu ritmo de trabalho, quase inacreditável para um homem às vésperas de completar sessenta anos. Nos últimos doze meses, Millôr teve nada menos que três peças ao mesmo tempo nos palcos do Rio (*A eterna luta entre o homem e a mulher, O homem do princípio ao fim* e sua tradução de *Hedda Gabler*, de Ibsen) e viu sua indestrutível peça *É...* (cinco anos consecutivos em cartaz no Rio e em São Paulo) correr o Brasil. Mas isso foi só uma fração de suas atividades no período.

Entre um e outro uísque em Ipanema, Millôr adaptou o clássico romance de Manuel Antonio de Almeida, *Memórias de um sargento de milícias*, para um musical, com o título de *Vidigal*, traduziu também *Rei Lear*, de Shakespeare, e *A viúva alegre*, de Franz Lehar, e entregou-se à difícil tarefa de adaptar os diálogos e canções de *A chorus line*, o grande espetáculo da Broadway que Walter Clark vai montar em São Paulo. E, para não dizer que Millôr só se dedica ao teatro, um dos mais recentes sucessos editoriais é sua recriação do livro *A Lei de Murphy*, de Arthur Bloch. Tudo que ele toca dá certo.

Mas, enfim, os admiradores de Millôr Fernandes (1923, Méier, Rio de Janeiro, RJ) sempre souberam disso. Como sabem também da tradição de independência que ele manteve desde que entrou, aos quatorze anos, para a revista *O Cruzeiro*, da qual saiu, 24 anos depois, por uma "questão religiosa". Publicou, em sua seção "Pif-Paf" (que assinava com o pseudônimo de Vão Gôgo), uma peça de humor intitulada "A verdadeira história do Paraíso", que irritou o clero e este pressionou a direção do *Cruzeiro* a demiti-lo. Detalhe: Millôr tinha sido um dos que fizeram a revista pular de uma pífia circulação de 11 mil exemplares nos anos 30 e 40 para espetaculares 750 mil em 1954. Coincidência ou não, pouco depois de sua demissão, em 1963, *O Cruzeiro* começou a decair. No fim da década, já não tinha a menor expressão nas bancas, até fechar ingloriamente.

Solto na praça, Millôr ajudou a consolidar o *Pasquim* (do qual foi o diretor na melhor fase do jornal, entre 1972 e 1975); criou dezenas de frases que todo mundo repete e travou memoráveis brigas com gente de direita e de esquerda, censores, católicos, cantores baianos, poderosos de modo geral e... feministas. Aliás, não fosse por estas, poder-se-ia dizer que Millôr é uma unanimidade entre as mulheres — que o adoram.

Esta entrevista aconteceu em seu estúdio, na cobertura de um simpático prédio na rua Gomes Carneiro, com o mar e o céu de Ipanema entrando pelas janelas. Já estive lá muitas vezes — desde 1968, quando fomos apresentados por Paulo Francis. Mas, desta vez, foi a trabalho. Temporariamente postas de lado a amizade e a admiração, o que se seguiu foi um cordial arranca-rabo entre o repórter e o entrevistado — como deve ser.

Como você explica o seu sucesso como pensador, humorista, teatrólogo, jornalista, tradutor, poeta, cartunista, artista gráfico etc. etc., sendo considerado, em várias dessas atividades, o melhor do Brasil?

Eu poderia responder como Noël Coward, quando lhe fizeram essa mesma pergunta, e dizer: "Talento". [*risos*] Mas prefiro responder pelo outro lado. É a mediocridade do país que me faz talentoso. Aliás, este país é tão medíocre que é espantoso que não tenha mais talentos.

Há cerca de dez anos [1973], *Chico Buarque era considerado "a grande unanimidade nacional". Hoje não será você?*

Em primeiro lugar, quero deixar bem claro que não sou megalomaníaco, mas quem criou essa frase fui eu — por acaso, num show de protesto no Colégio Sacré-Coeur, aqui no Rio, em 1968, do qual fui o apresentador. Eu apresentei o Chico Buarque como "a grande unanimidade nacional" porque, no caminho do teatro, tinha ouvido essa frase do motorista de táxi. Agora, juntando a minha opinião a respeito dessa minha própria frase, eu diria que está implícita nela uma grande ironia — porque eu acho que quem tem unanimidade a seu respeito é, em geral, um mau-caráter. O homem de personalidade não pode ter, de jeito nenhum, unanimidade a seu respeito.

Mas, mesmo no caso de Chico Buarque, essa unanimidade nunca se configurou, já que, pelo visto, você o acha mau-caráter.

Essa unanimidade sobre Chico Buarque, evidentemente, era relativa e, de qualquer maneira, começou a ser destruída. Mas ele é uma pessoa a quem eu não confiaria o meu cachorro para passear na praia.

Por quê?

Não quero me estender sobre isso. [*risos*]

Seja como for, de certa maneira você também está se tornando uma unanimidade nacional.

Não, há muita gente que não compartilha. E isso nunca poderia acontecer, nem comigo nem com ninguém. Em qualquer setor em que você entre e se torne um profissional notável, sempre encontrará uma rivalidade, e isso é definitivo. Se você pegar minhas duas, três ou quatro atividades, há uma delas que realmente sofre pouca contestação, e que são as traduções para teatro. Mesmo assim, sei de gente que cospe quando vê um trabalho meu nessa área — porque são pessoas que tentaram entrar nesse mercado e se viram alijadas pela qualidade do meu trabalho. Mas não estou me queixando, veja bem. Não sou rico, não sou poderoso e não quero ser. Só quero ganhar o suficiente para viver bem, andar na rua livremente e que algumas pessoas da minha intimidade continuem gostando de mim.

Então, você não é uma unanimidade nacional?

Evidente que não. Existem meios de comunicação por aí que só faltam me proibir de passar a um quilômetro da porta. O que, aliás, me deixa muito orgulhoso. [*risos*] Por exemplo: quem é mais poderoso, a TV Globo ou eu? A TV Globo pode achar que eu não posso trabalhar na TV Globo. Já eu acho, definitivamente, que a TV Globo é que não pode trabalhar comigo. Não tem essa do Chico Buarque que, entre uma novela em que ele canta ou um show que ele apresenta na Globo, sai de quinze em quinze dias uma matéria em jornal dizendo que ele não trabalha nem nunca trabalhou na Globo. Este é um país de falsificadores.

A TV Globo já lhe pediu alguma coisa?

No passado, várias vezes. Depois, não. Na verdade, não é que eu esteja tão interessado na TV Globo, a ponto de criticá-los permanentemente. Eu os critico na medida em que essa crítica se oferece a mim. O que eu acho é que eles fizeram um país à parte, e um país ainda mais deliquescente do que este em que nós vivemos. O Brasil já é um país ruim, e a TV Globo é um país dentro do país, com todas as mazelas do Brasil levadas às suas extremas consequências.

Explique melhor.

É possível que, em outros países, haja muita coisa igual ao

Brasil, mas é definitivo que, hoje, nós temos aqui vários países. A Petrobras é um país. A Caixa Econômica é um país. O BNH [*Banco Nacional da Habitação*] é um país. O Banco do Brasil até que ainda tem uma certa lisura, talvez pelo fato de que eles têm de dar explicações a alguns milhares de acionistas vigilantes, compreende? Nos últimos dias de 1982 — enquanto o país devia 88 bilhões de dólares (dívida, aliás, que não foi a nação que contraiu, mas que eles gastaram, numa orgia megalomaníaca) —, aquele grupo sinistro de ministros da área econômica do governo foi a Nova York fazer um empréstimo de 4,5 bilhões de dólares. Eles e mais 355 pessoas dos setores da Fazenda, do Planejamento, do Banco Central, do Itamaraty, militares, paramilitares, olheiros etc., todos hospedados nas suítes do Plaza, no Central Park. Nessa viagem de dois ou três dias, eles gastaram mais dinheiro do que eu jamais ganharei nem que viva cem anos. Mas isso é Brasília, uma cidade de mansões cercada por cidades-satélites que ficam suficientemente longe para que os pobres não possam assaltá-las. [*risos*]

Como assim?

A cidade-satélite mais próxima fica a vinte quilômetros de Brasília. Então o pobre-diabo que for assaltar — mesmo de automóvel — vai ter que fazer isso na estrada, onde será apanhado. Não existe gente em Brasília. O que existe são tecnocratas, políticos e militares, que não são gente. O militar que sai de sua mansão em Brasília segue a mesma estrada que o Delfim Neto segue quando sai de sua mansão, e vão todos para o mesmo restaurante que todos frequentam. Enfim, nenhum deles tem a menor noção do que se passa no Brasil. Porque Brasília é outro país.

Você acha que, sem Brasília, não teria havido o golpe militar de 1964?

Nem mesmo o de 1961 [*data da renúncia de Jânio Quadros à*

presidência e da tentativa dos militares de impedir a posse do vice--presidente João Goulart]. Não é espantoso que, tendo Brasília, hoje, mais de 1 milhão de habitantes, o [*presidente*] Figueiredo venha ao Rio e se surpreenda ao tomar uma vaia na Quinta da Boa Vista? A única possibilidade de um homem público não ser vaiado só acontece justamente em Brasília. Porque, lá, ninguém do povo se aproxima.

Voltando ao problema da unanimidade. A contestação que você sofre de alguns grupos seria porque eles o acusam de querer deter um monopólio da honestidade, da honradez, do escrúpulo e da inteligência?

Isso me espanta, porque nunca fiz nada para demonstrar nada disso. [*risos*] Quando me pronunciei publicamente a favor do Brizola, amigos meus — dois especificamente, de quem vou dar os nomes: Ziraldo e Antonio Houaiss — me escreveram cartas, aliás, da pior qualidade, como se eu fosse o último ser moral, apenas porque estava defendendo a linha do Brizola e atacando aquele conluio sinistro que eles tinham feito com o chaguismo [*linha política associada ao político fluminense Chagas Freitas, considerada sinônimo de fisiologismo*]. Há um verso famoso do Guerra Junqueiro que define bem aquilo: "*Uma loba emprenhou/ Um dia de Tartufo/ E Antonelli nasceu/ Desse consórcio bufo*". O PMDB emprenhou do Chagas Freitas e nasceu o Miro Teixeira [*candidato adversário de Brizola*]. Pois eles ficaram indignados e vieram me cobrar: "Você pensa que é o único sujeito honesto do mundo?".

Por que você se irritou tanto?

Porque eles me atacaram como se eu não tivesse direito de escolher. *Eles* já estavam organizados e eu, como cidadão e eleitor, apenas comecei a pensar na questão e me decidi pelo Brizola, porque ele representava uma oposição verdadeira aos militares.

Se o povo aprender a votar como oposição — sempre como oposição —, dentro de quatro ou cinco eleições o sujeito que estiver no poder vai ter de cumprir alguma coisa.

O Brizola não seria um fator de excitação das Forças Armadas, que o consideram um carbonário?

Isso é o que eles dizem. Não estou querendo fazer do Brizola um herói, mas ele era um candidato honesto, viril, agressivo e que estava enfrentando essa gente pelo meio legítimo, que é o voto. Os que agiram ilegalmente foram os militares, com suas declarações contra o Brizola. Ilegalmente e antissocialmente porque, neste momento, eles não têm apoio de ninguém neste país. A classe média, que os teria apoiado em 1964, hoje está frontalmente contra eles. Portanto, estão falando no vazio. Então, por que eu deveria votar num covarde ou num corrupto apenas porque ele se adaptaria melhor à covardia e à corrupção que existem neste país?

No dia 31 de março, todos os anos, os comandantes militares de cada região promovem cerimônias de homenagem a 1964, sempre com a presença do governador do estado. Como o Brizola vai sair dessa?

Ele pode mandar um representante, mas num nível hierárquico tão desimportante que não represente nada, e tão importante que não represente um gesto hostil.

O comandante da PM, por exemplo?

Ou o porteiro do Palácio Guanabara, desde que fardado. [*risos*] Olha, eu não estou esperando dos homens públicos atitudes perfeitas, nem sou partidário ou brizolista. O Brizola já está enfrentando imensas forças hostis e tem que tentar apaziguar, ganhar tempo. Não tem importância que um estadista faça isso porque, logo depois, se vê o resultado. Mas o Brizola já fez um negócio que eu não o autorizo a fazer de maneira nenhuma. Que ele vá visitar o Miro Teixeira, por exemplo, eu já engulo com certa dificuldade. Não gostei também que ele tivesse visitado o Moreira Franco, porque o Moreira Franco não está vencido e vai ocupar grandes posições no governo federal. Agora, quem o Brizola não poderia ter procurado de jeito nenhum — e, aí sim, já foi uma traição aos eleitores — foi o Roberto Marinho. O Roberto Marinho foi procurado como uma potência deletéria, a ser conquistada. O Brizola apertar a mão dele foi não só um gesto altamente negativo em si mesmo, como, politicamente, um gesto lamentável. Porque o Roberto Marinho não lhe dará a menor colher de chá em nenhum momento.

Como você explica esse seu atrito permanente, tanto com a direita como com a esquerda?

Com a direita, por ser de direita. E, com a esquerda, por ser de direita. [*risos*] Não vejo nenhuma esquerda por aí e juro que nunca vi um comunista na minha vida, no sentido do que eu penso ser comunista — aquela coisa altamente nobre, como a palavra diz.

Nem os de carteirinha?

Sobretudo os de carteirinha. [*risos*] Nunca vi grupo mais dedo-duro do que a esquerda e sempre acusando os outros de dedos-duros, sem nenhuma má consciência e com toda a empáfia. Ao mesmo tempo, fazem entre eles uma linha de promoção mútua, um *agitprop* desvairado e, pior, absolutamente medíocre — porque eles não admitem que ninguém de fora do grupo deles tenha talento. E, como eles não têm talento, você vai numa mediocridade absoluta.

Vamos armar um problema usando as suas próprias palavras. Você disse que uma publicação só é independente se todos os jornalistas que fazem parte dela forem independentes. Ao mesmo tempo, nenhuma publicação durará mais do que seis meses se for independente. Se durar mais do que isso, é porque deixou de ser. Você durou quatorze anos na Veja. *Qual foi a sua independência?*

É dificílimo um indivíduo ser independente, e é mais difícil ainda uma organização ser independente. Porque ela é um composto, não é? No Brasil, eu não conseguiria apontar uma. Talvez o *Pasquim* durante um brevíssimo tempo, bem no começo, e que não durou um ano. Só foi independente enquanto não descobriram que o *Pasquim* poderia dar muito dinheiro. Você deve ter no país cinquenta sujeitos capazes de escrever com liberdade, mesmo que essa liberdade não seja total em cada um deles. São raras as pessoas como eu, que não têm compromisso com coisa nenhuma, exceto com o indivíduo e com o ser humano. Eu acho que o mundo parte do núcleo de uma pessoa que está sofrendo, e mais nada. É daí que você faz duas, faz quatro e faz 4 bilhões de pessoas. Hoje não se tem condições nem de dar esmola, porque são 500 milhões na rua pedindo. Mas, se você puder socorrer uma pessoa, minimamente, socorra. Não fazer isso é mais uma das falácias comunistas para o sujeito não fazer nenhum bem individual e se sentir bem com a sua consciência.

Você não respondeu à pergunta. Nesses quatorze anos de Veja, *você nunca foi obrigado a fazer certos compromissos?*

Que eu saiba, não. O que eu tenho é um certo reconhecimento cínico — cínico, do ponto de vista filosófico — de que não vou consertar o mundo. Eu não usaria a *Veja* para escrever contra os hotéis Quatro Rodas, entendeu? Seria um suicídio. Esse tipo de concessão é normal porque, se você não a fizer, o convívio humano seria inviável. O que eu não tolero é que mudem alguma palavra do meu texto. Na *Veja*, me mandaram um bilhetinho dizendo: "Olha, você usou a palavra *bunda*, e a nossa linguagem, compreende…". Eu respondi com uma carta de três páginas, explicando para eles o que era semântica. É claro que eu não usaria na *Veja* a linguagem do *Pasquim*, mas eu sabia o que estava fazendo — porque, se eu não avançar essa linguagem, quem vai avançar? Então, realmente, comecei a usar a palavra "bunda" e a palavra "bicha" na *Veja*.

Mas, efetivamente, você teve problemas porque declarou na sua coluna que votaria no Brizola?

Eu estava dando a minha opinião e não podia admitir que eles pusessem o interesse político deles acima do meu. Porque não havia hipótese de a minha opinião ser confundida com a da *Veja* e vice-versa. Se a revista elogia o Antônio Carlos Magalhães, aquele vagabundo da Bahia, alguém vai achar que eu virei governista? Evidente que não. Essa concessão eu não faço e, desde o tempo do *Cruzeiro*, sempre foi assim.

Quando saiu do Cruzeiro, *você declarou que se sentia um navio abandonando os ratos.* [*risos*] *Há pouco você disse que não sabia quem era mais importante: se você ou a TV Globo. E agora acaba de dizer que não admite que a* Veja *pusesse a opinião dela acima da sua. Quando foi que você começou a se sentir mais importante do que as organizações em que trabalhava?*

[*risos*] É evidente que essa importância é uma forma de ironia minha. O que é sério é essa defesa que eu faço do idealismo. Não é nem uma questão filosófica, racional. É uma coisa glandular. Por outro lado, eu sempre exerci uma posição quase beneditina, porque nunca participei de nenhum dos interesses dessas organizações. Por exemplo, jamais ganhei uma passagem aérea dessas empresas. Todas as viagens que fiz foram pagas por mim. E é isso que causa espécie para os outros: o sujeito abrir mão de certas coisas e não ser infeliz, nem mal-humorado.

Assistindo à sua recente entrevista no programa Canal Livre, *da TV* Bandeirantes, *muitas pessoas não acharam satisfatória aquela resposta sobre o seu suposto apoio ao general Juarez Távora* [candidato da UDN à presidência da República, derrotado por Juscelino Kubitschek] *nas eleições de 1955. Afinal, apoiou ou não apoiou?*

Não apoiei. Votei nele, porque o achava um homem de bem, um patriota, e escrevi um artigo sobre ele na revista *A Cigarra*. Mas nunca fiz campanha nem discursos para o Juarez. Votei também no Jânio Quadros em 1960. Eu vejo as pessoas falarem da UDN como uma coisa execrável e se esquecerem de que a UDN era a oposição. É a mesma coisa da esquerda querer transformar o Getúlio Vargas num homem de esquerda. O Getúlio foi de direita a vida toda. O grande gesto de esquerda do Getúlio — sem nenhuma ironia — foi o tiro no peito. [*risos*] Essa história de que eu teria apoiado o Juarez é um ato de má-fé — e cuja origem eu conheço — para terminar dizendo que eu devo ser da CIA pelo fato de nunca ter sido preso. [*risos*]

A extinta UDN se batia pela "moralização dos costumes". Você é uma pessoa moralista?

A moral envolve uma complexidade de refrações, não é? Eu acho o problema moral administrativo fundamental. A direita tem má consciência, rouba e se justifica. A esquerda também rouba, mas não se justifica. A mordomia de esquerda do mundo, hoje, é igual à da direita, só que não se fala nela. Não quero citar nomes brasileiros, para não parecer que estou agredindo pessoas até estimáveis, mas de repente o Fidel Castro diz para algum amigo nosso: "Quando você quiser vir a Cuba, eu mando um navio te buscar". Ou seja, é a maior corrupção: o Fidel manda um navio do povo cubano buscar um sujeito no Brasil só porque ele não gosta de avião, e esse sujeito acha isso uma honra! [*risos*] Eu repito que considero a moralidade administrativa, centralizada no uso dos chamados dinheiros públicos, fun-da-men-tal. Tudo o mais é mentira e, se não partirem daí, todas as ideologias são mentirosas. A economia acumulada por todos tem que ser utilizada melhor para todos. Se você não administra isso bem, e põe a maior parte no seu bolso — seja em forma de dinheiro, benefícios, viagens e até das mulheres que estão à sua volta —, você acha que um país pode conviver com isso? Está provado, através da história, que a imoralidade no uso do dinheiro público sempre destruiu os países.

Então, você é um moralista?

Eu não quero confundir a moralidade do ponto de vista econômico e administrativo com a moralidade sexual e de comportamento. E esta também é outra questão porque, de repente, as pessoas passaram a achar que vale tudo. Não, a sociedade tem regras, e eu posso dizer isso porque, nesse sentido, eu sou um rebelde, porque sempre agi à minha maneira. Mas essas regras não podem ser destruídas e, quem quiser violá-las, viola correndo certo risco — que é pago inicialmente com o prazer que ele teve em violar as regras, não é verdade? [*risos*] Você quer enrabar um padre, você vai e enraba — perfeito. Mas a sociedade não pode coonestar isso decretando: "A partir de hoje fica permitido enrabar um padre". Não pode. [*risos*]

O que significa ter agido sempre à sua maneira?

Viver à minha maneira não significa sair por aí com uma bandeira, botando bombas em bancos ou dando socos na cara de sujeitos. Ninguém ultrapassa os limites físicos de sua vida, nem certos limites morais e econômicos. O fundamental é que as pessoas preservem um certo espaço para ter uma vida saudável, com mais compensações do que humilhações. Então, nesse sentido, eu fiz as coisas que quis. Nunca tive, por exemplo, problemas sexuais

— ou tive mínimos. A não ser que você queira esmiuçar. Mas, para isso, vamos ter que chamar o [psicanalista] Eduardo Mascarenhas... [*risos*]

Certo. Você é igual ao Ziraldo: nunca brochou. [*risos*]
[*risos*] Não, não, o problema do Ziraldo é outro... O que eu quero dizer é que, no problema sexual especificamente, toda a repressão da sociedade é filtrada através da família. É a família que diz: "Meu filho, não faça isso, não faça aquilo". E, como eu fui criado solto, porque meus pais morreram quando eu era criança, não tive essa repressão direta, violenta, com padres me passando noções de pecado. Agora, com relação àquele negócio do Ziraldo, hoje em dia, se você não confessar uma brochura permanente, as feministas te acusam de machista! [*risos*] Na minha geração, dos homens que eu conheci, todo mundo sabia quais eram os que tinham certos problemas. E eram poucos. A dificuldade naquele tempo era: "Com *quem* eu vou transar?". [*risos*] E outra coisa: isso de dizer que todo homem tem seu "lado mulher" é conversa fiada. A maior parte dos homens da minha geração nunca teve problema homossexual. Hoje parece que todo homem está com vontade de dar o rabo por aí. [*risos*] Isso é uma invenção da ideologia.

Você acha, então, que, de repente, criou-se uma série de problemas artificiais. Quem criou esses problemas?
Os meios de comunicação. Hoje eles são muito fortes e as pessoas são muito idiotas. Um sujeito chamado Jim Jones [*pregador religioso americano*] pega seiscentas pessoas na Venezuela, manda elas se matarem e elas se matam! Veja o próprio paradoxo da propaganda feminista. Até parece que a mulher jamais teve ideologia! Tudo, na realidade, é condicionamento. As mulheres se queixam: "Ah, porque a mulher tem peito!". Claro, porque foi condicionada a ter peito. "A mulher foi condenada a parir." Claro, porque foi

condicionada a parir. Ou elas querem que *eu* comece a parir? Vamos dizer que alguns condicionamentos partiram de uma base natural: o homem se sentia mais forte, obrigava a mulher a se encolher e, 200 mil anos depois, deu no que deu. Mas, hoje, a tv Globo faz isso em meia hora. De dez ou quinze anos para cá, as mulheres viraram machonas, violentas, agressivas. Por quê? Porque estão sendo condicionadas, inclusive por essas revistinhas...

Que revistas?

Essas revistas que existem por aí — todas feministas. O que é que está vendendo agora? Ensinar a mulher a fazer bolo ou vestidinho de babado? Não. O que vende agora é dizer que a mulher pode praticar o *fellatio*, o coito anal, qual é a composição do esperma etc. Todas elas estão cheias de artigos sobre isso todo mês. O *fellatio*, que é uma coisa absolutamente natural no ser humano, é uma prática incentivada por essa propaganda dita feminista. Então, hoje, você não tem uma Filha de Maria ou soldado da polícia feminina que não o pratique.

Não era assim há trinta anos [década de 50]*?*

Não. Não que não fosse natural. É que não havia a propaganda, o condicionamento, como hoje.

Sim, mas considerando que, há trinta anos, o mito da virgindade era muito mais forte, não seria de esperar que elas fizessem mais fellatio *e coito anal do que hoje?*

Mas faziam menos, porque o condicionamento daquela época era dirigido para aceitar as restrições. Então, contava ponto para quem aceitasse as restrições: a menina mais *pura* era a que nunca tinha dado para ninguém, nem pegado naquela coisa [*risos*]. Hoje o condicionamento é ao contrário: "Olha, o negócio é ir em frente, vamos lá".

Você não acha que, quanto menos restrições, melhor?

O que eu estou dizendo é que as mulheres continuam sendo condicionadas pelos meios de comunicação, que as estão vendendo. E nisso eu incluo também as revistas como a sua, que exploram a exibição do corpo feminino dessa maneira. Veja bem, não é nenhum moralismo. Essas revistas começaram bem, mas, hoje, saíram daquele aspecto sensual para se transformarem em gabinetes de ginecologia.

Você sabe muito bem que isso não se aplica à Status.

Estou falando de modo geral. A mitificação é fundamental para o homem. Já o tabu são outros quinhentos, porque o tabu é o exagero, o lado patológico e doentio da mitificação. O que acontece é que a genitália masculina e a feminina foram feitas com intenções diversas e aspectos também diversos. O homem, como se percebe, tem uma genitália naturalmente exibicionista — portanto, nada mais natural do que exibi-la, sem ter que ser chamado de machista quando faz isso. Já a genitália feminina foi feita para ser delicadamente oculta — oculta até pela própria natureza — e, se possível, oculta também pelo romantismo do homem, até o último biquíni. De repente, essa genitália se abre ao respeitável público nas páginas das revistas. É um caso médico!

Você admite que 90% das pessoas não têm o acesso à genitália alheia como você tem?

Mas eu não tenho nenhum! [*risos*] Ninguém tem esse acesso, exceto os ginecologistas. O ato sexual não presume a contemplação da genitália feminina desse jeito. Precisa existir um mínimo de reserva. Então essa contemplação é puramente fotográfica, coisa para ser exibida em escola, durante as aulas de educação sexual. Aliás, esta é uma tese minha: o tabu sexual não acabou com o sexo, mas a educação sexual vai conseguir. Não há hipótese de alguém ter tesão depois de uma aula de educação sexual. [*risos*]

Vejamos. Em 1970, logo depois do gol 1000 do Pelé, você anunciou no Pasquim *que iria completar as suas 5 mil transas. Isso foi há treze anos. Em quantas você está agora?*

[risos] Para você ver como as coisas são mal interpretadas... Foi o meu artigo mais lido até hoje. Se você fizer a conta, vai ver que 5 mil transas dão uma incidência de três por semana num número xis de anos, o que é uma coisa absolutamente normal.

A repercussão desse artigo quereria dizer que a realidade sexual do brasileiro é deplorável, já que ele não chega nem às três regulamentares por semana?

Deve ser uma realidade universal. O sujeito pode ser casado e, nesse caso, ele teria a possibilidade desse número de incidências semanais, mas o que acontece é que ele alimenta sonhos românticos com mulheres que não teve.

Mesmo o homem casado, que pode fazer sexo sete dias por semana?

Casados fazendo sexo sete dias por semana? Só se forem tarados! [risos] Que os solteiros façam isso, vá lá, mas os outros... Você conhece a famosa anedota do sujeito que chega em casa e encontra a mulher na cama com o melhor amigo dele? Diz o marido: "Porra, fulano! Eu ainda sou obrigado. Mas você!". [risos]

Essa sua tranquilidade em relação ao sexo foi adquirida com a idade e a experiência, ou por ter feito amor com tanta gente?

Olha, eu prefiro não entrar por aí. Isso é coisa para o Jorginho Guinle ou para o Anselmo Duarte, que disse no *Pasquim* que dava doze tranquilamente. [risos] O que acontece é que, quando você adquire, digamos, mais know-how social e mais peso como personalidade, a sua vida deve melhorar no domínio sexual, porque você terá, potencialmente, muito mais pessoas do outro sexo à sua disposição do que jamais imaginou. Só que um homem —

não digo eu, porque há muito tempo não penso nisso [*risos*] —, mas um homem da minha idade, por exemplo, terá o seu potencial sexual infinitamente diminuído em relação ao tempo em que tinha dezoito anos. Embora também não adiantasse ter aquele potencial aos dezoito anos, porque ele não tinha onde ser usado.

Essa diminuição de incidência, como você diz, é só por um declínio físico ou porque outros valores vão surgindo na cabeça?

O Roberto D'Ávila me perguntou isso no *Canal Livre* e eu respondi: "Quando chegar esse momento, eu respondo". [*risos*] Mas, sem brincadeira, posso dizer que são as duas coisas. Evidentemente, a libido comanda muitas transações. Quando você tem dezoito anos, você é uma libido ambulante. Depois de certo tempo — e nem precisa ser uma idade avançada —, naturalmente você fica mais seletivo. E não tanto pela qualidade física, mas você passa a procurar uma pessoa com um mínimo de densidade. E este é o grande mal do envelhecimento: você se torna mais exigente na proporção direta em que cada vez menos pode ser exigente.

Não é um paradoxo cruel?

É, mas, felizmente, a necessidade absolutamente fisiológica de sexo no ser humano é muito pequena. Na juventude, você pode funcionar três vezes por dia e, no dia seguinte, mais três vezes — mas, normalmente, a sua necessidade está satisfeita se você funcionar hoje. A partir daí, pode passar 48 horas sem, entendeu? É claro que, se um garoto de dezoito anos passar três ou quatro dias sem transar, ele vai ficar muito aceso. Depois de alguns anos, você fica mais tranquilo e mais exigente, como eu estava dizendo. Agora, tem uma coisa. O homem procura sobretudo o lado bonito da mulher. Já a mulher — e isso é engraçado — procura a beleza na mesma medida, mas tem uma margem de flexibilidade um pouco maior, em busca de qualidades que eu não saberia definir.

Quais poderiam ser?

Vejamos. O homem, quanto mais intelectualizado, procura uma mulher que seja mais sensível e capaz de usar a sua capacidade intelectual — a qual não se resume em citar livros e encher o saco dos outros. Há também aquela comparação fundamental e profunda, que faz com que uma mulher goste mais de você do que de outros porque percebe toda uma intensidade na sua ação, digamos, psíquica e sentimental. Você espera isso da mulher e espera também que ela tenha, fisicamente, aquilo que Santo Agostinho chamava de "o mínimo de virtudes materiais para se exercer a virtude do espírito". [*risos*] Então, você fica cada vez mais exigente. Mas, o que você *tem* para oferecer? Um potencial menor, físico e de aptidões, e até menos vontade de ceder ao ritmo da outra pessoa — porque você já definiu um certo tipo de rotina na sua vida.

Alguns setores da psicanálise acham que o homem mais se realiza como homem quanto mais mulheres ele conquistar. Isso acontece com você?

Bem, o Napoleão podia ganhar a batalha mais difícil do mundo que, mesmo assim, ficava puto porque o tenente ganhava dele num jogo de damas. [*risos*] Ele queria ganhar a batalha, o dinheiro da batalha, as mulheres e também o jogo de damas. É incrível o potencial de insegurança do ser humano. Você pode ter um dia inteiro maravilhoso, uma noite idem e, ao voltar para casa, dois crioulões na praça General Osório dizem um pro outro: "Vamos passar a mão na bunda daquele viado". E você não pode reagir porque cada um tem 1,90 metro de altura. Você vai para casa e tudo que te aconteceu naquele dia deixa de contar, exceto o lance dos crioulos. A coisa negativa tem um potencial gigantescamente maior do que tudo positivo. Então, todo o seu relacionamento tem de estar permanentemente alertado para uma contabilidade positiva.

Você está querendo dizer que é preciso contabilizar cada conquista no mesmo peso para cada, digamos, cinco rejeições?

Não, porque eu não sei qual é a contabilidade de cada um. Mas é evidente que todas as pessoas gostariam de conquistar todo mundo todo o tempo. E cada um de nós refreia isso na medida das nossas impossibilidades ou daquele mínimo de lucidez que a gente conquista através da vida.

Aquela primeira frase eu já ouvi antes. Foi dita pelo Jung.

Mentira! Acabei de inventar. [*risos*]

A frase era: "Todo mundo quer ardentemente ser desejado desejantemente o tempo todo".

Ah, eu conheço outra ótima também: "Nunca vi ninguém que não fosse tarado sexual". O que é verdade.

Então, vamos ver uma frase sua: "O psicanalista é um cliente que não conseguiu ser internado". Você continua achando isso?

Continuo. É claro que há psicanalistas muito inteligentes, mas também com muita capacidade para formular besteiras — lantejoulas soltas no ar que não querem dizer nada, nada, nada. Veja bem, não estou fazendo tábula rasa da psicanálise, porque não se pode negar nada nem aceitar nada como se fosse uma religião — muito menos a religião. [*risos*] Mas vejamos a psicanálise. Quando o Freud colocou a alma humana no mapa, ele descobriu uma coisa sensacional. Claro, alguns romancistas e poetas anteriores já tinham vislumbrado o negócio, mas quem começou a cartear foi o Freud. Uma coisa maravilhosa, que pode ser comparada à chegada do homem à Lua. Agora, se vierem me dizer que, porque o homem chegou à Lua, um daqueles astronautas descobriu o mistério do Universo, eu os mando à puta que pariu — porque a Lua é a esquina, a titica da mosca do cavalo do bandido.

Ora, a psicanálise é a mesma coisa. O Freud foi à esquina e uma porção de pessoas brilhantes começou a cartear esse mapa gigantesco. É uma opinião minha, audaciosa, mas eu acho que a alma humana é mais complexa do que o Universo. Eu estou tranquilo neste momento, conversando com você, e me atiro pela janela — você nunca vai saber por que e eu nunca vou poder te dizer.

Então, não é preciso uma ciência para tratar da alma?

Eu acho que a especulação psicanalítica — especulação no sentido científico da palavra — é uma coisa maravilhosa. Mas é o tipo da especulação perigosa, porque só se pode fazer em seres humanos. Para começo de conversa, um psicanalista deveria ter a minha idade e a minha experiência existencial. Um cara sai da faculdade com 26, 27 anos e já começa a ministrar ensinamentos, verbais e não verbais, sobre o destino de alguém. Ele pode dizer que não é terapêutico, mas é terapêutico. E, além disso, cobra ingresso pela entrada do cliente no consultório. E ainda justifica o preço altíssimo da consulta pela *seriedade* que isso dá à coisa. Eu até aceitaria essa ideia, desde que o dinheiro fosse doado para instituições de caridade. Então o preço já torna isso uma especulação paracientífica, faz disso um negócio — e um negócio elitista.

Por quê?

Porque um psicanalista de trinta anos não sabe do essencial — ele pensa que a vida dói nos outros. O português da caixa registradora do botequim ali em frente, de 45 anos, sabe disso. O sujeito de trinta anos tem só uma vaga intuição. Já o homem da minha idade sabe que todo mundo paga um preço, e é um preço filho da puta, porque a vida te cobra. Os trezentos livros que o cara pode ter lido não lhe dão nenhuma autoridade científica para tratar — e eu digo *tratar* no sentido exato — de uma coisa tão complexa. O Bruno Bettelheim escreveu um grande artigo na revista *New Yorker* falando sobre a tradução standard do Freud, que é a tradução americana, e dizendo que é uma tradução errada *de propósito*. Segundo ele, o Freud nunca usou expressões como id ou ego, mas sim a terminologia normal alemã. Ou seja, ele não usou a chamada terminologia *científica* porque não queria afastar o psicanalisado do psicanalista, para que não se perdesse a relação humanística. A psicanálise nunca deveria ser uma ciência. Ela deveria ser uma relação humanística em que você ajuda o outro — e, se fosse assim, o psicanalista poderia ter até trinta anos, não faria diferença. Agora, se você está cobrando a entrada e se atribuindo, implícita ou explicitamente, a ideia de que vai curar a pessoa, aquilo então é uma ciência. Só que a ciência cria regras gerais. Veja a medicina: se o sujeito tem uma dor aqui, o olho pisca demais e o cocô sai cinzento, é porque o sujeito está diabético — é uma regra geral, logo é ciência. Com a alma humana não se fazem regras gerais.

Mas você formulou há pouco uma regra geral.
Qual?

A de que "a vida cobra um preço de todo mundo".
Não é uma regra psicanalítica, e não conduz a nada especificamente.

Mas, em última análise, é em cima dela que os psicanalistas trabalham.
Mas é uma regra que não tem nada de perigoso. É diferente se vier uma senhora aqui, de quarenta e poucos anos, já com o seio caído e a fim de largar o marido. E aí eu digo a ela: "É isso mesmo, madame, joga a bola na rua e vai em frente". Seria um ato insano, porque a quantidade de mulheres que eu vi jogar a bola na rua, esperando que ela fosse apanhada por um homem lindo,

de cinema, não é normal. Esse homem lindo pode até acontecer, mas, depois que ela der pro cara, no dia seguinte ele já não atende ao telefone e ela fica perdida. Agora, se o psicanalista não diz isso, o que ele diz? "A sociedade é assim mesmo, a senhora tem que se conformar, não sai dessa não, porque não tem outro emprego de mulher para a senhora." [*risos*] E esse homem deveria ser um libertador, frontalmente contra o sistema e a favor das regras mais biológicas e psíquicas das pessoas! É por isso que eu digo que a psicanálise é um tipo de atividade, no mínimo, suspeita.

A sua comparação entre a psicanálise e a medicina foi favorável a esta última. No entanto, há alguns anos, você escreveu que uma das maiores causas de mortalidade no mundo é o diagnóstico médico. Ainda pensa assim?

É verdade. Entre a medicina, que já é precária, e o médico, que é precariíssimo, morrem cem pessoas entre cada noventa que vão consultar médico. Eu já estaria morto há muito tempo se consultasse médico. [*risos*]

Há quanto tempo você não vai ao médico?

Há dois anos e pouco, e aconteceu uma coisa engraçada. Eu tenho um negócio chamado espasmo da glote, que dá uma vez por ano e é um problema puramente mecânico. Só que eu pensei estar com uma dor no coração e fui ver. Na minha idade, as pessoas fazem uns trinta check-ups por mês — o que é um erro, porque eles acabam descobrindo alguma coisa. [*risos*] Bem, aí o médico examinou e disse: "Olha, o senhor está com um sopro no coração". E eu disse para ele: "Eu sou leigo, mas, ao que me consta, o coração sopra. Eu só quero saber se esse sopro é patológico". Aí ele hesitou, porque 70% da medicina é semântica, sabia? Mancha na pele não é nada, mas *rotundales profulorum* impressiona, não é? E tem também a famosa mancada médica, conhecida cientificamente como iatrogênese. Vem do grego: *iatro* = causado pelo médico, pela medicina. Pode ser provocada pelos medicamentos ou pela cirurgia, mas é alguma besteira feita pelos médicos e que mata muita gente — só que eles chamam de iatrogenia. Você foi operar o olho, levou uma sulfa e isso arrebentou com o seu fígado. [*risos*] Na verdade, se você juntar toda esta nossa conversa, vamos cair de novo no fundamento ético, no fundamento moral.

Era aonde eu queria chegar. Escrevendo a seu respeito, recentemente, na Folha, *Paulo Francis classificou a sua obra de profundamente cética. A mim parece o contrário: toda a sua obra representa uma gigantesca luta de crença no ser humano.*

Exatamente. Crença no ser humano, na sua infinita fraqueza, para que ele não seja tão pobre assim.

Donde, moralista.

Nesse sentido, sim.

Bem, agora vem a pergunta inevitável: por que as feministas têm birra com você?

Por ignorância. Acho as colocações das feministas muito limitadas do ponto de vista filosófico. Às vezes, vê-se um ensaio muito bem-feito sobre a condição feminina, e o sujeito até se sente disposto a embarcar naquilo. Aí você começa a olhar em torno e diz: a Fulana, a Beltrana e a Sicrana não se encaixam aqui. E não porque sejam umas pobres-diabas condicionadas — não, uma é uma intelectual, a outra é artista e por aí afora. É aí que o negócio não funciona — porque as feministas querem tecer regras gerais.

Mas por que a ignorância?

Uma coisa que me enche o saco é quando elas vêm com essa

história de que o dicionário está cheio de palavras ofensivas à mulher, todas do gênero feminino ou que começam com a palavra *mulher*. Já as palavras ofensivas contra o homem não começam com a palavra *homem*, segundo elas. Bem, eu vou explicar tudo direitinho para as feministas porque, nesse ponto, eu sou um chato. Eu consultei o *Aurélio*, o *Laudelino Freire*, o *Moraes* e outros dicionários que elas nunca viram — porque elas só têm aquele dicionariozinho caseiro — e posso dar pra elas cinquenta palavras ofensivas à mulher que não começam com a palavra *mulher*. Ninguém diz, por exemplo, *mulher puta*. Diz-se simplesmente *puta*. Mas também se diz *puto*, embora isso seja relativo. Agora, não dá para discutir esse tipo de coisa com a [*jornalista*] Marisa Raja Gabaglia. [*risos*]

Por que não?

Porque as chamadas *pensadoras* feministas são comprometidas com o feminismo e não saem disso. Assim como um pensador marxista vai puxar a brasa para a sardinha dele, e assim como um pensador católico não tem nenhuma autonomia para criticar a Igreja católica. O Tristão de Athayde [*pseudônimo do escritor Alceu de Amoroso Lima*], por exemplo, por mais respeitável que seja, é um propagandista do catolicismo. Ele não está autorizado, pela sua posição filosófica, senão a fazer a propaganda do catolicismo. Por isso será incapaz de pensar que [*o escritor e padre*] d. Marcos Barbosa é um idiota, apesar das babaquices que o d. Marcos publica no *Jornal do Brasil*. Então, a pensadora feminista é uma propagandista do feminismo. Ela poderia ser uma pessoa extremamente útil, muito mais do que eu, no sentido da ação política, para reivindicar coisas para as mulheres. Mas, não. Ela só pensa sobre o seu próprio problema.

O que você queria que elas pensassem?

Eu queria ver uma mulher escrevendo contra a aposentadoria aos 25 anos de serviço — o que é uma sacanagem, que não há nada que justifique.

Por que não se justifica?
Por uma questão etária: a mulher, em média, vive sete anos a mais que o homem.

As feministas explicam isso dizendo que a mulher ocupa esses sete anos engravidando, parindo, amamentando etc.
E o que tem isso? Elas vivem sete anos mais, é uma questão puramente de estatística da mortalidade. Das duas, uma: ou elas são definitivamente mais fortes do que o homem, ou definitivamente o homem está sendo muito mais estressado pela sociedade. Daí você não foge. Outra coisa: a gravidez é uma condição fundamental da mulher. No momento em que as feministas e as outras coitadas que embarcam nesse argumento tentam minimizar a maternidade, elas se tornam umas merdas de seres humanos. Porque esse trabalho de criação gigantesco, que é a mulher fazer um filho — um negócio maravilhoso, de produzir aquele ser —, é que faz os homens se superarem. Eles têm que criar coisas monumentais para igualar isso. Então, se elas minimizam isso, para que serve aquela aparelhagem interna complicadíssima que lhes sangra 10% da vida? Não são três dias em cada trinta? Se essa aparelhagem complicada, que precisa ser examinada todo mês, se essa maternidade não vale nada, então a mulher é um ser humano muito precário. É isso que precisa ser discutido numa base de seriedade — não para tornar a mulher superior ou inferior.

Para torná-la igual, você quer dizer?
Não, também não. Outro dia saiu uma reportagem no *Jornal do Brasil* dizendo que as mulheres estão avançando sobre os recordes olímpicos masculinos e que, dentro de trinta ou quarenta

anos, elas baterão o homem em todos os esportes. É uma loucura esse negócio! A mulher que se torna uma atleta se masculiniza violentamente, e isso não é preconceito meu. São as próprias concorrentes das Olimpíadas que exigem exames nas mulheres. Agora, eu não vejo ninguém exigir exame nos homens, você vê? Pelo seguinte: quanto mais bicha e mais fraco for um concorrente, melhor para os outros, não? [*risos*] Só que, quando você fala essas coisas, as feministas se irritam e, à falta de argumentos, te chamam de machista. [*risos*]

Você acabou de categorizar o pensador marxista, o pensador católico e a pensadora feminista. Você poderia ser categorizado como um pensador machista?

Não. Machista é hoje uma palavra altamente pejorativa e, além disso, eu não vivo pensando sobre o feminismo. Vivo simplesmente pensando — logo, poderia ser categorizado como um pensador. Se você quiser usar essa honrosa palavra.

ELSIMAR COUTINHO
Novidades para — literalmente — machos e fêmeas

[*Status*, dezembro de 1982]

Nascer, amadurecer, fazer sexo, ter filhos, evitá-los, sentir prazer, envelhecer. Como será enxergar cristalinamente essas funções que todos praticamos no dia a dia, mas às cegas e sem parar para pensar em como podem ser tão complexas? E mais ainda se comparadas ao que se passa no mundo animal — do qual, como se verá nesta entrevista, continuamos mais perto do que pensamos.

Prepare-se para uma avalanche de revelações — e provocações —, a partir desta conversa com o médico baiano Elsimar Coutinho, 52 anos [*em 1983*], pioneiro brasileiro da andrologia (uma espécie de ginecologia para homens) e um dos primeiros do mundo na especialidade. Tecnicamente, Coutinho é um endocrinologista, mas a multiplicidade de suas competências tornou-o reconhecido como um especialista em reprodução humana — o que lhe permitiu, em 1970, ser escolhido com outros dez cientistas de vários países para constituir o grupo diretor do Programa de Pesquisas em Reprodução Humana da OMS (Organização Mundial da Saúde), da qual é até hoje conselheiro, como também o é da Fundação Rockefeller.

Elsimar Coutinho é um dos poucos brasileiros que realmente podem se orgulhar de ser uma celebridade entre seus pares no mundo inteiro. Nos últimos vinte anos, tem participado, sempre a convite, de congressos internacionais sobre reprodução humana, em cidades como Milão, Londres, Santiago, Buenos Aires, Tel Aviv, Nova York, Cidade do México, Estocolmo, Hamburgo, Tóquio, New Orleans, Washington, Genebra, Caracas, Bucareste, Lima, Cairo, Barcelona, Miami, Veneza, Madri, Paris, Roma, Chicago e até na Tailândia. Em vários desses congressos, foi o orador principal. Some a isso conferências, simpósios e seminários em praticamente todas as capitais brasileiras — principalmente em Salvador, Bahia, onde vive, trabalha e realiza as pesquisas sobre reprodução, anticoncepção e sexualidade que assombram seus colegas de outros países.

Coutinho é ainda presidente da Sociedade Brasileira de Reprodução Humana, membro atuante da Sociedade Brasileira de Andrologia (da qual foi o primeiro presidente), chefe do Departamento Materno-Infantil da Faculdade de Medicina da Universidade Federal da Bahia (onde criou a disciplina reprodução humana) e membro do corpo editorial de seis revistas médicas internacionais, nas quais publicou até agora cerca de duzentos trabalhos. Tem também três livros lançados nos Estados Unidos. E, ah, sim, foi o criador da primeira pílula anticoncepcional masculina.

Com todo esse cartel, a impressão que se tem ao visitá-lo em sua casa em Salvador, debruçada sobre o mar de Ondina, é de grande simplicidade. Raramente fala na primeira pessoa — ao contrário, ao se referir às suas pesquisas, sempre divide o crédito com seus colegas e colaboradores na Bahia. Se muitas de suas afirmações soam brutais às nossas ilusões de superioridade sobre a natureza, é interessante saber que ele tem toda uma equipe às suas costas, empenhada no mesmo pensamento.

Para os leitores de *Status*, a excitante trajetória de Elsimar Coutinho pelos caminhos da reprodução humana tornou-o igualmente um inestimável conhecedor dos mecanismos da sexualidade — dos quais ele fala com a autoridade de um cientista muito à frente de seu tempo.

As pessoas se surpreendem com a revelação de que a maioria dos casos de impotência é de origem orgânica, e não psicológica. Há motivo para surpresa?

Hoje, não, mas, há dez anos, sim. Foi quando nós começamos a trabalhar em reprodução masculina, aqui na Bahia, e descobrimos que as causas que já eram aceitas como responsáveis pela infertilidade masculina também poderiam ser responsáveis pela impotência. Ninguém cogitava disso até então, em nenhum país.

Que causas eram essas?

Bem, a causa mais frequente de infertilidade masculina é a varicocele, que são as varizes no testículo. Qualquer pessoa que sofra de hemorroidas ou de varizes nas pernas, ou cujos familiares tenham tendência a um processo varicoso, está sujeita à varicocele. Os indivíduos portadores de varicocele produzem uma quantidade pequena de espermatozoides, e mesmo esses poucos são espermatozoides fracos, com pouca capacidade de deslocação e por isso pouco férteis. Se você comparar o tamanho de um homem com o de um espermatozoide, o espermatozoide tem de *nadar* o equivalente a dez quilômetros para alcançar um óvulo. Quer dizer, tem de ser muito bom nadador... [*risos*]

Que relação tem isso com a impotência?

Toda. Nós verificamos que os pacientes portadores de varicocele tinham uma deficiência endócrina que se manifestava por um testículo atrofiado. Isso deveria ter uma repercussão na área sexual. Começamos a estudar o assunto e vimos que muitos pacientes que se queixavam de impotência eram portadores de varicocele. Alguns anos depois, pudemos concluir que esses casos estavam na ordem de 60% a 70%. Não tivemos mais dúvidas. E, daí, passamos para a segunda etapa: a da verificação.

Como foi isso?

Passamos a operar os pacientes para ver se, corrigida a varicocele, eles recuperavam a potência. Alguns casos se tornaram folclóricos entre nós, como o do primeiro paciente que operamos de varicocele com essa finalidade. Era um gaúcho, que veio de ônibus lá do interior do Rio Grande do Sul nos procurar aqui na Bahia, porque ouvira falar das nossas pesquisas. Era um rapaz alto, bonitão, de vinte anos, impotente desde sempre e toda a cidade sabia do problema dele. Aquilo chocava, as moças com quem ele se relacionava não entendiam como um indivíduo tão jovem podia ser impotente, e ele se sentia desmoralizado. Chegou aqui, eu o examinei e ele tinha varicocele.

E aí?

Nós o operamos e, em dois meses, tinha se tornado um homem normal. Hoje é casado, tem filhos e me telefona de vez em quando, afirmando que aquela operação lhe salvou a vida. E certamente salvou. Isso aconteceu, creio, em 1975, e esse gaúcho foi o primeiro homem no mundo operado de varicocele para deixar de ser impotente. Depois dessa, já realizamos dezenas de operações do gênero.

Quem mais é capaz de realizar essas operações?

Bem, hoje em dia, os estudos sobre a relação entre varicocele e impotência têm sido tão divulgados, em conferências e trabalhos científicos, no Brasil e no exterior, que muitos urologistas em São Paulo e no Rio passaram a operar. O que acontece é que, às vezes, o indivíduo tem varicocele e não se queixa de impotência, porque ela ainda não começou a afetar seriamente a vida dele. Se ele faz sexo uma vez por mês, provavelmente acha natural e se conforma. Ninguém se queixa por não ter as ereções que não deseja ter... [*risos*] Mas, se ele não fosse portador daquela varicocele, teria relações três vezes por semana, entendeu? Ele só vai se queixar no dia em que a companheira lhe exigir um comportamento sexual satisfatório.

Quer dizer que está descartada a ideia da impotência de origem psicológica?

Não. A impotência de fundo psicológico existe. E até mesmo as impotências de causa orgânica têm um componente psicogênico. O melhor exemplo é o de um indivíduo que tenha tido uma lesão nervosa causada, digamos, por poliomielite. Ele tem uma deficiência nas pernas que o obriga a usar cadeira de rodas. Aí ele trata aquilo, faz fisioterapia e melhora. Já pode andar de novo. Mesmo assim, ainda não tem coragem para competir numa maratona, porque sabe que vai perder. A deficiência orgânica foi corrigida, mas a psicogênica continua, porque ele já perdeu tantas vezes que desenvolveu uma covardia para competir. No caso da impotência, pode acontecer o mesmo. Logo, a causa psicogênica é importante. Mas mais importante ainda é a orgânica, que existe na maioria das vezes e não é localizada pelo psiquiatra.

É verdade que os psiquiatras, psicanalistas, psicólogos e sexólogos dificilmente estão habilitados a descobrir causas orgânicas num caso de impotência?

Olhe, há alguns anos eu fiz uma declaração num Congresso Brasileiro de Reprodução Humana, aqui na Bahia, e teve a maior repercussão. Eu disse que o pior inimigo do impotente é o psiquiatra. Porque o psiquiatra quase nunca se preocupa em fazer uma investigação detalhada de possíveis causas orgânicas numa impotência, e só quer saber das causas psíquicas. Ora, isso liquida com o impotente, porque ele não vai ficar bom. Os psiquiatras protestaram, dizendo que eu estava afastando os clientes deles, e eu reafirmei que tinha dito exatamente o que queria dizer. O psiquiatra deve ser, no máximo, um importante elemento de apoio no tratamento de uma impotência, mas nunca — eu disse *nunca* — deve ser procurado em primeiro lugar.

Isso não é um pouco radical?

Não. Foi até bom que eu tenha chocado tanto na época, porque chamou a atenção para um ponto importante. Existem os bons psiquiatras e os maus psiquiatras. E o mau psiquiatra, aquele que tem uma clínica pequena, vai querer tratar do impotente de qualquer maneira. Houve um episódio aqui na Bahia que me horrorizou. Um paciente me procurou, com uma enorme varicocele, dizendo que vinha se tratando com psiquiatras fazia cinco anos, que não havia dinheiro que chegasse e nada de ele deixar de ser impotente. Eu lhe sugeri a operação. Ele foi operado e ficou bom. Um ano depois, ele me contou que tinha encontrado o psiquiatra com quem havia se tratado por tanto tempo, e lhe contado sobre a operação e de como tinha ficado bom. Pois sabe o que o psiquiatra disse? "Ah, isso é passageiro, o senhor vai piorar de novo." Quer dizer, o psiquiatra fez a psicoterapia negativa, para garantir a volta do paciente à sua cadeira... Acredito que a maioria dos psiquiatras não faria uma coisa dessa — mas muitos fariam, até por ignorância, por falta de conhecimento de endocrinologia. Como é que a psicoterapia vai tratar de um testículo atrofiado? Eu me pergunto até se os psiquiatras examinam o paciente para ver se ele tem testículo!

[risos] E os traumas de infância, provocados por uma tia ou prima pela qual a criança se apaixonou?

Pois é, quem não teve uma tia ou prima pela qual se apaixonou e saiu traumatizado? Quem não teve um incidente relacionado a sexo, durante a infância, e que nos marcou pela vida? *Todo mundo* teve — porque o sexo é o motivo da vida de todos nós. Então o psiquiatra diz: "Pois foi isso! Vamos trabalhar aí!". Anos e anos depois, o psiquiatra não perdeu nada — ao contrário —, e o pobre do paciente está liquidado.

Bem, se o impotente não deve procurar primeiro o psiquiatra, quem ele deve procurar?

O urologista. Se na cidade dele não tem, ele vai encontrar um em qualquer grande centro. A operação da varicocele é relativamente simples e acessível a todos os urologistas.

Até agora, o senhor se concentrou na varicocele. Quais são as outras causas de impotência?

Várias. Uma delas é o diabetes. Há também causas vasculares não associadas à área venosa, mas à arterial, e que se manifestam através da hipertensão arterial. No caso da hipertensão, a situação é pior ainda porque os remédios usados para controlar a hipertensão podem provocar impotência. O sujeito fica entre a cruz e a caldeirinha.

O senhor pode declarar o nome desses remédios?

Quase todos os hipotensores diminuem a capacidade de manutenção da ereção — porque o hipotensor provoca um relaxamento dos esfíncteres que mantêm o sangue nos corpos cavernosos. Então, a situação é assim: se ele não toma o remédio, fica hipertenso e pode ter um enfarte e morrer; se ele toma o remédio, os esfíncteres ficam relaxados e, apesar de o enchimento de sangue ocorrer e ele ter uma ereção, a ereção se desfaz imediatamente.

Existe uma saída?

É engraçado que quase todos que têm a doença — e descobrem que a medicação é pior que a doença, no que diz respeito à sexualidade — preferem parar de tomar o remédio, para não deixar de ter uma vida sexual. Homens que já tiveram diversos enfartes e derrames vêm me dizer: "Doutor, se o remédio me impede de ter ereção, prefiro morrer". O que o médico pode fazer é aconselhá-lo: "É melhor você ficar vivo, tomando o remédio, e cuidar da sua família". Mas ele pode achar que não, que a família já pode cuidar de si, os filhos já estão crescidos e ele, que está num segundo casamento, não quer deixar de ter vida sexual. Eu mesmo tenho um paciente que há cinco anos não toma os remédios, já teve uma sucessão de enfartes e tem uma intensa vida sexual. O problema é que, no momento do orgasmo, o indivíduo — qualquer um — tem uma violenta hipertensão arterial.

Então, o indivíduo que já é hipertenso...

... pode ter até um derrame. Muitos homens hipertensos morrem no momento de um orgasmo. Um indivíduo que tenha arteriosclerose e hipertensão, e que não toma os agentes hipotensores porque eles provocam impotência, é um candidato sério a morrer durante um ato sexual bem-sucedido, no exato momento do orgasmo.

Pelo menos, morre gloriosamente!

[*risos*] Jorge Amado, em *Teresa Batista cansada de guerra*, faz um personagem morrer desse jeito. Aliás, acho que qualquer homem preferia morrer assim — porque é uma morte que, realmente, só incomoda os parentes e familiares, que ficam tremendamente embaraçados inventando uma história que explique como ele morreu na cama, feliz e tal. [*risos*]

A impotência é um problema grave no Brasil?

Há meses, em outro congresso sobre reprodução humana, procurei classificar aquilo que chamei de *impotência da pobreza*. É o caso do indivíduo que, por razões socioeconômicas, está incapacitado para ter as ereções que gostaria. Essa é a causa mais frequente de impotência no Brasil. No indivíduo maduro, então, é ainda pior, porque ele precisa ter uma provocação adequada, e essa provocação tem de partir do sexo oposto. A mulher dele já não o estimula, porque teve vários filhos, se deformou, já está na menopausa, é uma ótima mãe e talvez avó, e ele até prefere que ela não tire a roupa na sua frente. Ou seja, não é mais a mesma mulher com quem ele se casou. Será esse o estímulo adequado para um homem na idade madura, que já está com a produção de testosterona diminuída? Então ele necessita de um estímulo maior para ter ereções — maior do que ele tinha quando era jovem, porque, quando era jovem, qualquer mulher lhe servia. E então eu pergunto a ele: "Mas você já testou sua capacidade sexual com uma mulher mais jovem e mais atraente?". E ele responde que não, porque como é que ele ia testar? "Com o que eu ganho não dá nem para sustentar a família, economizei um ano para vir fazer uma consulta com o senhor, sou um homem acabado", ele diz. Isso é a impotência da pobreza. Porque, se ele fosse famoso e colunável, convidaria para a casa ou para o iate dele uma meia dúzia de mulheres jovens e atraentes e as iria testando uma por uma — até encontrar aquela que despertasse a sua sexualidade. Mas, como isso está fora do seu alcance, ele só pode ser despertado pela secretária do seu próprio chefe, que é uma mulher lindíssima, de 25 anos e que nem sabe da sua existência.

Não é um quadro muito pessimista?

Não. É assim mesmo. E o drama da mulher madura é pior ainda que o do homem maduro, porque ela nem tem a chance de sair por aí testando a sexualidade dela, como o homem às vezes tem, procurando um inferior hierárquico. Então, a saída para o idoso ou para a idosa é — infelizmente — a de colocar a sexualidade num nível mais baixo de interesse do que o que existe no indivíduo jovem. É colocar o sexo no seu devido lugar e começar a se interessar por outras coisas — embora eu ache que nenhum velho deve se afastar da oportunidade de praticar o sexo, porque se pode praticar o sexo até a morte. O problema é que só se deve praticar o sexo na oportunidade adequada e, para o idoso, toda oportunidade parece inadequada. É por isso que o último recurso dos velhos — e isto não é um conselho, mas uma constatação — é a masturbação. O velho volta a ser criança até nisso.

Voltando à impotência: existe a impotência incurável?

Existe. Uma lesão medular, por exemplo, é incurável, e impede o indivíduo de mexer não só com o órgão sexual como até com as pernas. Existem lesões degenerativas da medula que não o impedem completamente de andar, mas que o fazem puxar a perna e não permitem a ereção.

A pergunta parece ridícula, mas, medicamente falando, como se dá a ereção, em português claro?

Todo homem normal tem ereções, porque ela surge quase que como um fenômeno passivo. Para ter uma ereção, o indivíduo tem que estar totalmente relaxado. Porque, para que os corpos cavernosos se encham, é preciso que haja relaxamento, e não contração. As pessoas, às vezes, associam a ereção a um músculo contraído, quando é justamente o contrário, porque só então o sangue pode penetrar. Um indivíduo muito tenso, muito preocupado até com a sua própria vida sexual, só tem ereções quando está dormindo e, muitas vezes, acorda com uma ereção. Durante muito tempo se pensou que a ereção matinal era provocada pelo enchimento da bexiga.

O famoso "tesão de mijo"?

Isso mesmo, e no mundo inteiro. Em inglês, chama-se *full--bladder erection*, ou ereção pela bexiga cheia. Ora, bexiga cheia não provoca ereção em ninguém — senão, a pessoa bebia um litro d'água e estava resolvido o problema, não? E, se ele é um indivíduo tenso, a ereção vai embora muito antes de ele esvaziar a bexiga. [*risos*] No caso do sono, o que dá ereção ao homem é o desligamento completo da inibição do córtex cerebral — porque o córtex é sempre inibidor. Quando se corta o pescoço de um homem, ele tem ereção e até ejaculação. Os enforcados e guilhotinados têm ereção depois de mortos.

No duro?

Veja o caso da sexualidade animal. Existe um inseto chamado louva-a-deus, que é verdinho, meio agressivo e tem um hemipênis — uma espécie de canaleta aberta, recortada, como os répteis também têm. O louva-a-deus só tem ereção depois de morto. Ele tem uma visão muito fraca, só vê sombras, e, para a maioria desses insetos, se a sombra é grande, eles fogem, mas, se a sombra é pequena, eles comem. São os instintos da sobrevivência e da reprodução — exatamente como no homem... Mas, no caso do louva-a-deus, o macho se aproxima da fêmea e ela vê aquela sombra quase do tamanho dela — é um bichinho bom de comer, não é? Ela, então, se aproxima dele e eles colocam as mãos, como se estivessem naquela de dançar como antigamente: o macho procurando encostar a parte baixa do corpo e a fêmea procurando aproximar a parte alta, porque ela quer comê-lo. Ele afasta a cabeça e se empurra por baixo; ela, ao contrário. Até que...

Chocante!

[*risos*] Até que o macho consegue encostar, e aquele contato faz com que ele perca o cuidado de afastar a cabeça. E a fêmea lhe corta o pescoço e a cabeça rola. E só então ele pode ter ereção e penetrar.

E aí ele fecunda?

Fecunda, mas morre. Porque perdeu a cabeça, literalmente. É o único caso em que o macho perde fisicamente a cabeça por um amor. Ele tem que desligar drasticamente o córtex para ter ereção. Mesmo que isso lhe custe a cabeça. Depois a fêmea o come inteiro — também literalmente.

É o mesmo caso do zangão e da abelha?

Com o zangão é um pouco diferente, porque ele também morre, mas a abelha não o come. Veja bem: a abelha rainha sai voando e os machos voam todos atrás dela. É uma competição através da qual ela escolherá aquele que for o melhor, porque os outros morrerão no meio do caminho. E o melhor será aquele que fará os filhos nela. É assim que as fêmeas escolhem os machos, e é assim que a fêmea humana também faz. Quer dizer, o processo da fêmea é passivo, porque ela nunca toma a iniciativa de dizer: "Eu quero aquele". Ela não quer errar. Ficando passiva, esperando que a posse dela seja disputada, ela tem a segurança de que vai ter um filho do melhor — porque é ele que vai ganhar a posse dela. E ela quer é um filho do melhor.

Isso se aplica mesmo em relação aos — como se diz mesmo? — humanos?

Sempre se aplicou. Nas liças da Idade Média, os homens se batiam em justas e a princesa aceitava o ganhador — o melhor —, mesmo que ele fosse feio e bruto. Não importava, ela queria um filho do melhor e aquilo era uma coisa estabelecida pela sociedade da época. Porque, quando a mulher escolhe, ela pode praticar um erro de pessoa — por exemplo, escolher um impotente.

E, na opinião dela, qual é a melhor escolha?

Para qualquer mulher, a melhor escolha é a de um homem que já tenha provado a sua fertilidade, a sua sexualidade. É aquele indivíduo que ela sabe que estudou, que trabalha, que é hábil, estimado, procurado pelas outras mulheres e respeitado pelos outros homens. É por isso que os homens de sucesso têm grande sucesso com as mulheres — porque, instintivamente, elas querem um filho dele, entendeu? Ela se impressiona por ele ser um vencedor. E, quanto mais velho, melhor, porque, também através da idade, ela sabe que vai ter um filho longevo, que vai viver muito.

Será?

As mulheres, instintivamente, sabem que o melhor é ficar

esperando, porque o melhor homem será aquele que vai conquistá-la. O máximo que ela pode fazer é provocar um pouco de disputa entre aqueles que considera candidatos razoáveis — isto é, dar alguma bola para todos. Ela os encoraja para que eles disputem — porque, se ela se torna inteiramente passiva, pode dar a entender que não se interessa por nenhum.

Isso vai atrair a ira de todas as feministas do país...

Mas a gente tem de dizer a verdade, não é? Quando eu digo isso nas minhas aulas, as alunas replicam: "Mas o senhor é um machista!". Tudo bem — só que elas querem que o filho delas seja macho. Como é que elas vão ter um filho macho se o pai dele não for? E macho não é machista. Eu não sou machista e acho que o feminismo — se bem definido — precisa até ser mais difundido, porque as mulheres realmente devem ter mais direitos do que os homens. Elas são mais importantes, elas arcam com as responsabilidades da perpetuação da espécie e deveriam até ter o direito de viver sem trabalhar.

O que, por vários motivos, ainda acontece com frequência, não?

E por que não? Uma mulher só pode fornecer um filho por ano. Um homem pode fazer quinhentos. Então você, como um homem só, pode ter quinhentos filhos, mas vai precisar de quinhentas mulheres. Então é importante que elas sejam preservadas — porque, se elas levam um ano para ter um filho, levam uma vida para desenvolvê-lo e educá-lo. Tudo bem com o feminismo — só não se pode mudar a natureza.

Como assim?

Veja a questão do ciúme. O ciúme do homem e o da mulher são ciúmes diferentes. Suas origens são completamente diversas. O machismo é caracterizado por uma ação ciumenta, porque o macho, geralmente, manifesta o seu ciúme de uma maneira violenta e inexplicável para a mulher. E é através desse ciúme que ele exibe as suas mais odiosas qualidades de macho, porque passa a exigir da mulher uma presença constante, não permitindo que ela saia com as amigas e muito menos com os amigos. Ou seja, ele impõe uma ação fiscalizadora injustificada, porque supostamente a mulher teria o mesmo direito de andar pela cidade como ele anda, para onde quiser e na hora em que quiser. Só que o homem faz aquilo porque não pode fazer de outra maneira. O ciúme do homem é uma coisa instintiva, que ele próprio às vezes não entende, mesmo o homem mais civilizado — porque *todo* animal do sexo masculino tem ciúmes.

Por exemplo?

O animal não fala. O cavalo, por exemplo, não diz para a égua que não se aproxime de outro cavalo. Mas atua de modo a impedir a aproximação de outro macho. Isso faz o cavalo, como faz o galo, o carneiro ou qualquer outro macho, às vezes de maneira violenta ou agressiva. O homem é um macho como os outros, e, antes de ser um homem, ele é um animal, e seu instinto faz com que se comporte em relação à sua fêmea como os outros animais, afastando-a dos demais machos. E por que o macho humano faz isso? Para se assegurar de sua prole. Porque ele sabe que, se a fêmea se aproximar de outro macho, ela pode engravidar do outro, e, se ela engravidar do outro, ela estará impedida de engravidar dele — e ele só existe na Terra para ter filho. Que outra função esse animal teria na Terra a não ser a de ter filho? Donde a fêmea tem que estar desocupada, para que ele possa sobreviver como espécie.

E como esse macho faz?

Cada macho tem um mecanismo para liquidar com os outros machos. Há aqueles que matam os filhos que não são seus, como o leão. O leão encontra uma fêmea grávida de outro. Como ela não consente a cópula antes de parir, ele a acompanha até ela expelir os filhotes e os mata a todos. E é imprescindível que ele os mate porque, senão, ela fica amamentando e, enquanto isso, não ovula para ficar grávida *dele*. Então ele mata os filhotes, ela para de amamentar, cruza com ele umas cinquenta vezes em 24 horas e engravida.

Uau! Cinquenta vezes por dia!

[*risos*] Já o cão faz diferente. A fêmea no cio atrai todos os machos e eles sabem disso. Sabem também que todos os machos farão o possível para conquistá-la. Então, qual é o mecanismo do cão? É um mecanismo orgânico. Ele cruza com a fêmea e, no momento em que ejacula, tem uma vasocongestão peniana que o impede de retirar o pênis da vagina dela. Enquanto eles estão grudados, o espermatozoide dele fertiliza a fêmea e impede que os outros machos se aproximem.

E como é que o homem faz?

O homem não dispõe desse mecanismo nem pode fazer como o leão. Ao mesmo tempo, ele sabe que a mulher atraente desperta a sensualidade de todos. O instinto dele lhe diz que, se ela tiver a oportunidade e a liberdade, poderá ser conquistada por outro. Então, para impedir que ela se exponha a uma sedução, ele proíbe que ela frequente lugares que não estejam ao seu alcance ou nos quais ele não esteja presente. E, quando ele não manifesta esse ciúme, ele sofre, porque está contrariando a sua natureza. É por isso que a mulher não pode exigir que o homem deixe de ser esse tipo de *machão*. O que ele pode fazer é tentar moderar essas manifestações.

E como é o ciúme da mulher?

É puramente cultural e não tem nada a ver com o instinto reprodutivo, porque a mulher não se importa com quem faz o filho nela, desde que seja o melhor, como nós já dissemos. O marido dela é um produto da civilização, que lhe deu um homem permanente. Quando a mulher se revolta porque o seu homem está dando umas voltinhas por aí com outras, é apenas porque ele está infringindo as regras do jogo. Não é um ciúme instintivo — tanto que as mulheres que vivem num harém não têm ciúme umas das outras. Aqui mesmo no Brasil, existem diversos homens que têm haréns, vivem com quatro, cinco mulheres, e todas se dão bem. O ciúme da mulher se origina da sua insegurança do ponto de vista social, e não do ponto de vista biológico. As odaliscas do sultão não têm nenhuma razão para se preocupar com o futuro delas, porque ele sustenta a todas. Então, de acordo com o local e a época da história, o ciúme da mulher será maior ou menor, mas o do homem será sempre igual, desde o tempo das cavernas. As fêmeas dos animais não têm ciúme — uma galinha é completamente indiferente às outras galinhas com quem o galo venha a cruzar —, mas o macho não tolera a aproximação de outro, e a natureza lhe dá as condições de lutar e liquidar com o rival. O macho é sempre mais forte que a fêmea, e é a testosterona que dá a ele essa agressividade. E ao homem também. E é isso que as feministas têm de compreender.

Isso não denota uma insegurança do macho?

Denota, e é perfeitamente justificada. O machismo é uma consequência da tremenda insegurança de todos os machos a respeito da paternidade. Uma insegurança que as fêmeas não têm, porque elas sabem que todos os filhos que tiveram são delas, não importa o pai. A fêmea não pode ser corneada, entendeu? E essa história da mulher que fica uma fera porque "ele saiu com a outra na minha vista" é ridícula. [*risos*]

Vamos voltar à impotência. O que faz com que as pessoas diminuam o ritmo de vida sexual com a idade?

Isso não tem nenhuma relação direta com a idade. Se o indivíduo for sadio, ele terá a sua sexualidade preservada até a morte, não importa que viva cem anos. Ele terá ereções dormindo, por exemplo. O problema é que, com o passar dos anos, a ação inibidora do córtex vai se tornando maior. Tudo passa a ser motivo de inibição. O relacionamento desse homem com o mundo cresce, suas responsabilidades aumentam, o indivíduo é candidato a presidente disto ou daquilo, há o problema do neto que foi preso ou que fuma maconha — enfim, tudo isso se acumula no córtex. Se ele consegue retirar o córtex da jogada, tem ereções tranquilamente e pode ser um parceiro sexual maravilhoso. Os líderes do mundo costumam ser homens muito velhos, mas com uma capacidade física e mental enorme. Veja o caso de Adenauer, De Gaulle, Stálin, Mao Tsé-tung, Reagan...

Não me parece que a capacidade mental do [presidente Ronald] *Reagan tenha aumentado muito...*

[*risos*] Mas também não diminuiu. Se o sujeito enfrenta uma terrível *rat race* para chegar à presidência dos Estados Unidos e consegue, com aquela idade, é porque tem alguma coisa que muitos outros não têm. O problema é que o organismo vai sendo de tal maneira atacado por vírus, micróbios etc., que começa uma destruição muito rápida das células, inclusive as do cérebro. É como a famosa história do velhinho: "Doutor, estou com um problema. Tenho oitenta anos e vivo correndo atrás das moças. Só que, quando chego lá, já me esqueci para quê". [*risos*]

O que é preciso para que a sexualidade não decline com a idade?

Eu costumo resumir em três pontos: confiança, costume e calma. A confiança é indispensável até para o animal. Os coelhos, por exemplo, são animais que copulam logo que são colocados em contato, porque a coelha tem um cio permanente, exceto quando grávida. Jogue uma coelha na gaiola de um coelho — os dois cruzam imediatamente. Agora faça o contrário e jogue o macho na gaiola da fêmea — ele primeiro vai cheirar a gaiola toda, certificar-se de que ali não há o cheiro de outro macho e, se houver, ele urina em cima, para tornar aquela gaiola o *seu* território. E só então cobre a fêmea. Isso é instintivo e se aplica também ao homem. Ele precisa ter certeza de que, de alguma maneira, está no *seu* território, para ter uma ereção.

E os outros dois itens?

O costume não tem a ver com o instinto, e sim com a interferência cortical, e está relacionado à experiência sexual prévia do homem. Todo homem que teve muitas experiências sexuais sabe que algumas foram felizes, outras não tanto, certas parceiras o deixam à vontade, outras o inibem. Pegue um homem desses e lhe diga: "Esta moça foi Miss Brasil do ano passado e está a fim de ir para a cama com você agora". A moça entra, fica nua e diz que está pronta. Mas, e ele, estará? Só a preocupação de não falhar poderá fazer com que ele falhe. Mas é possível que, com uma ereção espontânea durante o sono, ele consiga alguma coisa com ela e, aí, já será meio caminho andado. De alguma forma, isso é o costume. E o terceiro item não precisa de muitas explicações: é a calma. Se o indivíduo estiver com pressa ou afobado, é porque o córtex está interferindo.

Estou surpreso de ver o senhor, um médico organicista, declarando coisas que seriam endossadas por um psicanalista...

Mas tudo está condicionado a um perfeito funcionamento orgânico. Depois é que entra o componente psicológico. Lembra--se do gaúcho de quem lhe falei? Impotente desde sempre e operado de varicocele aos vinte anos. Internado num hospital de outro estado, operado num lugar estranho, com sala de cirurgia, anestesia e aquela coisa toda. Pois acordou da cirurgia e já estava com uma ereção!

É mesmo?

Estava. Até chamou todo mundo do hospital para ver! É claro que não era uma ereção normal, como as muitas que ele viria a ter depois. Era uma ereção provocada pela manipulação, pela própria cirurgia e pela retenção sanguínea. Mas essa foi a *psicoterapia* dele...

Na sua clínica, o senhor costuma observar casos de homens de trinta e poucos anos, que deveriam estar no esplendor de sua vida sexual, e que manifestam uma surpreendente diminuição da libido?

Esse tipo de impotência passageira num homem dessa idade não é nada anormal — ao contrário. É o momento em que o córtex cerebral começa a interferir demais, porque ele está numa passagem difícil da vida, talvez mudando de emprego, não sabe o que vai ser, já tem problemas com os filhos e não sabe se gosta tanto da mulher como antigamente. Enfim, tem uma série de problemas que provocam uma diminuição da libido.

Então isso não tem causas orgânicas?

Não, aí não. É uma coisa que se cura, às vezes espontaneamente, com uma experiência extraconjugal. Sabe o que determina um bom relacionamento sexual? É um bom relacionamento sexual. [*risos*] É como jogar tênis. Só vai jogar bem quem estiver jogando regularmente. Se o indivíduo para de jogar meses, na primeira vez em que ele voltar, vai jogar mal, vai cansar rápido, não vai aguentar dez minutos. E isso se aplica ainda mais para o sexo, que exige uma participação física e psíquica muito grande e coordenada. E há outros fatores para que o homem de trinta e poucos anos pareça desinteressado.

Tais como?

A mulher dele ficou grávida, por exemplo. Com a gravidez, o relacionamento sexual diminuiu ou se modificou. Depois, vem uma fase importante de desvinculação afetiva, porque a mulher se vinculou mais ao recém-nascido. Ela está amamentando e, com isso, a mama deixou de participar do ato sexual — e a mama é um elemento indispensável, até para o homem. Aliás, eu gostaria de me deter nesse ponto.

Todo ouvidos.

O mamilo, tanto do homem como da mulher, é fundamental para um ato sexual completamente satisfatório, e pouca gente sabe disso. É através do mamilo que se estimula toda a área genital. O processo é o seguinte: quando se estimula o mamilo, vai uma mensagem para o córtex, que repassa essa mensagem para a hipófise e faz com que a hipófise libere uma substância chamada ocitocina. A ocitocina é um hormônio da hipófise cuja função mais conhecida é fazer com que o leite saia. A mulher que está amamentando não derrama leite continuamente, mas, quando o bebê mama, o leite vem. Se ela não está amamentando, essa ocitocina é liberada, passa para o sangue todo e provoca contrações nos ovários e nas trompas, que são extremamente agradáveis para a mulher. Aí ela diz: "Mas que homem maravilhoso, que me provoca todas essas sensações!". Ela não sabe que o *homem* maravilhoso é a ocitocina... [*risos*]

E no homem, como é?

Se o homem é estimulado no mamilo, a ocitocina também é provocada, mas, como ele não tem leite para produzir, ela desce, atinge os genitais, provoca contrações no testículo e vasocongestão pélvica, e ele tem uma superereção. Ele pode ter uma ereção somente com a estimulação do mamilo. Aliás, o homem maduro deveria se valer disso como principal recurso para obter uma ereção, quantas quiser e na hora em que quiser. Nós descobrimos isso aqui na Bahia e ensinamos para o mundo todo, através dos bolsistas da Organização Mundial da Saúde.

Então foi uma grande contribuição brasileira ao tesão universal. Mas, voltando à outra pergunta, como se explica que certas pessoas pareçam desinteressadas da própria mulher de vez em quando?

Porque, biologicamente, o homem não foi feito para viver com uma mulher só, e eu quase que diria vice-versa.

Por que quase?

Porque não é exatamente a mesma coisa. Nós temos que partir do princípio de que o homem, a mulher e o ato sexual existem em função da reprodução. A natureza criou uma necessidade imperiosa dos machos de praticarem o ato sexual e compensou isso com o prazer. Na fêmea, a natureza não criou isso, porque ela pratica o ato sexual queira ou não queira. Veja a galinha: ela está na dela, vem aquele bruto, sobe nela e faz. A fêmea humana é diferente, porque já está num grau bastante evoluído em relação às outras fêmeas. Já o homem é igual aos outros machos. A mulher desenvolveu no ato sexual uma fonte de prazer que não existe nas outras fêmeas, e essa fonte de prazer vai aumentando à medida que ela amadurece.

Explique melhor.

A mulher jovem leva um tempão para se estimular sexualmente; a mulher madura, só um tempinho. A mulher de 35, quarenta anos, corresponde a um homem de vinte, porque ela pode ter múltiplos orgasmos, se estimula com muita facilidade e se satisfaz rapidamente. A natureza não elaborou isso com o propósito de dar prazer a ninguém. O objetivo da natureza é fazer a fêmea aceitar o macho para ter filho — e essa é a fêmea jovem, que quase não tem prazer sexual porque o prazer do jovem macho é muito rápido, não dá tempo para ela. Ele ainda não aprendeu a controlar aquela ereção por muito tempo e não permite que ela sinta prazer. Então, o que acontece? Feito o filho, ele deveria perder o interesse por ela para que pudesse nascer o interesse por outras — porque o que a natureza quer é que o macho faça filhos no maior número possível de fêmeas. Se ele se limitasse àquela que está com o filho na barriga, ele ficaria sem função na Terra. Mas, pelas leis que nós criamos — e que são boas porque não temos outras —, ele é obrigado a viver vinculado àquela que está grávida ou amamentando, e por quem ele não tem nenhum desejo sexual. É o processo cultural que faz com que as pessoas se respeitem e se admirem, por outras razões que não o aspecto sexual.

Não é um pouco cruel?

Eu faço questão de dizer que não estou distinguindo entre o que é certo ou errado. Estou distinguindo entre o que é verdadeiro ou falso. E o verdadeiro é isto: o macho cobriu a fêmea, perde o interesse por ela e há até um mecanismo para fazê-lo perder esse interesse.

Qual é?

O cheiro de macho que ele deixa nela, e que é inibidor da ereção *dele*. É preciso que ela vá tomar um banho, colocar perfume, apagar a luz e voltar como se fosse outra, para ele ter desejo de novo. Quer dizer, estou figurando uma situação humana, mas, entre os animais, se você pegar uma fila de novilhas, todas no cio, e apresentar para um reprodutor, ele cobre a primeira; você traz a segunda, ele cobre etc. etc. Um animal pode cobrir cem vezes. Então, você pega uma que ele já cobriu e bota de novo na fila, para enganar o bicho. Ele dá uma cheirada nela e vai pastar, porque ela está com cheiro do sêmen dele. E sabe por que a natureza faz isso? Porque ela só quer sexo para que se façam filhos e não vai querer que ele desperdice o sêmen dele numa fêmea que já está inseminada. Essa dificuldade que o macho tem de manter relações sexuais com a mesma fêmea é chamada, em todos os livros de biologia, de "efeito Coolidge", em homenagem àquele presidente dos Estados Unidos nos anos 20, Calvin Coolidge.

O que Coolidge teve a ver com isso?
[*risos*] Teve muito, porque ele era um presidente que se dedicava às mulheres nas horas vagas e tinha um grande número de aderentes... Aliás, como a maioria dos presidentes americanos — e eu até diria que como a maioria dos presidentes... [*risos*] Pois bem. Enquanto o Coolidge se divertia à noite, a sra. Coolidge se queixava da dificuldade de ter um encontro com o presidente. Ela dizia: "A presidência acabou com a nossa vida sexual!". E ele respondia: "Minha filha, isso é da idade, nós já estamos velhos, eu sou presidente dos Estados Unidos, você acha que eu ainda tenho cabeça para pensar em sexo? É uma vez por ano mesmo e você se conforme". Um dia, os dois visitaram uma exposição agrícola na Filadélfia, e a sra. Coolidge foi apresentada a um cavalo, um garanhão, que, apesar de velho, era imbatível como reprodutor. Inseminava centenas de vezes por ano. A sra. Coolidge ficou entusiasmada e foi contar isso para o presidente. E ele perguntou de volta: "Mas com a mesma égua?". É esse o "efeito Coolidge"...

[*risos*] *Existe na sua clínica uma certa frequência de casos de mulheres que, apesar de estarem na faixa dos trinta, nunca tiveram verdadeiro prazer sexual?*

Eu diria que, entre as minhas pacientes, há uns 30% de mulheres com mais de dez anos de casadas e que ainda não tiveram prazer numa relação sexual. Um dos motivos é que elas pensam que vão ter algo mais numa relação sexual do que o prazer que têm ao se masturbar — e não conseguem. O orgasmo da mulher se distribui em três ramos: clitoridiano, vaginal e anal. A estimulação em qualquer um desses ramos pode conduzir ao orgasmo, mas, anatomicamente, o clitoridiano é o mais desenvolvido pelo uso. O vaginal é muito pouco estimulado e, depois do primeiro filho, fica mais difícil ainda, porque a pressão contra a parede não permite muita inervação. Aliás, a principal inervação vaginal é no assoalho da vagina.

Atenção, leitores.

[*risos*] Enfim, o orgasmo pode ser devido ao estímulo de qualquer dessas três zonas, mas o lugar onde ele ocorre mesmo é na cabeça. Então, a mulher pensar que o orgasmo vaginal tem mais valor do que o clitoridiano é uma bobagem. Ela pode até achar que tem, por causa do efeito psicológico de estar sendo penetrada, mas, se houvesse um aparelho capaz de medir a intensidade do orgasmo nos eixos cerebrais, ela veria que os orgasmos mais intensos são produzidos onde a inervação é mais extensa, que é a região clitoridiana.

Então a saída para essa mulher é a masturbação?

É, mas a mulher casada se recusa a se masturbar, porque acha que isso não é para ser feito e que o marido tem de dar a ela um prazer vaginal. Como ele não consegue, ela se queixa. Então o médico pergunta: "E quando você se masturba?". E ela: "Ah, me masturbando sim, mas eu não vou fazer isso, não é?". Pois o marido deve ser instruído a fazer isso nela e ela deve consentir que ele o faça.

Por que um certo preconceito contra o coito anal?

É um preconceito explicável. O coito anal dá a impressão de alguma coisa antinatural, porque o "natural" é o coito reprodutivo, o que se faz através da vagina. E o ser humano procura fazer as coisas de acordo com a sua função: olho é para olhar, nariz é para cheirar. E o ânus não é para ser penetrado naturalmente. Mas o fato de o ânus ter terminações nervosas que podem se transformar em fonte de prazer fez com que essa região do corpo fosse utilizada também no sexo recreativo.

Por que, então, esse preconceito, mesmo no que o senhor chama de sexo recreativo?

Algumas pessoas criam uma espécie de resistência à manipulação da região anal porque ela costuma ser dolorosa. Há a existência, por exemplo, de varizes ou fissuras anais. A própria distensão anal pode ser dolorosa. O fato é que as pessoas que praticam o coito anal o fazem com muita naturalidade e não têm nenhum complexo de culpa. Mas é importante que ele só seja praticado por quem vê nele uma fonte de prazer — e não porque o casal vizinho o pratica.

Se fosse possível fazer uma aferição do orgasmo, o senhor diria que o homem leva desvantagem porque a mulher pode ter orgasmos de três fontes e o homem só de uma, que é o pênis?

Não, porque a distribuição da inervação no homem é semelhante. Ele tem inervação peniana, escrotal e anal. A que corresponde à inervação clitoridiana na mulher é a peniana, que vai para a glande. A vaginal é a que vai para o saco escrotal; e a anal na mulher é a anal no homem. Não é incomum que os homossexuais tenham orgasmos anais, nem que muitas mulheres tenham prazer anal, principalmente se elas praticam, mais do que o coito anal, a estimulação anal.

Qual é a diferença?

Muita, porque o principal órgão de prazer do homem não é o pênis. É a mão. O pênis é o principal órgão reprodutivo do homem, mas dificilmente poderá proporcionar o prazer que as mãos proporcionam. Porque, com as mãos, você oferece um tipo de estímulo que é mais adequado para cada pessoa. A mão pode exercer maior ou menor pressão nas regiões inervadas da mulher muito melhor do que o pênis. O pênis só é ideal naquelas relações sexuais muito simplistas, visando à reprodução — penetrou, ejaculou, saiu. O sexo recreativo exige muito mais a participação da mão, do beijo. Na região clitoridiana, por exemplo, você só pode imprimir a pressão desejada com o pênis se tiver o auxílio das mãos.

É verdade.

Está vendo? As mulheres podem ter grande respeito pelo seu órgão reprodutivo, mas você sabe que ele não depende da sua vontade, ele tem vontade própria. O pênis só consegue dar uma pressão vaginal e olhe lá — e nem sempre na região que deve.

E qual é essa região?

Como eu disse antes, ele deveria pressionar o assoalho da vagina e a região clitoridiana, fazendo uma curva. Mas nem sempre isso é possível, porque o indivíduo precisaria ter uma ereção que ele controlasse perfeitamente, como quem pilota um avião ou dirige um automóvel. Mas isso não acontece na prática, porque o pênis é um órgão cego e inútil. Só serve mesmo para fazer filhos.

Pronto. Acabou com o mito do pinto.

[*risos*] Mas é isso mesmo. O pênis só dá prazer ao homem. O que dá prazer à mulher é a mão. Claro que uns 20% das mulheres vão discordar de mim, porque elas sentem prazer regularmente

numa relação peniana. Mas elas são minoria. Para a mulher, a relação sexual começa com um estímulo alto — geralmente um comprometimento emocional, que deve ser seguido de utilização do tato em todas as áreas do corpo. Quando se trata de sexo, o tato é mais importante do que a visão, o olfato ou qualquer outro sentido.

O senhor poderia desenvolver isso?
O olfato foi liquidado pelo perfume e pelo desodorante. A visão foi liquidada pelo sexo noturno com a luz apagada. A audição dificilmente tem participação sexual. No começo do ato, o ouvido pode até participar, quando há grande vocalização, mas isso é um processo de entrosamento que leva tempo, porque pode ser também inibidor se a vocalização for inadequada.

No momento do orgasmo, o ouvido é desligado, não é?
Tudo é desligado — somente o tato funciona. O tato nos permite perceber a excitação da parceira como também provocar essa excitação. É por isso que todo relacionamento sexual deveria começar pelo estímulo mamário. Você sabe que um homem está pronto quando ele tem uma ereção. No caso da mulher, ela está pronta quando tem uma transudação. A ereção resulta de um enchimento de sangue no pênis; no caso da mulher, o sangue que encheria o pênis também desce e ataca a vagina pelos dois lados. Essa congestão nas paredes da vagina faz com que a parte líquida do sangue, a água, saia através da parede. Aquele líquido é sangue filtrado — é um transudato, não é uma secreção. Eu procuro sempre fazer uma comparação entre o homem e o animal, porque o homem acha que é um ser diferente e que a sexualidade dele não tem nada a ver com a reprodução. Mas *só* tem a ver. Pegue um animal mais próximo do homem, como o macaco Rhesus, por exemplo. O líder do grupo pode ser o dono das fêmeas,

mas não copula com todas — só com as três ou quatro que são suas favoritas. As outras podem ser aparentemente tão atraentes quanto aquelas três ou quatro, então por que ele só copula com essas? Porque são as que produzem mais secreção odorífera, na fase em que estão ovulando. Como elas não ovulam na mesma época, ele está sempre copulando. Agora pegue uma dessas favoritas e lhe dê uma pílula anticoncepcional. Sabe o que acontece? Ele descobre que existem outras fêmeas por ali, que antes ele não enxergava, e vai copular com elas.

Como isso se dá no homem?

Da mesma forma. Não existe nada que excite mais um homem do que uma mulher na fase ovulatória. Do décimo ao $14^{\underline{o}}$ dia é que ela está realmente apetitosa e em condições biologicamente favoráveis para provocar nele uma resposta, para testá-lo eroticamente. É que a mulher, como todo animal na fase pré-ovulatória — sob a ação dos hormônios estrogênicos —, tem um comportamento que favorece o ato sexual. Ela se sente ativa, alegre, disposta, comunicativa. É a fase em que ela quer sair por aí, e em que a natureza a empurra para perto dos machos. Já, depois que ela ovula, ocorre o contrário.

O que acontece?

Ela começa a produzir a progesterona, que é um hormônio que a inibe. Ela fica sonolenta, não quer sair de casa, não fica a fim de nada. A progesterona injetada num rato o põe para dormir. A mulher, no começo da gravidez, produz tanta progesterona que fica sonolenta o dia todo. E esse hormônio, ela produz todo mês, durante as duas semanas seguintes à ovulação, e isso lhe cria um bocado de problemas — ela se torna menos inteligente, menos sociável, distraída, agressiva, antissocial.

Vamos falar agora do assunto que tornou o senhor bastante conhecido: suas pesquisas sobre a pílula anticoncepcional masculina.

O começo do estudo da pílula masculina foi quase uma imposição feminista. Começou num congresso médico na Califórnia, há cerca de dez anos, quando as mulheres presentes observaram que, quando se tratava de anticoncepcionais, elas eram sempre cobaias dos homens. Por que não uma pílula para o homem? Aquilo calou fundo no espírito de todos nós e formamos um grupo internacional de pesquisas, sediado em Nova York, mesmo sabendo que era uma empreitada difícil — porque a mulher produz apenas um óvulo por mês e o homem produz milhões de espermatozoides por dia. Como inibir esses milhões? Mas começamos a trabalhar e desenvolvemos uma pílula capaz de provocar uma zoospermia — quer dizer, tornar os homens inférteis. O indivíduo tomava semanalmente essa pílula e, ao fim de três meses, ficava infértil. E até que ela funcionava muito bem, porque as centenas de voluntários que tratamos ficaram zoospérmicos. A experiência foi tão bem-sucedida que chegamos a anunciar a primeira pílula anticoncepcional masculina, e a repercussão foi enorme, inclusive na China, onde se pesquisava uma pílula semelhante. Mas depois notamos que, em alguns lugares, particularmente no Chile, os homens apresentavam uma certa intolerância hepática à pílula, e ela foi arquivada. Aí partimos para outra possibilidade: começamos a trabalhar com um anticoncepcional masculino injetável — aliás, uma descoberta nossa, aqui na Bahia, e que até hoje é o principal tipo de anticoncepção usado em vários países, como na Tailândia, por exemplo. Tentamos usar esse tipo de anticoncepcional para o homem e funcionou bem — mas descobrimos que, em 10% deles, a injeção não provocava a zoospermia. Daí, para nós, praticamente morreu esse segundo tipo. Então soubemos que os cientistas chineses estavam pesquisando alcaloides e substâncias extraídas de vegetais que contivessem uma substância chamada gorcipol, que tem um efeito anticoncepcional marcante no homem. Essa substância é encontrada na semente do algodão e no hibisco, que nós temos aqui para dar e vender. São as duas alternativas que nos interessam no momento e estamos trabalhando nelas.

Com a pílula feminina, a mulher passou a ter controle sobre a própria fertilidade, e isso desencadeou a sua liberação sexual. Se vier a pílula masculina, o homem não voltará a ter esse controle?

Sua pergunta é ótima, e você tem razão. Como eu lhe disse, o começo da pesquisa sobre a pílula do homem foi provocado pelas feministas, na Califórnia. Alguns anos depois, num congresso da ONU, em Bucareste, fui encarregado de apresentar os primeiros resultados sobre a pílula masculina, certo de que ia receber os aplausos das mulheres presentes. Pois nunca fui tão bombardeado. Elas disseram: "Pois então o senhor acha que, depois de ter levado anos para controlar a nossa fertilidade e resolver como, quando e com quem queremos fazer sexo, nós vamos devolver para o homem esse galardão? Essa é boa! Nunca vimos um machista como o senhor!" [*risos*].

5. DESCONSTRUINDO HERÓIS

GAY TALESE NUNCA SE RESFRIA
O escritor engomado, engravatado e engessado

[*Florense*, primavera de 2015]

Gay Talese é um famoso jornalista e escritor americano. Ou quase isso. Famoso e americano, sim; a dúvida é quanto ao resto da classificação. Praticante de um gênero híbrido chamado "jornalismo literário", é difícil determinar se Gay é um jornalista com fumaças de ficcionista ou vice-versa. O próprio gênero é, como se diz, "polêmico". Do ponto de vista do jornalismo, o contato explícito com a literatura revela, de quem o pratica, uma certa preguiça de apurar as informações e a tendência a apelar para a saída mais fácil e fascinante, que é a de inventá-las. Do ponto de vista do ficcionista, o contato explícito com o jornalismo denuncia uma insegurança quanto aos seus poderes imaginativos e a necessidade de extrair o material diretamente da vida real. Nos dois casos, o resultado final será sempre em prejuízo do jornalismo e da literatura — embora possa ser de grande bonança para os bolsos do autor. E o que não falta a Gay Talese são bolsos.

Ele ficou famoso por uma reportagem para a revista *Esquire*, em 1966, intitulada "Frank Sinatra está resfriado", depois incluída no livro *Fama & anonimato* (Companhia das Letras, 2004). E também pelo livro *A mulher do próximo* (Companhia das Letras, 2002), sobre a revolução sexual dos anos 70, em que afirma ter ido a campo para investigar o assunto, participando fisicamente de trocas de casais, *ménages à trois*, sexo grupal e outras peripécias. Os dois livros nunca mais saíram de catálogo e bastaram para entronizar Talese nas faculdades de comunicação como um modelo de profissional a ser seguido e copiado. Curiosamente, esses livros não fizeram o mesmo por ele nos cursos de literatura — ninguém jamais o comparou a Saul Bellow ou John Updike —, a alimentar a suspeita de que a dobradinha "jornalismo literário" só impressiona os jornalistas.

"Frank Sinatra está resfriado" é considerada uma façanha no gênero reportagem porque, impossibilitado de cumprir a incumbência da revista — entrevistar o então maior cantor do mundo, alérgico a jornalistas —, Talese decidiu ouvir o máximo de pessoas em torno de Sinatra e com isso compor um perfil do personagem.

O resultado foi uma matéria competente, que qualquer bom repórter americano — ou brasileiro, ou turco, ou senegalês — poderia ter feito sem maior alarde. Na verdade, essa matéria já tinha sido feita, e inúmeras vezes, muito antes de Talese — não com Sinatra, mas em torno de qualquer personagem que não quis ou não pôde receber um jornalista. E apenas porque isso faz parte de uma estratégia em uso desde que o primeiro repórter saiu à rua para entrevistar alguém, há quase duzentos anos. Em *Cidadão Kane* (*Citizen Kane*, de Orson Welles, 1941), um repórter quer saber por que a última palavra que o bilionário Charles Foster Kane pronunciou antes de morrer foi "Rosebud". O que seria "Rosebud"? Como Kane, obviamente, já não está em condições de responder, o repórter parte para escutar uma meia dúzia de pessoas próximas do grande homem — o melhor amigo dele, a ex-mulher, o antigo tutor, o mordomo. Então, qual é a novidade?

Entre nós, um grande repórter brasileiro já tinha feito isso muito antes e melhor que Talese: Joel Silveira, destacado por Assis Chateaubriand para cobrir o casamento da herdeira Filly Matarazzo, em 1945, para o jornal carioca *Diário da Noite*. Como era uma cerimônia fechada, para os oitocentos amigos mais íntimos do conde Francisco Matarazzo Junior, pai da noiva, Joel não tinha convite para o casamento. Não se apertou. Passou a semana anterior conversando com os que sabia terem sido convidados e que participavam do festival de ágapes que precedeu a cerimônia propriamente dita —bailes, festas, recepções, coquetéis, jantares, reuniões e até o casamento civil. Tudo isso não passava de um aquecimento para os acontecimentos supremos, que seriam o casamento no religioso e a indescritível festa que se lhe sucederia na mansão Matarazzo da avenida Paulista.

Indescritível, mas possível de ser descrita até por quem não estivesse presente — desde que o repórter se chamasse Joel Silveira. O resultado, hilariante e estupidamente bem escrito, está no livro *A milésima segunda noite da avenida Paulista* (Companhia das Letras, 2003), por sinal título da reportagem.

Há alguns meses, outra excelente repórter brasileira, Luiza Barros, foi a Nova York entrevistar o próprio Gay Talese para uma publicação especial do caderno "Ela", do *Globo*. Como se tratava de uma reportagem para um caderno de moda, e não para um suplemento literário, não se esperava que Talese discorresse sobre como preparar-se para uma entrevista, abordar o entrevistado ou editar as perguntas e respostas. O tema era a moda, assunto que o ocupa e preocupa tanto quanto a construção dos personagens numa história ou o tratamento do texto — talvez mais. E Talese não poderia ter sido mais generoso em revelações, talvez até involuntárias, sobre o assunto. É fanático por roupas — ternos, coletes, camisas, colarinhos, luvas, chapéus, sapatos, polainas, acessórios.

Ele mora num casarão branco de cinco andares, no Upper East Side, em Manhattan, com seu nome na porta, que foi onde ela o visitou. A partir das informações de Talese e de uma observação de Luiza — a de que, em seu monumental guarda-roupa, ele tem um quarto só para seus chapéus, "pendurados em ganchos nas paredes e etiquetados de acordo com o material e a época do ano mais adequada para usá-los" —, resolvi usar suas técnicas de "jornalismo literário" e, tomando todas as liberdades, descrever como ele distribuiria pela casa o resto de seu vestuário. Ficou assim:

Talese divide os armários em que guarda seus ternos pela origem da confecção (Roma, Paris, Londres, Nova York) e pelas estações do ano. Cada terno é pendurado num cabide de mogno e coberto com uma capa que, ao mesmo tempo que o protege, contém um respiradouro para arejá-lo e evitar que Talese tenha de apelar para aquele recurso típico dos pobres, a naftalina. Imagino que Talese use cada terno pelo menos uma vez por ano — o que, para prestigiar todos eles e pela quantidade de ternos que possui, obriga-o a trocar de terno três vezes por dia. Não posso garantir, mas é possível que Talese também os organize pelo número de botões no punho, os quais variam de três a cinco botões. O mesmo quanto aos coletes — Talese os tem fechados na frente, trespassados, lisos, estampados, com forro de seda ou não. E também variando no número de botões.

Talese usa um terno de determinada cor, material e feitio para cada ambiente a que se dirija. Aos restaurantes — ele disse a Luiza —, só vai de terno escuro, azul-marinho ou preto. A um coquetel ou chá, ele se permite uma cor mais leve, talvez creme ou ocre. Mas, aos lançamentos de livros, que são eventos absolutamente mundanos, ele só se permite comparecer de terno branco, colete e chapéu idem e sapato de duas cores. No Rio, isso é roupa de bicheiro, mas em Nova York é chique. Aliás, os ternos brancos são os favoritos também de seu talvez amigo e colega de estilo Tom Wolfe, autor de um romance-reportagem de enorme sucesso nos anos 80 e hoje maciçamente esquecido, *Fogueira das vaidades* — a diferença é que, para desprezo de Talese, Wolfe se veste dessa maneira em qualquer evento, de jantares com a aristocracia a lutas de UFC em que o sangue respinga naqueles sentados nas primeiras filas.

Ah, as camisas. Talese só as manda confeccionar em camiseiros cujos endereços não revela — resguarda-os tanto quanto as fontes que lhe passam as informações para suas reportagens. Como suas medidas não mudam — aos 83 anos, hoje, elas são as mesmas de quando ele tinha 33 e ficava cercando Frank Sinatra pelas ruas —, basta-lhe escolher a padronagem e o tecido e decidir quantas dúzias de camisas deseja encomendar. Ele as recebe dobradas em torno de *shirtboards*, que são aquelas cartolinas que dão forma à camisa e impedem que se amarrote. Quando Talese vai estrear uma — o que acontece diariamente —, ele tira a *shirtboard*, mas não a joga fora. Ao contrário, as *shirtboards*, como revelou a Luiza, são o material que usa para tomar notas quando sai à rua a serviço.

"Faço isso desde que comecei a trabalhar, aos 23 anos", disse à repórter. "Recorto a cartolina em três pedaços e arredondo as pontas, para que caibam no bolso do paletó. Blocos de papel não cabem". Imagine de quantas *shirtboards* Talese não precisará para tomar notas que resultem num livro — e seus livros são grossos.

Imagino também que, num dos aposentos, Talese possua um móvel tipo bancada de tipógrafo, com gavetas chatas divididas em pequenos escaninhos, para guardar seu estoque de abotoaduras. As antigas gavetas de tipógrafos tinham escaninhos de tamanhos diferentes, próprias para facilitar a composição dos textos. A letra "e", por exemplo, uma das mais frequentes na língua inglesa, ocupava um escaninho maior e bem na frente da gaveta; já o "x", de uso muito mais raro, ficava num escaninho menor e mais para o fundo — Edgar Allan Poe tem um conto genial a respeito, intitulado "X-ing a paragrab". Da mesma forma, Talese deve guardar as abotoaduras mais usadas, de ouro ou de prata, nas divisões facilmente acessíveis, e as que usa menos, de pérola ou de marfim, nas mais escondidas. Eu faria o mesmo — se usasse abotoaduras.

Não ouso nem pensar na coleção de sapatos de Talese! Quantos serão? Ninguém sabe. Um engraxate que ele mantém sob contrato passa o ano inteiro aplicando-lhes tinta, graxa, escovas e aqueles panos que estalam, e só de mês em mês o revezamento traz de volta um sapato que ele engraxou há três meses. Sim, porque os sapatos têm de ser mantidos engraxados, para que o couro se sinta ainda fazendo parte do boi — e os sapatos de Talese só faltam mugir. Alguns de seus sapatos só saem à rua protegidos por polainas, mas isso não quer dizer que, sem elas, não reflitam a lua e as estrelas — têm de ser como espelhos. E, ah, claro, as solas também são engraxadas.

E por aí vai. Tudo isso para contar que, em 2009, Gay Talese veio ao Brasil a convite da Flip — Festa Literária Internacional de Paraty. No Rio, onde passou alguns dias antes de ser levado de carro para Paraty, Talese ficou num hotel grande e não teve problemas com seu guarda-roupa. Mas, lá, na deliciosa cidadezinha colonial, logo começou a tragédia.

Para passar três dias em Paraty, Talese levou cerca de oitenta ternos e outras tantas camisas e trinta pares de sapatos. Ao ser acomodado na pousada que lhe reservavam (e que não sei qual era, mas devia ser ótima — o pessoal da Flip é muito atencioso), Talese descobriu, assustado, que o humilde armário do quarto não comportava seus ternos. E, horror dos horrores, todos os cabides eram de plástico — produto em que havia muitos anos nem sequer punha as mãos. O que fazer? Ele precisava de espaço e de mais cabides. Uma busca foi feita nas pousadas e casas particulares da Grande Paraty para que todos os armários e cabides de madeira existentes fossem recolhidos e levados a Mr. Talese na pousada xis. Mas, debalde — não havia, em toda a região, cabides de madeira suficientes. Não sei como Talese tolerou isso, mas muitos de seus ternos conheceram a humilhação de descansar em abomináveis cabides de plástico. E os sapatos, coitados? Como Talese não usa tênis ou sapatos esporte, como terão se sentido seus impecáveis sapatos caminhando pelo impiedoso pé de moleque das ruas de pedra de Paraty?

Para completar, uma decisiva informação de Luiza: Gay Talese se veste assim, com esse apuro, rigor e fanatismo, até dentro de casa! Não há possibilidade de que, mesmo sozinho no casarão, no insuportável verão de Nova York, ele relaxe por umas poucas horas, vista uma bermuda e uma camiseta, calce um chinelo ou fique descalço. Impossível. Impensável. Ele não pode correr riscos — imagine se o rapaz da farmácia ou o entregador de pizza tocar a sua campainha e ele for obrigado a atendê-lo nesses trajes menores! Nunca aconteceu e nunca acontecerá.

E Talese sempre foi assim. Suas fotos desde os doze anos de idade já o mostram de terninho, com as lapelas engomadas, os colarinhos eretos pelas barbatanas e camisas de um branco mais branco que o branco, uma brancura Omo.

Finalmente, vamos chegar ao ponto de toda esta arenga. Pode-se acreditar que um repórter (ou escritor) tão cioso de sua aparência, tão vaidoso e cheio de manias — na verdade, um metrossexual de carteirinha, quase uma Imelda Marcos de calças —, como Gay Talese, tenha se disposto a tirar a roupa, ficar pelado, suar, resfolegar, absorver os fluidos líquidos e oleosos que os amantes trocam entre si na cama, e se meter em toda espécie de sacanagens com gente que nunca viu, para fazer seu livro *A mulher do próximo*?

Minha resposta é: duvido que isso tenha acontecido. O mais provável é que, assim como escreveu sobre Sinatra falando com outros que não Frank, Talese também só tenha conversado com gente que praticou as ditas sacanagens — ou, então, compareceu às surubas, mas permaneceu a uma distância segura, engomado, engravatado e engessado, apenas assistindo e tomando notas (nas *shirtboards*, claro), enquanto a farra rolava no recinto.

Não sei se isso é jornalismo, se é literatura ou nenhum dos dois. Talvez seja o que chamam de "jornalismo literário". Mas posso garantir que, ao praticá-lo, Gay Talese nunca se resfria.

LILLIAN HELLMAN PARA FORNO E FOGÃO

Em política, um ovo é um ovo é um ovo — mas pode também não ser

[*Folha de S.Paulo*, 14/11/1987]

Lillian Hellman (1905-84), teatróloga, roteirista de cinema e memorialista, é considerada uma "heroína americana" por ter resistido ao macarthismo, a notória caça às bruxas comunistas dos anos 40 e 50.

A conferir. No monumental livro de Eric Bentley, *Thirty years of treason* (Viking Press, 1971), com 992 páginas contendo as transcrições dos infames interrogatórios conduzidos pelo senador Joe McCarthy, há apenas cinco páginas dedicadas ao de Lillian, em maio de 1952, no qual ela escapou apelando para a Quinta Emenda da Constituição americana — aquela que permite à pessoa recusar-se a responder a perguntas que possam incriminá-la, o que, normalmente, equivale a uma declaração de culpa.

Quase todos os colegas de Lillian que apelaram para essa emenda pegaram cadeia por anos ou tiveram suas carreiras liquidadas. Seu próprio marido, o romancista Dashiell Hammett, autor de *O falcão maltês*, tomou dois anos por se recusar a dar os nomes dos participantes de um fundo de auxílio a presos políticos — nomes que Hammett talvez desconhecesse e numa época em que ele já parecia mais empenhado na socialização do uísque do que em qualquer outra. Lillian, por sua vez, saiu do tribunal assobiando e retomou sua rotina de trabalho, adaptando peças para teatro e televisão e coescrevendo, em 1956, o libreto de *Candide*, a ópera de Leonard Bernstein baseada no livro de Voltaire — uma superprodução da Broadway. Nunca a incomodaram.

Lillian ficou famosa por peças como *The children's hour* (1934) e *The little foxes* (1939), envolvendo respectivamente lesbianismo e complicadas relações familiares em cidades do interior americano (muito boas, embora, no gênero, o nosso Nelson Rodrigues fizesse infinitamente melhor). Lillian era também requisitada para escrever filmes, um dos quais, *Estrela do norte* (*The North Star*, 1943), dirigido por Lewis Milestone, só vendo para crer: uma espécie de *O mágico de Oz* passado numa fazenda coletiva soviética durante a Segunda Guerra (Estados Unidos e URSS eram, então, aliados), com camponeses saltitando de mãos dadas pela floresta como os anões que faziam os Munchkins no filme de Judy Garland. Nos anos 70 e 80, depois de longo ostracismo, Lillian atirou-se às suas memórias, de que resultaram três livros, *Uma mulher inacabada* (*An unfinished woman*, 1969), *Pentimento* (idem, 1975) e *Tempo de patifes* (*Time of scoundrels*, 1976). Todos bons de ler e contando histórias que a deixavam bem na fita: a mulher ativa, atuante, correta, leal e corajosa, e sempre em cena nos grandes acontecimentos — a Guerra Civil Espanhola, a Segunda Guerra, o macarthismo.

Do melhor deles, *Pentimento*, foi extraída a saga de Julia, uma amiga rica de infância que Lillian passa muitos anos sem ver e reencontra na Alemanha, às vésperas da guerra, como uma militante empenhada em contrabandear dinheiro para os resistentes antinazistas em Berlim, no que é modestamente ajudada por ela. Dessa história resultou o belo filme de Fred Zinnemann *Julia*, em 1977, com Jane Fonda como Lillian e Vanessa Redgrave como Julia. E todos seriam felizes para sempre se, por causa dos livros e do filme, as vozes mais autorizadas da esquerda em Nova York não começassem a denunciar Lillian como mentirosa.

Em 1979, numa entrevista de TV ao apresentador Dick Cavett, Mary McCarthy, a autora de *O grupo* e amiga de gente que conhecia Lillian de outros carnavais, acusou-a de rancorosa, truculenta, vingativa e, principalmente, de mentir em tudo que escrevia, inclusive os "e" e "o". Uma das mentiras de Lillian seria a de que nunca fora stalinista — desafiada a provar isso, Mary exibiu documentos e gravações em que Lillian declarava seu amor a Stálin e desprezo por qualquer causa que não tivesse o imprimátur stalinista. Outra era a de que, em sua breve passagem pelo Partido Comunista dos Estados Unidos, "de 1938 a 1940", limitara-se a discutir assuntos correntes e literatura com os camaradas. Esqueceu-se de citar sua participação nos comitês contra o asilo político a Trótski (que acabou assassinado à distância por Stálin, no México, em 1940) e contra ações de solidariedade à Finlândia, invadida pela urss em 1939. Martha Gellhorn, ex-mulher de Hemingway e repórter na Guerra Civil, também a acusou de inflar suas atividades nas brigadas antifranquistas na Espanha, em 1937. E a cristaleira desabou de vez em 1983, quando se descobriu que a história de "Julia" não tinha acontecido — não daquele jeito e muito menos com Lillian no papel principal.

A fonte dessa denúncia era a mais letal possível: a verdadeira Julia — uma mulher chamada Muriel Gardiner, cuja família se dava com um advogado chamado Wolf Schwabacher, que, por acaso, prestava serviços a Lillian. Certo dia, de passagem, Schwabacher contou a Lillian a história de Muriel. Lillian gostou, enxergou ali uma grande trama e, depois de olhar para os lados e certificar-se de que estava a salvo, compôs o personagem de Julia, atribuiu-lhe as peripécias de Muriel e imiscuiu-se delicadamente na trama. Em 1975, "Julia" saiu em *Pentimento*, que todo mundo leu e admirou, inclusive Muriel. Sim, havia uma coincidência entre sua história e a de Julia, mas Muriel só se convenceu de que tivera sua vida roubada ao descobrir que Schwabacher era advogado de Lillian.

Ficou então claro que, naquele e em outros episódios, Lillian resolvera recriar-se como personagem. Queimara arquivos, falsificara documentos, inventara antigos diários, "corrigira" ideias e aproveitara-se de que seus íntimos — Hammett, Hemingway, a contista Dorothy Parker, o poeta Archibald McLeish — já tinham morrido, para se tornar à prova de desmentidos. Só se esqueceu de que ainda havia muitos contemporâneos na praça.

Os fãs de Lillian correram em sua defesa. O argumento era o de que memórias são memórias, cada um se "lembra" do que quer e, se as "memórias" de Lillian eram ficção mascarada de realidade, o fato é que seus livros eram ótimos. A história de "Julia", por exemplo. E daí, se não aconteceu? — eles perguntaram. Pois devia ter acontecido. No fundo, a ideia era a de que Lillian Hellman podia mentir à vontade — desde que não acreditássemos nela.

Bem, isso talvez se aplique à política, um departamento em que, dependendo do lado em que se está, um ovo é um ovo é um ovo, mas pode também não ser. Já o mesmo não acontece com quem se propõe a escrever um livro de receitas culinárias. Nestas, o autor está proibido de trapacear — para que o resultado final na panela do leitor não se perca por um ovo a mais ou a menos. E parece que Lillian Hellman era tão imaginativa ao descrever uma *jambalaya*, tradicional prato de sua New Orleans natal, quanto ao recriar os episódios de sua vida política.

Dois na cozinha — Receitas e relembranças (Paz e Terra), em parceria com Peter Feibleman, foi o último livro que ela publicou, em 1983, um ano antes de morrer. De saída, adverte que não se preocupou em especificar tempos de cozimento ou temperaturas exatas do forno e do fogão, deixando-os "à sensibilidade do cozinheiro". Típica de Lillian, essa imprecisão charmosa que disfarça sua ojeriza à verdade. Tudo bem — só que, desse desprezo pelo rigor, pode resultar um ganso assado nas fogueiras da Inquisição ou um peixe-espada ao molho de mostarda, com a espada ainda em riste nos intestinos de quem tentar saboreá-lo.

Definitivamente, *Dois na cozinha* não é um livro para os leitores da "Cozinha experimental" da revista *Claudia*. Ao contrário, dirige-se a pessoas que, ao envergar um avental e untar as caçarolas, serão capazes de distinguir entre ficção e realidade ao tentar seguir suas receitas. Mas, corretas ou não, as receitas de Hellman e Feibleman são uma tentação — os repolhos no agridoce, as costeletas marinadas de cordeiro, o *clambake*, o guacamole e os diversos *gumbos* (uma espécie de cozido à base de frutos do mar, linguiça, quiabo e bacon). Claro, você pode ir pelos ares ao comê-los, mas terá sido um sacrifício válido. Talvez Hellman pretendesse restaurar a tradição da grande cozinha de New Orleans, berço do jazz e dela própria, para contrapô-la à ideia de que a cozinha americana se limita a hambúrguer, batata frita e isopor. Se foi isso, conseguiu.

Para o leitor brasileiro, o bom desse livro é que ele sugere novos usos para os frutos do mar, além de reabilitar o que, aqui, às vezes classificamos como ingredientes de segunda, como os rabos, focinhos, papadas, pés e asas de diversos bichos — para mim, todos de dar água na boca. O problema é encontrar no Brasil certos componentes que Lillian exige. Por exemplo, o suculento ganso assado com recheio de ostras — as ostras abundam entre nós, mas há poucos gansos disponíveis na praça, exceto nos parques municipais. E a fabulosa perna de veado que ela recomenda, guarnecida por orégano, tomilho e cebolinhas verdes? Os temperos estão à venda em qualquer quitanda, mas onde vou encontrar um veado?

Se, no fim da vida, Lillian Hellman envergou o avental sujo de ovo para escrever receitas, podemos esperar por um futuro livro de Mary McCarthy ensinando a regar as plantas ou de Susan Sontag explicando como cuida de suas tartarugas. Serão bem mais confiáveis, embora não tão bem escritos.

Em tempo: Lillian Hellman não tem a ver com a famosa maionese — na verdade, Hellmann's. E quisera ela se parecer com Jane Fonda, que a interpretou em *Julia*.

NOVA YORK, ANOS 50
Jack Kerouac sai de trás de um poste e bate a carteira
de uma geração

[*Folha de S.Paulo*, 26/5/1993]

Responda rápido. Quando começou a "revolução sexual"? E a luta pelos direitos dos negros, das mulheres e dos homossexuais? E quando foram inventadas as expressões "radical chic", "white collar" (colarinho branco), "white negro" (o branco que se solidariza com os negros), "New Left" (Nova Esquerda) e "New Journalism"? De que época é o *Village Voice*, o primeiro jornal nanico que deu certo? Quando foi que muitos jovens começaram a mergulhar em drogas, psicanálise e esoterismo como se a oferta desses artigos fosse terminar no dia seguinte? E, principalmente, qual foi a última geração que "confiou nos mais velhos", mas plantou a desconfiança que se tornaria norma nas gerações seguintes? Enfim, quando foi isso?

Errou quem disse anos 60. A resposta certa é a década que ficou perversamente na história como tendo sido a do silêncio, da caretice e do cabelo à escovinha: a de 1950.

Um livro recém-lançado nos Estados Unidos, *New York in the 50s*, de Dan Wakefield (Houghton Mifflin/Seymour Lawrence), tenta repor a verdade e fazer justiça a uma época a que a posteridade tem dedicado no máximo notas de rodapé — em comparação com as pilhas de volumes sobre os anos 60.

Wakefield, que é jornalista, está mais do que autorizado a contar a história dessa geração. Ele tinha vinte anos em 1950 e cresceu junto com a década. Além disso, se os Estados Unidos punham e dispunham nos anos 50 e Nova York era seu caldeirão cultural, Wakefield estava nos lugares onde Manhattan fervia: no

Greenwich Village, o velho bairro boêmio, e suas extensões na ilha, a Universidade Columbia e o Harlem hispânico.

Cite um marco daquele tempo, e Wakefield teve o privilégio de estar presente. Como estudante de Columbia, foi aluno de Mark Van Doren, Lionel Trilling e C. Wright Mills, as três maiores cabeças da era na área da crítica e da sociologia. Como frequentador da White Horse Tavern, um boteco de intelectuais no Village, viu Norman Mailer, já famoso ou quase, aplicar socos no nariz de desafetos e roçou cotovelos com outros escritores então obscuros, como James Baldwin, William Styron e Kurt Vonnegut. Seus amigos de jornal eram os promissores Murray Kempton, Nat Hentoff, Gay Talese, Norman Podhoretz e William Buckley Jr., cada qual com uma plumagem política. Se estivesse a fim de jazz pelo preço de uma cerveja, Wakefield ia ao Five Spot, também no Village, para ouvir o jovem, mas já poderoso, contrabaixista Charles Mingus, ou ao Half Note, no Bowery, onde Thelonious Monk sentava-se ao piano e era acompanhado por um tímido saxofonista chamado John Coltrane. Woody Allen se apresentava no Village Gate, mas ainda não era uma atração — quando terminava seu número, era rendido pelo pianista Erroll Garner, autor de "Misty", e só então a plateia suspirava de emoção.

As coisas têm mais graça quando estão começando, e Wakefield viveu em primeira mão, em 1951, a explosão encapsulada de J. D. Salinger com *O apanhador no campo de centeio* (*The catcher in the rye*), que o fez entender que sua angústia passaria com a acne. Surpreendeu-se com a novidade que eram os cartuns neuróticos de Jules Feiffer, o mau humor de um stand-up chamado Lenny Bruce e a voz quase indefesa de Chet Baker cantando "I fall in love too easily". Wakefield acompanhou também a ressurreição de F. Scott Fitzgerald, resgatado pelos anos 50 do esquecimento a que parecia condenado antes mesmo de sua morte, em 1940. Embarcou com desconfiança na história de fazer jornalismo com as técnicas de ficção, como pregavam os repórteres da revista *Esquire*, e, como quase todos os jovens escritores de Nova York na época, entregou-se a uma paixão platônica por Carson McCullers, autora de *O coração é um caçador solitário* (*The heart is a lonely hunter*).

Mas nem tão platônica assim era a vida sexual na Manhattan dos anos 50, principalmente quando Wakefield descobriu que os rapazes também podiam fazer sexo oral em suas namoradas — e elas gostavam. Depois que aprendeu esse truque, ficou ainda mais emocionante convidar as moças ao seu apartamento no Village, nem que fosse para ouvir discos que tinham acabado de sair, como *Modern sounds*, de Shorty Rogers e Gerry Mulligan, ou o *Saxophone colossus*, de Sonny Rollins. Não que Wakefield tivesse de se limitar ao esporte oral: as garotas mais avançadas do bairro já usavam o DIU (dispositivo intrauterino), embora não fosse fácil encontrar um médico para aplicá-lo. O quociente de culpa nas moças que "topavam" era menor do que no passado, mas não o suficiente para dispensá-las da psicanálise — uma mania tão poderosa na roda de Wakefield nos anos 50 que quem não passasse pelo menos cinco anos num divã é porque devia ser anormal.

Sua geração foi certamente a última que ingressou no mundo pela palavra, não pela imagem. A obra de poetas como os irlandeses W. B. Yeats e Dylan Thomas e de romancistas como Thomas (*Of time and river*) Wolfe e Dostoiévski era lambida como pirulitos por aqueles jovens. O cinema ainda não era para ser levado muito a sério e ninguém que se prezasse via televisão e muito menos possuía um aparelho. Um racha nesse desprezo se deu em 1953, quando a TV começou a transmitir ao vivo os interrogatórios macarthistas, e o Village se apinhava nos bares ou diante de vitrines em que houvesse uma televisão. O macarthismo costuma ser debitado na conta dos anos 50, mas, tecnicamente falando, foi um produto do imediato pós-guerra. Os anos 50, bem ao contrário, o sepultaram.

Um filhote daquela década foi, esta sim, a Beat Generation, e Wakefield não sabe o que mais o irrita: se o fato de sua geração ter injustamente passado à história como "silenciosa" ou, no polo oposto, ser rotulada como a "geração beat" — rótulo que ele e muitos de seus amigos repudiam. E por um motivo simples: nunca tiveram nenhum respeito ou admiração por Jack Kerouac.

Wakefield conheceu Kerouac pouco antes que o romance deste, *Na estrada* (*On the road*), chegasse às livrarias, em 1956. Foi dos primeiros a ler o livro, que definiu como uma escrita frouxa e automática, típica de um enganador. Meses depois, engasgou no café da manhã ao ver *On the road* ser saudado no *New York Times* como uma "obra de arte".

Só então soube que o acaso jogara a favor de Kerouac. O crítico titular do jornal, Orville Prescott, estava de férias, e o livro caiu nas mãos do raso e deslumbrado Gilbert Millstein — que, para todos os efeitos, fez com que o *New York Times* soltasse fogos pelo começo de uma "beat generation". E então Allen Ginsberg e William S. Burroughs, colegas de Kerouac, encarregaram-se de bater o tambor e transformar *On the road* em *Ulisses*.

Para Wakefield, os altos propósitos culturais de sua geração foram desviados pela literatura fácil, grosseira e aparentemente ingênua, mas apenas esperta, de Kerouac — como se este tivesse surgido por trás de um poste na Bleecker Street e lhes batido a carteira. Wakefield não foi o único na época a detestar *On the road*. Norman Mailer e os outros que queriam fazer literatura adulta também o odiaram, mas foi a frase de Truman Capote que ficou famosa: "Isso não é literatura. É datilografia". Norman Podhoretz foi mais didático: "Uma imitação inepta de Faulkner e Joyce, feita por um sujeito para quem basta relaxar e deixar jorrar o que lhe vem à cabeça". E Podhoretz, que era então de esquerda, aproveitou para profetizar um apocalipse: "Quanto à Beat Generation, é uma conspiração para derrubar a civilização e substituí-la pelo mundo das gangues de rua".

Pode não haver nenhuma relação de causa e efeito, mas aquela foi também a primeira geração em que se podia observar jovens passando da maconha para a cocaína e desta para a heroína, numa progressão tão previsível quanto incontrolável. Vários amigos de Wakefield morreram de overdose. Kerouac, não — morreu de birita mesmo, em 1969, aos 47 anos, mas deixou uma reputação de grande escritor que provavelmente o acompanhará para sempre.

Wakefield se pergunta quando os anos 50 terminaram. Só sabe que não foi em 31 de dezembro de 1959. O espírito da década continuou pelos primeiros anos 60 e, para alguns, só desapareceu com o assassinato de John Kennedy, em novembro de 1963. Ou com a tomada de Nova York pelos Beatles — filhos diletos dos beats —, no começo de 1964. Ou com a escalada da guerra no Vietnã em 1965.

O curioso é que, nas páginas abrangentes e reflexivas de *New York in the 50s*, só há uma escassa referência, e mesmo assim de passagem, a Elvis Presley. Não terá sido nada pessoal contra Elvis — porque, afinal, nenhum outro cantor caipira (como Elvis era então visto em Nova York) é citado.

AMORES DE APACHE DA NOUVELLE VAGUE
Os adoráveis canalhas que faziam aqueles filmes

[*O Estado de S. Paulo*, 11/11/2006]

Alô, Geração Paissandu, onde quer que você esteja. Feche o *Eros e civilização*, do Marcuse, por um momento, e diminua o volume de *Die Dreigroschenoper*, com a Lotte Lenya, na vitrola, para um assunto de seu interesse. Um livro, *Que reste-t-il de la*

Nouvelle Vague?, lançado na França pelo crítico italiano Aldo Tassone (Stock), traz longas entrevistas com trinta nomes ligados de alguma forma ao movimento que abalou o cinema e os nossos corações nos anos 60 — a Nouvelle Vague, claro. O resultado, como se dizia no Paissandu, é *étonnant*.

Revela, por exemplo (ou confirma), que nossos heróis Jean-Luc Godard, François Truffaut, Claude Chabrol e demais cineastas do movimento eram um bando de amadores, arrogantes, insensíveis e autoritários, que, quando rodaram seus primeiros curtas, não sabiam sequer de que lado ficava o olho da câmara — e, como se não bastasse, eram "de direita". Que a revista em que eles começaram como críticos, o *Cahiers du Cinéma*, praticou genocídio cultural, exterminando os diretores que não rezavam pelo credo deles. E que a Nouvelle Vague nunca foi uma revolução estética, mas simples produto de uma inovação técnica: a aparição do filme de 400 ASA, que permitia filmar na rua ou em interiores quase sem luz — e, sendo assim, poder-se-ia dizer que um técnico anônimo da Kodak, e não Godard, é que seria o verdadeiro autor de *Acossado*. E agora, como vamos dormir com esse *bruit*?

Calma. Não há revelação, por mais chocante, capaz de quebrar o encanto da Nouvelle Vague para os jovens que, literalmente, bebemos aqueles filmes, fosse num cineminha do Quartier Latin, em Paris, ou do Flamengo, no Rio, quando eles estavam sendo lançados. Cada filme era um acontecimento, uma epifania, uma revolução, e, se restassem dúvidas sobre o que o diretor "queria dizer", podíamos recorrer à bula que o acompanhava — os ensaios e críticas sobre ele no *Cahiers*. Amava-se ou odiava-se a Nouvelle Vague, mas ninguém lhe era indiferente. E, como se vê no livro de Tissone, continua não sendo.

Nem mesmo os entrevistados de Tassone mais antipáticos ao movimento — os que não consideram que a Nouvelle Vague tenha sido um "movimento" — conseguem negar a magia visual, o charme estilístico e as insolências de linguagem de filmes como *Uma mulher para dois* (*Jules et Jim*, 1961), de Truffaut, *Uma mulher é uma mulher* (*Une femme est une femme*, 1961), de Godard, ou *Lola, a flor proibida* (*Lola*, 1961), de Jacques Demy. Mas, pelo que eles contam, o incrível hoje é que aqueles filmes pudessem ser tão bons. E que um pequeno grupo de críticos — diletantes com mais horas de escurinho nos cineclubes do que de sol na vida real — tivesse tomado o poder numa indústria tão sólida e estabelecida, como a do cinema francês de fins dos anos 50.

Era um tempo em que um jovem parisiense, se quisesse fazer cinema, dificilmente conseguiria dirigir um filme antes dos quarenta anos. Todas as vagas estavam ocupadas pelos cineastas mais velhos, que a indústria via como suas vacas sagradas: Julien Duvivier, Marcel Carné, Henri-Georges Clouzot, Claude Autant-Lara, Jacques Becker, René Clément, gente nada desprezível e responsável por boa parte da história do cinema francês — René Clair e Abel Gance já estavam quase aposentados, e Jacques Tati era um cineasta bissexto. Ao redor desses veteranos, havia os diretores apenas corretos e burocráticos: Yves Allégret, Henri Décoin, Christian-Jaque, Jean Delannoy, Gilles Grangier, Michel Boisrond, muitos mais. Um complicado sistema de promoção obrigava a que, para se tirar o registro profissional como diretor, um jovem tivesse de fazer três filmes como estagiário, outros tantos como segundo assistente de direção e mais três como primeiro assistente. Dali talvez pulasse para a direção de um curta-metragem e, anos depois, se ainda não tivesse morrido de velhice, talvez um produtor lhe confiasse a direção de um longa. Os filmes eram rodados integralmente em estúdio, e cada técnico tinha de ser bamba em iluminação, câmera, cenários. Pior ainda: os filmes tinham de ter roteiro.

Entre 1955 e 1957, uma nova geração de críticos do *Cahiers*, com Truffaut à frente, começou a dizer que isso era uma porcaria. Com sua argumentação virulenta e irresistível, eles detonaram os velhos diretores (os bons e os ruins), poupando apenas os dois independentes que idolatravam, Jean Renoir e Robert Bresson, e tolerando estrategicamente uns poucos mais: Jean-Pierre Melville, Alexandre Astruc, Sacha Guitry. Não que, com isso, homens como Duvivier e Carné parassem de trabalhar, mas, em pouco tempo, ninguém mais iria querer saber de seus filmes. Os jovens críticos encontraram produtores para bancá-los (Georges de Beauregard, Pierre Braunberger, Ignace Morgenstern) e partiram eles próprios para a realização.

Rapidamente, os novos donos das marquises — em alguns casos, acima até do nome dos atores — chamar-se-iam Louis Malle, com *Ascensor para o cadafalso* (*Ascenseur pour l'échaffaud*, 1957) e *Os amantes* (*Les amants*, 1958); Chabrol, com *Nas garras do vício* (*Le beau Serge*, 1958) e *Os primos* (*Les cousins*, 1959); Truffaut, com *Os incompreendidos* (*Les 400 coups*, 1959); Alain Resnais, com *Hiroshima meu amor* (*Hiroshima mon amour*, 1959), Jacques Rivette, com *Paris nous appartient* (1958-60), Agnès Varda, com *Cléo das 5 às 7* (1961). Era uma revolução.

Malle e Resnais não eram exatamente Nouvelle Vague — pelo menos, não tinham vindo do *Cahiers* —, mas também não eram seus inimigos, assim como o Roger Vadim de *E Deus criou a mulher* (*Et Dieu... créa la femme*, 1956), o Édouard Molinaro de *Perversidade satânica* (*Le dos au mur*, 1958) e o Philippe de Broca de *Brincando de amor* (*Les jeux de l'amour*, 1960). Logo boa parte da produção francesa estaria entregue àqueles diretores estreantes, alguns com menos de trinta anos. Mas nada superaria *Acossado* (*À bout de souffle*, 1959), de Godard, como divisor de águas — ou de oceanos inteiros.

Uma das revelações do livro de Tassone é que, a se acreditar em seus entrevistados, muito do que Godard fez em *Acossado* foi por acaso — ao dar uma ordem, não sabia o que iria resultar. Raoul Coutard, seu fotógrafo, conta que Godard chegava para a filmagem (sempre na rua ou no apartamento de um amigo) com um caderno em que rabiscara as cenas a rodar naquele dia, e só ele sabia do que se tratava. O cenário, a ação e os enquadramentos eram decididos na hora. Jean-Paul Belmondo e Jean Seberg, seus atores, não precisavam conhecer os personagens que interpretavam, nem decorar os diálogos — Godard os soprava para eles, que os repetiam para a câmera, no próprio momento da filmagem. Isso podia ser feito porque o filme foi rodado sem som, e todos os ruídos e falas, colocados depois, na montagem. Sabendo-se que qualquer luz servia para Godard, desde que natural, conclui-se que *Acossado* foi o primeiro filme moderno rodado sem luz e sem som. E por que deu tão certo?

Entre outros motivos porque, por trás da câmera, estava Coutard, já com alguma tarimba como fotógrafo durante a guerra francesa no Vietnã, nos anos 50, e como diretor de fotografia em três filmes de Pierre Schoendoerffer, seu colega em Saigon e Hanói. E também pelo misto de genialidade demente e provada irresponsabilidade de Jean-Luc. Além do caderno, Godard levava consigo livros sobre rudimentos de técnica de cinema, que vivia consultando, nem que fosse para fazer ao contrário. Às vezes perguntava para Suzon, sua experiente continuísta: "Quero fazer um close de Jean-Paul. Onde ponho a câmera?". Suzon lhe dava o lugar exato onde colocar a máquina. Godard pegava a câmera e a levava para o lado oposto ao sugerido. Às vezes funcionava, em outras, não. Se alguém o censurasse, dizendo que "não era assim que se fazia um filme", ele respondia: "Não faço filmes, faço cinema".

Coutard, que só conhecera Godard na filmagem de *Acossado*, não imaginava que, do caos que se passava para seus olhos, pudesse sair um filme minimamente coerente, quanto mais brilhante. Mas foi o que aconteceu. *Acossado* foi todo resolvido na montagem. E há dúvidas sobre se certos achados de Godard saíram de sua cabeça ou se foram apenas resultado de erros de edição. Um deles, os cortes dentro do plano — o corte de um plano para outro quase exatamente igual (veja a sequência em que Belmondo e Seberg estão dentro de um carro). Ninguém nunca soube para que serviam aqueles saltinhos da imagem, mas, hoje, todo mundo os usa.

Tantos anos depois, com Truffaut morto, Godard continua a ser o grande assunto para discussão. Outro diretor, o citado Philippe de Broca, diz que Godard era mentiroso e desonesto, capaz de fazer um filme (*Uma mulher é uma mulher*) sobre o mesmo tema (a mulher que quer um filho, mas não um marido) que ele, De Broca, filmara um ano antes, *Brincando de amor* (*Les jeux de l'amour*, 1960), com Jean-Pierre Cassel. Quando De Broca o interpelou a respeito, Godard fingiu que não ouviu. De Broca diz também que, por ter conhecido Godard no dia a dia, nunca entendeu como alguém tão "opaco" fazia tanto sucesso com os intelectuais. De Broca podia ter razão, mas *Uma mulher é uma mulher* é melhor do que *Brincando de amor*.

Para Jacques Demy, que gostava dele, Godard era "incapaz de suportar o sucesso", razão pela qual, em 1968, depois de quinze filmes explosivos (de *Acossado* a *Week-end à francesa*), largou tudo e foi fazer filmes "maoistas", quase clandestinos, em 16 mm, para ser exibidos em fábricas e sindicatos. Mas, conhecendo o mecanismo do pensamento de Godard, mesmo isso teria sido um gesto estudado. Godard tinha, entre outros talentos, o da autopromoção — e 1968 era um ano ideal para jogar tudo para o alto, como ele fez.

O ácido escorre por entre as páginas do livro de Tassone. Ouvido pelo autor, Truffaut se irrita à simples menção do nome de Godard. Diz que não quer falar dele porque "cansou-se de ser usado quando ele vinha incomodá-lo por seus problemas com as mulheres". Ora, ora, então Jean-Luc tinha problemas com as mulheres? E Jean Gruault, um dos poucos roteiristas da Nouvelle Vague, colaborador de Truffaut, Rivette, Resnais e do próprio Godard (em *Tempo de guerra* [*Les carabiniers*, 1963], uma das poucas vezes em que Godard filmou um roteiro), o define como "um misto de puritano e impostor, alguém que ao mesmo tempo ama e detesta o cinema, tanto que tentou destruí-lo". Gruault não poupa ninguém. Segundo ele, Chabrol valeu-se de uma herança para financiar *Nas garras do vício* e Truffaut deu o golpe do baú — casou-se com Madeleine, filha do produtor Ignace Morgenstern, para fundar sua produtora, Les Films du Carrosse.

Gruault era íntimo de Roberto Rossellini, o diretor italiano por quem os rapazes da Nouvelle Vague tinham admiração e paixão febris — nem Ingrid Bergman, que largara marido, filha e carreira em Hollywood por causa dele, fora tão apaixonada por Roberto. Gruault se diverte com o fato de que Rossellini, embora se desse bem com a Nouvelle Vague, não retribuía essa admiração por seus cineastas — não gostava de discípulos e muito menos de cinéfilos. Em 1963, Rossellini foi levado por Gruault e Godard a assistir a *Viver a vida* [*Vivre sa vie*], que Godard acabara de rodar. Ao fim do filme, e certificando-se de que Godard não o ouviria, Rossellini rosnou para Gruault: "Por que você me obrigou a perder tempo com essa merda?". Mas, à aproximação de Godard, ele fulminou: "Jean-Luc, você está a um passo do antonionismo!" — sabendo que ser comparado com Antonioni era o pior dos insultos para Godard.

O garoto selvagem (*L'enfant sauvage*, 1970) era um filme de Truffaut tão inspirado em Rossellini, no tema e na feitura, que só podia ser uma homenagem ao mestre. Mas o cruel Roberto nunca deu a Truffaut a satisfação de ver o filme e dizer-lhe uma palavra — nem o esperto Truffaut passou recibo. Outra amostra está na entrevista de Éric Rohmer, tão ou mais *Cahiers* do que todos eles, mas o último a se tornar cineasta. Nela, ele reproduz a opinião de Rossellini sobre a Nouvelle Vague, dita — e logo a quem! — ao *Cahiers*: "Ao contrário do neorrealismo, a Nouvelle Vague não contribuiu com nenhuma estética ou filosofia nova. No máximo, representou uma mudança no método de produção". Com o que confirmou a teoria sobre o filme da Kodak como o verdadeiro autor da Nouvelle Vague.

O amor da Nouvelle Vague por Rossellini nunca foi correspondido. Mas a Nouvelle Vague — como Simone Signoret em *Amores de apache* (*Casque d'or*, 1952, de Jacques Becker), habituada a apanhar — continuou amando Rossellini do mesmo jeito. Assim como nós, mesmo sabendo desses podres, continuamos amando a Nouvelle Vague.

O QUE ELES DIZEM UNS DOS OUTROS (E DE SI MESMOS)
Quase tão mal quanto o que eles pensam de você

[*Folha de S.Paulo*, 1/11/1987]

Frank Zappa, líder do histórico grupo Mothers of Invention, definiu certa vez um jornalista de rock como "alguém que não sabe escrever, entrevistando alguém que não sabe falar, para alguém que não sabe ler". O próprio Zappa foi cruelmente adiante e carimbou o ouvinte típico de rock como alguém tão analfabeto que "não consegue ler nem o selo do disco que está ouvindo". Não por acaso, o título de um dos melhores discos de Zappa é *We're only in it for the money* ("Só estamos nessa por dinheiro"), uma autodepreciação irônica e injusta para com um dos poucos músicos do gênero com formação teórica — foi aluno de Karlheinz Stockhausen na Alemanha — e que, mesmo tocando rock, conseguiu trabalhar com música.

Mick Jagger, que dispensa apresentações, também disse várias vezes: "De que servem as letras das nossas músicas? O público só consegue guardar mesmo o refrão. Repita qualquer coisa como '(I can't get no) satisfaction' e pronto. Está resolvido". Joey Ramone, vocalista e líder dos Ramones, grupo que ajudou a libertar o rock da pompa conceitual em que ele quase se asfixiou nos anos 70, ameaçou: "Se alguém disser que os Ramones usam mais de três acordes em cada música, eu desminto e processo". E Keith Richards, colega de Jagger nos Stones, admitiu: "Houve uma época em que corremos o risco de nos tornarmos respeitáveis". Ele estava certo. Injetar seriedade no rock é como fornecer Neocid a uma barata.

Certa vez, o falecido John Lennon chegou a suspirar: "É preciso que uma pessoa se humilhe completamente para ser o que os Beatles foram". Não explicou por quê. Mas, mesmo em sua carreira solo, Lennon não curvou a espinha apenas para segurar a guitarra: sua canção "Imagine", para muitos um hino à igualdade social, soa hoje irreal se comparada à descomunal conta bancária administrada por sua viúva, Yoko Ono. Perguntado certa vez sobre suas preferências culturais, Ringo Starr respondeu: "Adoro Beethoven. Principalmente os poemas". Segundo os amigos, Ringo sempre se fez passar por ignorante para esconder sua real ignorância. Já o guitarrista Jimi Hendrix, levado certa vez a uma galeria de arte em Nova York e exposto aos quadros de Van Gogh, exclamou: "Uau, cara! Em que banda ele toca?!". A cantora Joni Mitchell confessou: "Aproveito a hora em que estendo as roupas no varal para compor minhas letras". E o conceituado Bob Dylan já chegou a dizer: "Não me interpretem mal. Minhas canções não querem dizer nada. São só um monte de palavras atrás das outras".

Alguns desses rapazes são de uma sinceridade admirável. "Se eu cantar sem rebolar, vou ter de voltar a dirigir caminhões", disse

Elvis Presley em 1956. "O que eu queria mesmo era ter sido jogador de futebol", confessou Rod Stewart. "Tentei o suicídio certa vez", admitiu Elton John. "Liguei o gás, mas esqueci de fechar as janelas. O jeito foi me tornar cantor." "Não sei uma nota de música — nem preciso", disse Elvis. "Todos os meus discos são uma piada", confessou Bob Dylan. "Tenho um carro, um caminhão, uma moto e uma casa. O que mais posso querer?", perguntou Bruce Springsteen em 1977, antes de se tornar um megastar.

"Seus dentes são lindos, querida. Seu cérebro é que precisa de uma obturação", afirmou John Lennon a uma fã que lhe disse que o adorava. "Finalmente aprendi a cantar", admitiu a deslumbrante Linda Ronstadt, acrescentando: "Pena que tive de fazer isso em público". Depois do fim dos Beatles, George Harrison afirmou que Paul McCartney estava compondo canções para "menores mentais de quatorze anos". Bem, a idade mental do próprio George também não ia muito além disso — na opinião de sua ex-mulher, Patty Boyd, ao trocá-lo por Eric Clapton.

"Com aquele par de peitos, ela precisa saber cantar?", perguntou o produtor de Madonna. "Não tenho o menor interesse em música", declarou Robert Fripp, líder do King Crimson, um grupo que já foi levado a sério. "Para mim, o tipo de música que faço está ligeiramente abaixo do nível de uma história em quadrinhos", afirmou Van Morrison. E, agora, atenção: "Cuidado com esses rapazes, os Beatles. Eles são gênios. Vão acabar nos arruinando", declarou em 1963 o obscuro Bert Berns, autor de algo chamado "Twist and Shout". Naquele mesmo ano, para sua sorte, os Beatles gravaram "Twist and Shout", e só por isso Berns ficou rico, em vez de terminar seus dias na fila da sopa.

Todas essas frases foram tiradas de livros e artigos sobre os citados.

6. ILIBANDO VILÕES

O PREÇO DA DIGNIDADE

Não há gatos heróis no cinema, na TV e na propaganda

[*O Estado de S. Paulo*, 1/4/2000]

Em mais um soez, solerte e insidioso filme em cartaz, destinado às crianças, os gatos voltam a ser tratados como vilões. O filme é *O pequeno Stuart Little* (título brasileiro criado por algum fã dos Irmãos Brothers para o filme *Stuart Little*, de Rob Mionkoff, 1999). O herói é um rato não muito diferente do Topo Giggio, de infecta memória, e os gatos em cena passam o filme tramando contra ele — até a vitória final do rato, com a punição e submissão dos gatos. Onde foi que você já viu essa história? Em, literalmente, milhares de outros filmes, desenhos animados e histórias em quadrinhos.

Você a viu em todos os desenhos de Frajola e Piu-Piu a que assistiu. Neles, Frajola é sempre mostrado como um gato malévolo e burro cujo único objetivo na vida, o de devorar Piu-Piu, frustra-se a cada tentativa pela suposta inteligência superior do canário. Frajola e Piu-Piu, que já existiam separadamente no cinema, foram acoplados em 1949 por Friz Freleng, desenhista da Warner Bros., criadora dos Looney Tunes. Desde então, vem se ensinando a todas as crianças do mundo que, mesmo prevalecendo-se de seu tamanho, força e agilidade para atacar um tíbio canário, os gatos não passam de uns grandes palermas.

Mas seria o canário assim tão tíbio? Nos 41 desenhos de Frajola e Piu-Piu criados por Freleng de 1949 a 1964 (e até hoje incansavelmente exibidos pela televisão, dando a impressão de que foram centenas), há algo mais por trás da aparente infantilidade do canário ("Eu acho que vi um gatinho"). Na verdade, Piu-Piu é um cínico e sádico. Os desenhos sempre o mostram equipado com recursos para achatar, esmagar, fuzilar, picotar e retalhar

Frajola — e isso é considerado ético pelos desenhos animados, nos quais o "mais fraco" precisa derrotar o "mais forte". E, ao contrário de Frajola, cuja carreira em marketing e vendas é quase insignificante, a popularidade de Piu-Piu é reativada a intervalos regulares pela Warner, que o estampa mundialmente em camisetas, jaquetas, meias, tênis, adesivos, bonecos e canecas.

Piu-Piu não é o único personagem de uma campanha que ajuda a diminuir, humilhar e provocar um desapreço das crianças pelos gatos. O rato Jerry, da dupla Tom e Jerry, é outro. Sozinho ou com seu assecla, o camundongo Espeto, Jerry torturou o honesto, sincero e crédulo gato Tom em 160 desenhos produzidos para o cinema pela Metro-Goldwyn-Mayer, de 1940 a 1967. Os criadores da dupla foram Bill Hanna e Joe Barbera — responsáveis também pelo empobrecimento dos desenhos animados com a técnica de "animação simplificada", que inventaram quando passaram a produzir para a televisão nos anos 60. Nos últimos anos da série, Hanna e Barbera delegaram a terceiros a tarefa de desenhar os protagonistas. Mas o conceito básico nunca se alterou: ao tentar proteger sua casa da presença do parasita e nojento Jerry, Tom é eletrocutado na tomada, incendiado na lareira, afogado na pia, esmagado por pianos e explodido através do teto. Meninos perversos assistem a isso às gargalhadas diante da TV — e não será surpresa se tentarem repetir tal violência com seus próprios gatos.

Não há gatos heróis nos desenhos animados. Os heróis são sempre os cachorros, coelhos, patos e, principalmente, um rato que não faz um filme desde 1943 e, mesmo assim, continua a ser símbolo de um império da animação — Mickey Mouse.

Seu criador, Walt Disney (um gênio do cinema e, na vida real, racista, antissemita e tirânico como patrão), foi sempre cioso de que os produtos de seu estúdio não ofendessem ninguém. Mesmo assim, nunca conseguiu esconder o preconceito contra os gatos. Em seus filmes entre 1940 e 1965, o animal nobre é sempre o cachorro — vide seus desenhos longos *A dama e o vagabundo* (*The lady and the tramp*, 1955) e *A guerra dos dálmatas* (*101 dalmatians*, 1961), para não falar dos 44 curtas sobre Pluto e os 42 sobre Pateta. Nada contra eles, e Walt podia gostar dos bichos que quisesse. Só que quase todos os seus desenhos mais famosos são também violentamente antigatos.

Em *Pinóquio* (1939), um dos vilões é um gato imundo chamado Gedeão, que ajuda a raposa João Honesto a engambelar o boneco e vendê-lo como escravo. Em *Cinderela* (1950), o gato Lúcifer, gordo e traiçoeiro, é uma assustadora ameaça aos adoráveis ratinhos Gus e Jaq. Em *Alice no País das Maravilhas* (*Alice in Wonderland*, 1951), o gato Cheshire está longe de ser simpático — sabe que Alice vai se estrepar e não faz nada para impedir. No citado *A dama e o vagabundo*, os siameses Si e Ão destroem as cortinas da família, atacam o canário e o peixinho dourado e investem contra o bebê, provocando a confusão que mandará Lady para a carrocinha. Em *A espada era a lei* (*The sword in the stone*, 1963), a bruxa Madame Min transforma-se, claro, num gato parecido com ela. E, mesmo em *Aristogatas* (*The aristocats*, 1970), que deveria ser um filme pró-gatos, o que há em cena é um punhado de gatos vadios e desagradáveis, sendo que o herói acaba sendo um rato chamado Roquefort. E não esquecer que, no primeiríssimo desenho de Mickey, o curta "Steamboat Willie" (1926), ele tortura e executa um gato girando-o pela cauda e atirando-o ao mar.

Pensando bem, Disney não podia mesmo gostar de gatos. Ficou rico, como disse o teatrólogo George S. Kaufman, construindo ratoeiras humanas, como a Disneylândia.

Mas não sejamos injustos com os desenhos animados. O cinema americano é que, em geral, nunca teve muito uso para os gatos — exceto para mostrá-los como aliados de bruxarias (o gato de Kim Novak em *Sortilégio de amor* [*Bell, book and candle*, 1958]), símbolos de decadência (o gato de *Pelos bairros do vício* [*Walk on the wild side*, 1962]), sinônimo de neurose (Elizabeth Taylor como Maggie the Cat, em *Gata em teto de zinco quente* [*Cat on a hot tin roof*, 1958]) e instrumentos de vingança (as várias versões de *O gato preto* [*The black cat*]).

O cinema nunca fez pelos gatos o que fez por tantos cachorros, desde Asta (o terrier de Nick e Nora Charles na série *The Thin Man*), Totó (o vira-lata de Judy Garland em *O mágico de Oz* [*The wizard of Oz*, 1939]), Bullett (o pastor do caubói Roy Rogers), a collie Lassie, o também pastor Rin-Tin-Tin e dezenas de outros. Mas há um motivo para isso: gatos não obedecem a ordens e se recusam a ser atores. É impossível treiná-los para fazer coisas que cachorros, focas e até elefantes aprendem a poder de tortura, como trepar em banquinhos, dar cambalhotas ou equilibrar bolas no nariz — a inteligência, dignidade e independência dos gatos não lhes permitem prestar-se a tais papéis e talvez eles tenham de pagar por isso. Filmes como *O pequeno* [sic] *Stuart Little*, em que gatos parecem "fazer" coisas, só são possíveis porque suas cenas, filmadas ao natural, tiveram o roteiro escrito em função delas ou foram alteradas eletronicamente.

O preconceito antigato chegou também à publicidade e à televisão. Há pouco, um comercial da Light sobre sua campanha contra os "gatos" (na verdade, "gatilhos" — fios puxados ilegalmente dos postes públicos) mostrava um bando de cães arfando e farejando becos e vielas, como se procurassem gatos de verdade. A trilha sonora era uma cacofonia de rosnados e ganidos, de inenarrável brutalidade. Pensei na satisfação dos donos de feras como aquelas ao assistir ao comercial. Deviam ter ganas de sair com elas pela cidade em busca de gatos de verdade, como se estivessem contribuindo para o extermínio de uma praga. Na França, país felinófilo por excelência, esse comercial seria impensável. Nos Estados Unidos, ele talvez fosse concebível, mas não ficaria dois dias no ar — várias sociedades se mobilizariam para protestar contra o estímulo à selvageria e à perseguição de um animal por outro. Os próprios donos de cachorros queridos e carinhosos teriam motivo para protestar.

No mundo do desejo e da fantasia, gato e gata são palavras usadas para definir homens e mulheres atraentes. Quem manifesta rancor aos gatos, seja no cinema, nos quadrinhos ou nos comerciais, deve ser alguém que nunca provocou desejo ou estrelou uma fantasia.

E eu acho que vi o Piu-Piu — crau!

CLEÓPATRA É QUE ERA MULHER DE VERDADE
O primeiro e único "superespetáculo intimista" do cinema

[*O Estado de S. Paulo*, 19/5/2001]

Dois mil anos depois da Roma de César e quarenta anos depois da Roma de Elizabeth Taylor, Cleópatra volta espetacularmente à moda. Sim, Cleópatra, reencarnação de Ísis, rainha do Egito, senhora do Nilo e de extensas adjacências. A maior exposição a seu respeito nos últimos 21 séculos está em cartaz no British Museum, em Londres — *Cleópatra do Egito: da história ao mito* —, fazendo escândalo com a suspeita de que, longe da lendária beleza, Cleópatra seria muito, muito feia. E o filme de 1963, *Cleópatra*, estrelando Taylor, reaparece numa versão à altura de suas ambições mamutianas: um DVD triplo, com as quatro horas e oito minutos de sua duração original nos cinemas e um festival de extras, em que somente um dos documentários tem quase duas horas.

Nada mau para uma mulher morta no ano 30 a.C., aos 39

anos — embora Cleópatra não tenha sido exatamente uma "mulher". Era uma rainha, como nunca houvera ou haveria, e, tanto na vida como na morte, seus quase indescritíveis poder e glória transcenderam definições de gênero, além de custar caro para os romanos e gregos que se deixaram seduzir por ela — Júlio César, Marco Antônio e Spyros Skouras.

Mas não há lenda que fique impune em nosso tempo. Nas últimas semanas, a imprensa mundial tem feito a festa com a capa do *Sunday Times Magazine*, de Londres, mostrando uma mulher com maquiagem de drag queen, dentes podres e um nariz duas vezes maior que o de Barbra Streisand. Essa seria a "verdadeira Cleópatra", diz a revista, insinuando que é o que se infere das imagens mostradas na exposição do British Museum. Só que, pelo visto, inferiram errado. Numa edição recente da *New Yorker*, Judith Thurman contesta essa suposição da revista inglesa e a critica por seu "espetacular mau gosto", atribuindo-a à obsessão dos ingleses (sem dúvida, em causa própria) por odontologia.

Na verdade, diz Thurman, a exposição demonstra que, por quaisquer padrões, não é possível saber se Cleópatra era bonita ou feia. Mesmo porque, no seu caso, o passado não ajuda. Os historiadores romanos, de Plínio a Plutarco, se estenderam sobre suas peripécias, mas não foram conclusivos quanto à sua aparência; a estatuária do período era mais alegórica do que realista; e não se pode confiar nas moedas que a própria Cleópatra mandou cunhar, muitas com Marco Antônio na frente e ela no verso (em outras, Cleópatra fez com que os traços dos dois se misturassem, tornando difícil jogar cara ou coroa com elas). Nem sua cor de pele pode ser determinada — não é impossível, por exemplo, que ela tenha sido negra.

O que ninguém contesta, e isso está mais do que documentado, é que Cleópatra era do balacobaco: filha de Ptolomeu XII, casou com o irmão Ptolomeu XIII, teve outro irmão Ptolomeu XIV e ainda foi mãe de Ptolomeu XV César (do qual o pai era justamente Júlio César), falava sete línguas, era irônica, corajosa, de diabólica habilidade e craque em política, economia, diplomacia, estratégia militar, matemática, medicina, literatura, música, filosofia e, olhe só, artes marciais. A anti-Amélia, embora mulher de verdade e com cabelinho nas ventas. Uma mulher com esses atributos precisa ser bonita?

Mas Cleópatra devia ser, e muito — ou não teria subjugado sexualmente dois governantes romanos, Júlio César e Marco Antônio, que, cada qual de uma vez, desceram de sua empáfia republicana e se ajoelharam para ela. Com Marco Antônio, foi pior: nos desfiles em Alexandria, ela ia à frente, sentada no palanquim, conduzindo a espada dele, e ele, atrás, a pé, como seu pajem. Durante o longo (para a época) reinado de Cleópatra, de 50 a 30 a.C., o Egito recuperou o seu império, falou grosso com Roma e até lhe emprestou dinheiro. Isso quanto à política externa. Internamente, ela fez o mesmo que seus ancestrais, os quais tinham a mania de se casar entre eles — pais com filhas, irmãos com irmãs, para que o trono não ficasse longe da família — e não se furtavam a um ou outro infanticídio, quando o fruto dessa endogamia saía degenerado. Ela mesma, antes de se dedicar aos césares, casou-se com um irmãozinho de doze anos e matou outros dois, para limpar a área.

Várias preciosidades da exposição do British Museum (retratos, mosaicos, estátuas, objetos, joias, muita numismática e até uma maldosa caricatura do século I, com Cleópatra usando um crocodilo para fins imorais) só chegaram até nós porque, a convite de Júlio César, Cleópatra adentrou Roma a bordo de uma esfinge puxada por centenas de escravos e, literalmente, bagunçou o coreto. Roma era pretensiosa, mas jeca, se comparada com Alexandria, e, assim que César a instalou numa de suas vilas, Cleópatra teve o que ensinar às provincianas dondocas locais — elas passaram a copiar tudo que fosse egípcio, da moda ao comportamento. Pena que, anos depois, com César morto, Cleópatra e Marco Antônio fossem derrotados pelo grosseiro Otaviano na batalha naval de Actium. Se tivesse sido possível juntar o poder de Roma à criatividade luxuriosa de Cleópatra, o mundo teria sido bem diferente — e muito mais divertido.

Quase vinte séculos depois, em 1961, Cleópatra voltou a Roma, só que reencarnada em Elizabeth Taylor. O filme, *Cleópatra*, fora uma ideia do grego Spyros Skouras, presidente da 20th Century-Fox, em 1958, para remendar as combalidas finanças do estúdio e, originalmente, era um projeto até modesto. Custaria 2 milhões de dólares, nada de assustar, e teria a inglesa Joan Collins como Cleópatra, Peter Finch como César e Stephen Boyd como Marco Antônio. Mas Rouben Mamoulian, o diretor contratado por Skouras, não se contentou com uma estrelete como Joan Collins. Queria uma estrelona — Elizabeth Taylor. Skouras topou e, quando telefonou a Elizabeth para convidá-la, ela estava no banho e o telefonema foi atendido pelo marido dela, o cantor Eddie Fisher. Fisher deu-lhe o recado e ela gritou lá de dentro: "Diga a esse grego de merda que só faço por 1 milhão de dólares!" — quantia então impensável como cachê. Dois minutos depois, Eddie, de pernas bambas, voltou ao banheiro com a notícia: "Ele topou!".

Um milhão de dólares por um filme em 1958-9 só teriam paralelo hoje se alguém fosse louco para pagar 1 bilhão de dólares a uma atriz. Skouras foi esse louco — nenhum ator jamais ganhara nem metade disso como salário. Mas esse foi só o primeiro de uma saraivada de descalabros e acidentes que demonizaram a filmagem de *Cleópatra* e, ao invés de salvar a Fox, a quebraram em 1963.

Para começar, o filme seria rodado não em Roma, que em 1960 estaria ocupada pelas Olimpíadas, mas em Londres. Com isso, lá se foi a equipe de Mamoulian para Pinewood, o gigantesco estúdio da britânica Organização Rank, onde ruas inteiras de Roma e Alexandria foram construídas. A arquitetura era fácil de executar, e espaço era o que não faltava em Pinewood. O problema era reproduzir em Londres o sol de Roma ou de Alexandria. Depois de meses de chuva, frio e neblina, com a produção parando todo dia à espera de o tempo melhorar, Skouras e o produtor Walter Wanger fizeram as contas. Para seu horror, descobriram que já haviam torrado 7 milhões de dólares e só tinham dez minutos de filme. E houve também as doenças de Elizabeth: primeiro, uma meningite, que paralisou o trabalho justamente nas poucas semanas de sol em Londres. Depois, uma pneumonia que ficou famosa por quase tê-la matado, obrigando-a a uma traqueostomia e fazendo com que ela fosse mandada para Nova York. E aí é que o filme parou de vez.

Quando Elizabeth voltou, meses depois, tudo havia mudado. O diretor já não era Rouben Mamoulian, grande nome da história do cinema, mas já com 63 anos — uma eternidade para a época — e habituado a tratar cada take como se este fosse Goya pintando "Saturno devorando um filho". Seu substituto era Joseph L. Mankiewicz, 52, respeitado por *A malvada* (*All about Eve*, 1950) e pelo recente *De repente, no último verão* (*Suddenly last Summer*), com a própria Elizabeth. Mankiewicz foi uma exigência dela. Já Rex Harrison como Júlio César e Richard Burton como Marco Antônio foram exigências de Mankiewicz — donde tudo que se filmara com Peter Finch e Stephen Boyd foi para o lixo. E a locação não era mais Londres, mas Roma, finalmente desocupada pelos atletas olímpicos e onde se construiria o novo cenário. O ano também já não era 1961, mas 1962, e, com Elizabeth recuperada, retomaram-se as filmagens.

Ou não. Mankiewicz, notório pelo grau de sofisticação verbal de seus filmes, achou o roteiro horrível e decidiu reescrevê-lo inteiro — o que só podia fazer de madrugada, já que filmava durante o dia. À custa de três injeções de metanfetamina durante o dia (uma, para acordar, às seis da manhã; outra, depois do almoço, para aguentar filmar à tarde; a terceira, depois do jantar, para escrever até as duas da manhã) e outra de tranquilizante para dormir, Mankiewicz começou a tocar o pesado barco.

E, então, Elizabeth Taylor e Richard Burton, que no começo não se bicavam, apaixonaram-se. Os dois eram casados. A informação vazou para os interessados e a mulher de Burton, acostumada às prevaricações do marido, não se importou. E, em Hollywood, Eddie Fisher, marido de Liz, também ficou sabendo, mas reagiu mal e voou para Roma. A imprensa italiana, farejando alguma coisa estranha no palco de filmagem, achou que o caso de Elizabeth era com o também notório galinha Mankiewicz. À pergunta de um repórter, Mankiewicz respondeu: "Não. Meu caso é com Richard Burton. Estamos apenas usando Elizabeth como escudo" — e deu um beijo na boca de Burton. Foi engraçado, mas, em pouco tempo, o affair Taylor-Burton estava nas manchetes e isso começou a atrasar ainda mais as filmagens. Para não falar no prejuízo que causou à imagem de Cleópatra, já que, apenas três anos antes, Elizabeth tomara Eddie Fisher de sua amiga Debbie Reynolds e já tinha o povo americano contra ela. Uma fofoca digna da corte egípcia.

Pelos muitos meses seguintes, Roma se viu fisicamente ocupada por *Cleópatra*. Centenas de técnicos americanos, secundados por outros tantos de seus pares italianos e mais os milhares de extras sob salário, passaram a fazer de *Cleópatra* um meio de vida. E em mais de um sentido: segundo Mankiewicz, o que se roubou de filme virgem, equipamento e material daria para fazer outro filme do mesmo tamanho. Nas longas paralisações do trabalho, americanos e italianos davam-se festas e orgias que deixavam as de *A doce vida* no chinelo. Os mesmos fotógrafos que tomavam a Via Veneto à noite passavam o dia no set de *Cleópatra*, tentando flagrar um beijo, um olhar ou qualquer indiscrição — Burton e Taylor já eram, então, o casal mais famoso do mundo, superando até mesmo Jacqueline e John Kennedy.

E, então, deu-se um interessante paradoxo. Durante o tempo que *Cleópatra* levou para ser feito em Roma, o cinema italiano produziu nada menos que — respire fundo — *O eclipse* (*L'eclisse*, 1961), de Michelangelo Antonioni; *Duas mulheres* (*La ciociara*, 1961), *O Juízo Universal* (*Il Giudizio Universale*, 1962) e *Ontem, hoje e amanhã* (*Ieri, oggi, domani*, 1963), todos de Vittorio De Sica; *A moça com a valise* (*La ragazza com la valigia*, 1961) e *Dois destinos* (*Cronaca familiare*, 1962), de Valerio Zurlini; *Caminho amargo* (*La viaccia*, 1961) e *Desejo que atormenta* (*Senilità*, 1962), de Mauro Bolognini; *Divórcio à italiana* (*Divorzio all'italiana*, 1961), de Pietro Germi; *Mamma Romma* (1962), de Pier Paolo Pasolini; *O bandido Giuliano* (*Salvatore Giuliano*, 1962), de Francesco Rosi; *Os quatro dias de Nápoles* (*Le quattro giornate di Napoli*, 1962), de Nanni Loy; *Aquele que sabe viver* (*Il sorpasso*, 1962), de Dino Risi; *Os companheiros* (*I compagni*, 1963), de Mario Monicelli; *O leopardo* (*Il gattopardo*, 1963), de Luchino Visconti; e *8½* (*Otto e mezzo*, 1963), de Fellini. *Cleópatra* não iria alterar em nada a história do cinema. Já muitos daqueles filmes italianos, se não todos, foram grandes retratos de sua época.

Finalmente, em 1963, *Cleópatra* ficou pronto. Custara 35 milhões de dólares (equivalente a uns 600 milhões de dólares em 2000), tinha seis horas de projeção e deixara vários mortos pelo caminho. Por sua causa, a Fox abortara em Hollywood a filmagem do também problemático *Something's gotta give*, com Marilyn Monroe, e a demitira (duas semanas depois, Marilyn morreria). Liz Taylor mandou seu opaco marido Eddie Fisher passear e ficou com Burton, cuja mulher também volatizou-se. A essa altura, Spyros Skouras já fora deposto por Darryl F. Zanuck na presidência da Fox, provocando a frase de Billy Wilder: "A maior tragédia grega que conheço chama-se Spyros Skouras".

Zanuck levou *Cleópatra* para a sala de corte e jogou fora quase duas horas de filme, reduzindo-o para quatro horas e oito minutos de projeção. Foi essa a metragem que chegou às telas em fins de 1963, e multidões foram vê-lo, até para saber o que provocara tanta confusão. Mas a Fox precisaria de muitas multidões para recuperar o investimento, e elas não acorreram. *Cleópatra* era um superespetáculo, sem dúvida (nunca se viu tanto luxo, tanto capricho, tanta riqueza de detalhes num filme), só que "um superespetáculo intimista", segundo Mankiewicz — com diálogos inteligentes (inteligentes até demais, típicos de seus filmes) e uma reconstituição dramática baseada em documentos históricos. Pena que, mesmo em 1963, quando o cinema ainda se dirigia aos adultos e alfabetizados, não houvesse mercado para esse fascinante oximoro que é um "superespetáculo intimista". A Fox só se recuperaria financeiramente dois anos depois, com um *blockbuster* que ninguém esperava: *A noviça rebelde* (*The sound of music*), com Julie Andrews.

Décadas se passaram, *Cleópatra* evaporou-se das telas e nunca se deu bem na televisão — longo demais, a toda hora era interrompido por comerciais. Mas, agora, saiu em DVD e, nesse formato, ficou ótimo de se ver em casa, num dia de chuva ou num feriado com dias enforcados.

Por ser exatamente aquela contradição, um "superespetáculo intimista", cheio de closes e falas aos sussurros, dá-se muito bem numa tela doméstica. Elizabeth, Rex e Richard parecem tão perto de nós que quase podemos chamá-los pelo primeiro nome. E, como todo filme "bíblico", perpassa por ele até um certo charme gay: tem dança dos véus, escravos núbios e romanos de minissaia. E, no decorrer da história, a gloriosa Cleópatra troca mais de roupa do que Elizabeth Taylor de expressões.

BRITÂNICOS AO SOL DO MEIO-DIA
O pigarro e o sotaque lhes garantiam o emprego em Hollywood

[*O Estado de S. Paulo*, 2/9/2006]

Habituados a trocar Londres pelos lugares mais inóspitos ("Ingleses e cachorros loucos saem ao sol do meio-dia", já dizia Noël Coward), os britânicos nunca tiveram muito apreço pela Califórnia. Um dos primeiros a ir lá, Oscar Wilde, em 1882, mandou um cartão para um amigo em Londres: "Daqui, deste profundo fim de mundo, mando-lhe lembranças". Meio século depois, outro que detestou tudo foi George Bernard Shaw. Em 1933, ele visitou Hollywood a convite de Louis B. Mayer e, quando o chefão da MGM, ingenuamente, convidou-o a se tornar roteirista de seu estúdio, Shaw respondeu, ironicamente, sabendo que Mayer não iria entender: "Obrigado, sr. Mayer, mas o senhor quer fazer filmes artísticos. E eu só penso em ganhar dinheiro". E, em 1947, ao ser levado para um passeio de carro pelos bairros de Hollywood que tentavam copiar a arquitetura europeia, outro grande escritor inglês, o romancista Evelyn Waugh, observou: "Não parece a Europa. Lembra mais o Egito — os subúrbios do Cairo e de Alexandria. O Bel-Air Hotel, pelos eucaliptos, tem algo de Adis-Abeba".

Tais atitudes refletiam o nariz empinado com que os britânicos circulavam pelo mundo, que consideravam seu quintal — e, pelo poder econômico que então detinham, talvez fosse mesmo. O mundo, em troca, lhes dedicava uma aversão que, para nós, hoje, soa quase incompreensível — o ódio aos ingleses era equivalente ao que, de 1950 para cá, boa parte do mundo passou a dedicar aos Estados Unidos. Mas aconteceu que, na sequência da Segunda Guerra, seu império de tantos séculos se desfez e, em poucos anos, só lhes restaram a sua própria ilha e o orgulho em pedaços.

Daí o paradoxo. Como um país tão cheio de si e avesso à Califórnia conseguiu exportar para Hollywood atores tão encantadores, sem os quais o cinema americano, definitivamente, nunca seria o que foi?

Os primeiros ingleses a reinar em Hollywood, entre 1916 e 1930, nem eram percebidos como ingleses: Charles Chaplin e Stan Laurel. Vindos do baixo vaudeville londrino, o que eles faziam no cinema não era muito diferente do que aprontavam em cena — mas seus filmes eram mudos. Chaplin, naturalmente, se tornaria Chaplin, e Laurel, pouco depois, se consagraria em dupla com Oliver Hardy — no Brasil, o Gordo e o Magro.

A partir do cinema falado, as coisas dispararam para os atores britânicos. Com sua tarimba nos palcos da Shaftesbury Avenue, que é a Broadway de Londres, eles se revelaram ideais para o áudio precário daqueles primeiros microfones — melhores que os americanos, que falavam pelo nariz ou mastigavam as consoantes. E, assim, pelos anos 30 e 40, eles foram chegando em batalhões e tomando conta da MGM, da Warner, da Paramount. E, por esnobismo ou por uma estudada atitude profissional, não se misturavam com os locais. Viviam agrupados numa colônia fiel aos seus costumes de origem, em que os esportes a serem praticados eram o polo e o críquete, nunca o basquete ou o rugby; o chá e o pigarro continuavam sagrados; e, muito importante, era obrigatório conservar o sotaque britânico e mantê-lo a salvo de qualquer contaminação de americanismos. Afinal, eram essas características que lhes garantiam os empregos.

Apenas entre 1930 e 1950, vieram Ronald Colman, Robert Donat, Herbert Marshall, Boris Karloff, Sir Cedric Hardwicke, Charles Laughton, Elsa Lanchester, o casal Laurence Olivier e Vivien Leigh (por algum tempo), Basil Rathbone, Henry Daniell, Claude Rains, Maureen O'Sullivan, Clifton Webb, Sydney Greenstreet, Ray Milland, Rex Harrison, Roddy McDowall, Peter Lawford, James Mason, Deborah Kerr, Angela Lansbury, Jean Simmons, Stewart Granger, Hermione Gingold e ponha ingleses nisso. Alguns, só por acaso nascidos em outros lugares, como Errol Flynn (na Tasmânia), George Sanders (na Rússia), Leslie Howard (na Hungria) e Merle Oberon (na Índia), eram ingleses para todos os efeitos — e, na verdade, eram. Todos chegaram e ficaram. E alguns iam de visita e só não ficaram porque não quiseram, como Noël Coward e Beatrice Lillie.

O líder da turma — quase um braço do império britânico na América — era o veterano ator coadjuvante C. Aubrey Smith, alto, de bastos bigodes brancos e com um porte de sir, o que ele efetivamente se tornaria. Nascido em 1863, já tinha quase sessenta anos quando chegou a Hollywood, em 1931, o que não o impediu de monopolizar por décadas os papéis de "inglês" em filmes passados na África, na Índia ou na China. Era natural a sua escolha para ser uma espécie de administrador da colônia, exatamente como seus patrícios faziam nos países atrasados que dominavam. Até sua morte, em 1948, aos 85 anos (ativo até o último minuto), Sir Aubrey ditou as normas de comportamento de seus companheiros em Hollywood, na tela e na vida real.

A principal era a de que um ator britânico podia fazer papéis tanto de primeiro-ministro como de mordomo (ou como Flora Robson, que se especializou em papéis de rainha e de dama de companhia), mas nunca se sujeitaria a ser humilhado em cena por um personagem americano. No dia a dia, Sir Aubrey exigia dos compatriotas que eles moderassem a bebida, não se metessem em escândalos e não dessem palpite sobre os assuntos internos dos Estados Unidos.

Na verdade, era como se, embora morassem lá, os Estados Unidos, para eles, não existissem — e o próprio Sir Aubrey nunca leu em Hollywood um jornal que não fosse o *Times* de Londres. Outra atriz, Dame Gladys Cooper (você a viu, aos 76 anos, em

1963, como a mãe de Rex Harrison em *My fair lady*), tinha uma casa tão exclusivamente britânica em Beverly Hills que, certa vez, um amigo a alertou sobre um visitante: "Gladys, acho que estou vendo um americano no jardim". E, apesar de instruídos a fechar os olhos à vulgaridade reinante, alguns não perdiam uma oportunidade de mostrar seu desprezo pelos costumes locais. Como Charles Laughton, que, ao ser perguntado sobre o estilo arquitetônico da casa que acabara de alugar em Hollywood, respondeu: "Neomarzipã".

Um único problema angustiava essa plêiade de atores britânicos: a monotonia e a mesmice dos papéis que lhes eram oferecidos. Como Hollywood só enxergava a Inglaterra da rainha Elizabeth (a primeira) ou da rainha Vitória, isso significava trabalhar quase que exclusivamente em filmes de pirata, espadachim e Tarzan ou em adaptações de Charles Dickens — ou seja, entre os séculos XVI e XIX. O máximo de modernidade a que chegavam era quando um filme maluco obrigava Sherlock Holmes a combater os nazistas. Para atores com algum currículo no exigente teatro inglês, isso podia ser uma tortura — principalmente porque, ao mesmo tempo, seus colegas John Gielgud, Michael Redgrave, Sybil Thorndike, Peggy Ashcroft, Ralph Richardson, John Mills e o próprio Laurence Olivier, que tinham ficado em Londres, viviam fazendo Shakespeare ou trabalhando em peças modernas, que exigiam tudo de um ator. Quem não se queixava eram os irlandeses de Hollywood, como Victor McLaglen, Maureen O'Hara e Barry Fitzgerald, porque faziam parte de um grupo que filmava constantemente com John Ford.

O apogeu da colônia britânica no cinema americano se deu em 1939, quando seus membros dominaram três dos quatro papéis principais do maior filme até então feito em Hollywood: ... *E o vento levou* (*Gone with the wind*) — e logo um filme passado no Sul dos Estados Unidos, com aquele sotaque impossível. Mas Vi-

212

vien Leigh, Olivia de Havilland (nascida em Tóquio, de pais ingleses) e Leslie Howard foram escolhidos à custa de seu talento, deixando o solitário Clark Gable para defender as cores da casa.

No mesmo ano, outro filme americano de peso teve um elenco 100% britânico: *O morro dos ventos uivantes* (*Wuthering heights*), com Laurence Olivier, Merle Oberon, o escocês David Niven, a irlandesa Geraldine Fitzgerald e mais um punhado de coadjuvantes da ilha. E, poucos meses depois, o também inglês Alfred Hitchcock rodaria seu primeiro filme em Hollywood, *Rebeca, a mulher inesquecível*, também com um elenco todo inglês: Olivier, Joan Fontaine, Judith Anderson, George Sanders e Nigel Bruce — no Rio, os antigos chamavam o filme de *Recível, a mulher inesquebeca*.

A força da presença inglesa em Hollywood chegara a tal ponto nos anos 40 que alguns atores americanos se "anglicizaram" de propósito, para ser confundidos com eles: Vincent Price, Douglas Fairbanks Jr., Walter Pidgeon, o canadense Raymond Massey, o velhinho Charles Coburn e o maravilhoso Edward Everett Horton, indispensável nos filmes de Fred Astaire e Ginger Rogers na RKO — o próprio Astaire também afetava uma certa postura inglesa para realçar ainda mais sua elegância. Já a inglesa Ida Lupino fez o caminho inverso: americanizou-se de tal forma que nunca teve as chances que merecia.

Muitas dessas informações estão em *Tales from the Hollywood Raj* (Anova Books, Londres, 1983), de Sheridan Morley — por sinal, neto de Dame Gladys Cooper e filho de Robert Morley (lembra-se dele em *O diabo riu por último* [*Beat the devil*, 1954], de John Huston, com Humphrey Bogart?). Para Sheridan Morley, a colônia se dissipou quando Hollywood começou a se internacionalizar e, ao mesmo tempo, surgiu o avião a jato — que permitia a qualquer ator ir a Hollywood apenas para trabalhar, sem precisar morar lá. Foi o que aconteceu com os grandes nomes britânicos que dominaram o cinema americano nos anos 50 e 60 — Alec Guiness, Trevor Howard, Richard Burton, Audrey Hepburn, Kay Kendall, Jack Hawkins, Dirk Bogarde, Laurence Harvey, Peter Ustinov, Peter Sellers, Peter O'Toole, Peter Finch, o escocês Sean Connery — faziam isso à distância, raramente iam lá. O único astro que se deslumbrou com o sol da Califórnia e até fixou residência sob suas palmeiras — quando nem os americanos estavam fazendo mais isso — foi Michael Caine.

De propósito ou não, Morley passou apenas de passagem por dois enormes ingleses na América, mas que nunca se apresentaram como tais: Cary Grant, um produto rigorosamente hollywoodiano, sem nenhuma experiência de teatro ou de cinema na Inglaterra, e Bob Hope, que, mesmo tendo morrido como cavaleiro da rainha — Sir Bob —, entraria fácil em qualquer lista dos cem maiores americanos do século xx.

E Morley dá o devido destaque a Elizabeth Taylor, que, mesmo tendo feito sua fulgurante carreira em Hollywood, nunca deixou de ser, à sua maneira, inglesa. E, não por acaso, tinha nome de rainha.

COMPAIXÃO POR DRÁCULA E FRANKENSTEIN
E também pela Múmia, pelo Lobisomem e pelos outros que chamamos monstros

[*Florense*, outono de 2013]

Qual é o seu monstro favorito? Drácula, Frankenstein, Jack, o Estripador, o Monstro (de *O médico e o monstro*), a Múmia? Ou King Kong, Godzilla, o Monstro da Lagoa Negra, a Fera (de *A bela e a fera* [*La belle et la bête*, 1946, de Jean Cocteau]), a Bruxa de

Branca de Neve e os sete anões (*Snow White and the seven dwarfs*, 1937), a Bolha Assassina? O casal Roman e Minnie Castevet, os vizinhos de Mia Farrow em *O bebê de Rosemary* (*Rosemary's baby*, 1968)? Freddie Kruger? Ou o Vampiro de Düsseldorf, o Fantasma da Ópera, o Corcunda de Notre-Dame, o Estrangulador de Boston, a Fera da Penha, a Mula sem Cabeça, o Curupira, o Saci-Pererê?

Veja bem, não estou perguntando qual é o seu filme de terror favorito. Este tanto pode ser *Sangue de pantera* (*The cat people*, 1942), de Jacques Tourneur (1942), ou *A aldeia dos amaldiçoados* (*The village of the damned*, 1960), de Wolf Rilla (1960), quanto *Desafio ao além* (*The haunting*, 1963), de Robert Wise, ou *O iluminado* (*The shining*, 1980), de Stanley Kubrick — grandes filmes que não dependiam de um monstro de carteirinha para assustar (aliás, em nenhum deles se vê o monstro). Houve até uma época em que o terror costumava ser abstrato, simbólico, como em *Planeta proibido* (*Forbidden planet*, 1956), de Fred M. Wilcox, em que o monstro era o subconsciente materializado do vilão, ou em *Os pássaros* (*The birds*, 1963), de Hitchcock, em que muita gente enxergou na rebelião alada uma metáfora do fim do mundo.

Bem, não é nada disso. Estou perguntando por personalidades — monstros com DNA próprio e reputação firmada por décadas de crueldades e vilanias contra seres humanos. E que sobreviveram não apenas às armas mortíferas dos humanos contra eles (vide a estaca de madeira contra o peito dos vampiros ou a bala de prata que liquidava o lobisomem), mas também aos péssimos filmes que até hoje são feitos a seu respeito — vide a enxurrada de remakes, filmes numerados e produções baratas que infestam (e infectam) o gênero. Pelo que essas criaturas andam sofrendo na tela, já se pode garantir que os monstros clássicos, entre os quais os fantasmas, zumbis, dinossauros, robôs, mutantes atômicos, cientistas loucos e o próprio Demônio, nunca nos abandonarão.

* * *

Como toda criança, comecei por Drácula. É o monstro mais famoso, acessível e familiar, tanto que, às vezes, quase podemos confundi-lo com um membro da família. Drácula bebe o sangue de humanos, supostamente para sobreviver, mas não apenas por isso, porque poderia viver também à custa do sangue de cabras e ovelhas. Por algum motivo, no entanto, ele prefere o das pessoas, e mais ainda se for o de donzelas decotadas e com seios fartos e arfantes sob as melenas louras. Ao fazer isso, infelizmente suas vítimas morrem de anemia ou se tornam também vampiras.

Certa vez, em criança, suspeitei de que meu tio Irineu — de quem não gostava por ter me puxado as orelhas sem motivo justo — fosse vampiro. Só o via de noite, não muito sóbrio, e sempre avermelhado, como se tivesse acabado de tomar uma transfusão. Já me preparava para ir a seu quarto durante o dia e, enquanto ele roncava, cumprir os rituais que aprendera nos filmes — aproveitar que dormia de boca aberta para asfixiá-lo com alho, cravar-lhe uma estaca no bolso superior esquerdo do pijama e abrir as cortinas para fulminá-lo com um raio de sol —, quando me disseram que tinha ido embora. Saíra da cidade, de repente, sem deixar endereço. A família não desconfiava, mas eu sabia que ele fizera isso ao perceber que suas práticas vampirescas haviam sido descobertas por mim. Anos depois, soubemos de sua morte em algum burgo perdido de Minas Gerais, o estado brasileiro mais parecido com a Transilvânia (posso dizer isso porque estive recentemente nos dois).

Enfim, se você começa por Drácula, o príncipe das trevas, não há como não se apaixonar por toda a galeria de ogros que lhe servem de *attendant lords* — e, com o tempo, se identificar mais com uns do que com outros, ou mesmo eleger o seu grande favorito. Aconteceu comigo quando, entre todos, passei a ter especial admiração pela Múmia e pelo Lobisomem e, finalmente, me decidi pelo Lobisomem.

Por que um e outro? Os dois são igualmente horríveis. A Múmia, com o corpo coberto de bandagens que lhe foram aplicadas há 4 mil anos, está longe de ser alguém que você convidaria para jantar no Antiquarius. Seus panos já estão rotos, imundos, e não adianta saber que o ser ali à sua frente talvez tivesse sido uma grande atração social em seu tempo, um jovem disputado nos palácios e pirâmides. Ele pode ter sido tudo isso, mas o fato é que, depois de morto, teve o cérebro aspirado pelas narinas e jogado fora e os fluidos e órgãos internos igualmente drenados e atirados no lixo, tudo isso substituído por um recheio de panos e ervas aromáticas. Aromáticas ou não, o cheiro não é muito bom — sabe lá o que é passar milênios num sarcófago sem ventilação?

Sem falar que, pelo fato de seu endereço postal ser uma pirâmide no meio do deserto, a Múmia é sempre meio empoeirada. Até por isso, os asmáticos e os alérgicos devem evitar a sua companhia. E há uma espécie de maldição permanentemente associada às múmias, por violação do sarcófago. Supõe-se que, ao se lacrar aquela urna, ela nunca mais deveria ser aberta — preceito que os exploradores (quase sempre ingleses com chapéu de bwana, bermuda cáqui e camisa de mangas curtas) nunca respeitam, e pagam caro por isso. Nos setenta anos seguintes à violação do sarcófago do faraó Tutancâmon, em 1922, todos os seus profanadores morreram — e não venha me dizer que, nesse período de tempo, eles morreriam do mesmo jeito.

A especialidade da Múmia ao matar parece ser o estrangulamento *tout court*, embora os filmes a seu respeito quase nunca a mostrem fazendo isso. Em muitos casos, a Múmia mata simplesmente de medo: quando aparece para alguém, a pessoa enlouquece e se degola com a cimitarra ou, na tentativa de fugir, cai pela janela do Museu Egípcio. Há quem ache também que o ato de um sujeito abrir um sarcófago lacrado há 4 mil anos e receber o bafo da Múmia já será suficiente para uma asfixia letal. Outros relataram que esse bafo lhes proporcionou o maior barato de sua vida e, dizem, pena que não haja traficantes de múmias para atender a demanda.

O Lobisomem, por sua vez, também é um cidadão de difícil aceitação social, por ser alguém que, de repente, se torna meio homem, meio lobo — e, quando isso acontece, seus hábitos, preferências e opções tendem a ser os dessa segunda metade. Que ele rosne e possa arranhar alguém com suas garras é até tolerável, mas ninguém suporta vê-lo com a boca encharcada, babando profusamente sobre o peito da camisa (sim, porque, mesmo ao se transformar, ele continua bípede, vestido e calçado). Outra inconveniência do Lobisomem é a de que, sem nenhum motivo, exceto a lua cheia surgindo por trás da nuvem, ele se empolga e começa a uivar como se daquilo dependesse sua vida.

Segundo os cânones, uma pessoa se torna lobisomem se for mordida por um lobo ou por outro lobisomem. Mas há variações à teoria. Uma delas assegura que o sétimo filho de uma prole de seis mulheres será um lobisomem. Um amigo meu se enquadrava nessa categoria, mas não se tornou lobisomem porque seu pai, tão bandalho quanto fértil, tinha vários outros filhos de mães avulsas, e isso bagunçou as contas. E quem também costuma ser responsabilizado pelos lobisomens é a lua, influente, idem, nas marés e nas menstruações.

Enfim, nos dois casos, o da Múmia e o do Lobisomem, fica claro que nenhum deles pediu para ser o que é. E é o que torna comoventes as suas antissagas — sempre perseguidos e condenados ao extermínio por se valerem dos instintos que herdaram do acaso. A Múmia, como se sabe, era um sacerdote egípcio que se apaixonou pela filha do faraó e, por isso, este mandou matá-lo e mumificá-lo. A história de alguém que morreu por amor já seria comovente o bastante, e mais ainda quando sabemos que o corpo daquele homem atravessou milênios e foi acidentalmente redivivo por exploradores ineptos. Ou seja, ao acordar do longo sono, o sacerdote decidiu vingar-se e, à falta do faraó, teve de fazer seus estragos em outros.

Quanto ao Lobisomem, é sabido que o licantropo original, um desgraçado jovem inglês chamado Lawrence Talbot, aproveitou cada intervalo de sanidade para tentar descobrir uma cura para sua doença — ou se matar, se não conseguisse. Bem, não conseguiu, e também não se matou, porque foi morto antes. E, como acontece em todos os filmes a seu respeito, o diretor não lhe concedeu nem a piedade de uma lágrima na cena final. É isto que não perdoo nos filmes de lobisomem: eles sempre o fazem morrer como um monstro, não como uma vítima.

E, assim, por serem mais vítimas do que monstros, é que sempre preferi a Múmia e o Lobisomem.

Mas, desde então, muitos anos se passaram, e tenho pensado melhor a respeito. Todos os ditos monstros são vítimas. Veja a Criatura do dr. Frankenstein (e que ficou universalmente conhecida como Frankenstein). Ele a construiu usando restos de cadáveres putrefatos e conseguiu animá-la, mas como impedir que, com essa origem, ela se sentisse inferiorizada diante do homem? E, ao exigir que o cientista lhe construísse uma fêmea nas mesmas condições, como poderia suportar que esta fosse destruída diante dos seus olhos para que os dois não iniciassem uma dinastia de horror?

E o Monstro de *O médico e o monstro*? Quem pode garantir que Mr. Hyde não seja apenas a projeção jovem (e, como todo jovem, cruel) do Dr. Jekyll? (Aquele que Jekyll nunca ousou ser na vida real.) E a Bruxa de *Branca de Neve*? Como é que aquela mulher linda, a Rainha (que eu e Woody Allen idolatramos), poderia suportar que a lambisgoia Branca de Neve conseguisse superá-la aos olhos do Espelho? E o Monstro da Lagoa Negra? Estava quietinho, cuidando de sua vida no fundo de uma lagoa amazônica, quando Julie Adams, uma das grandes belezas dos anos 50, passou nadando diante do seu nariz. *Alguém* resistiria? Pois ele foi à luta por ela e, só por isso, eles o consideraram um monstro.

E por aí vai. Creio que, a rigor, até Drácula poderia ser absolvido. O simples fato de não poder tomar sol no verão, ser obrigado a dormir num caixão com terra de cemitério e não conhecer a maravilha de um contrafilé à Oswaldo Aranha — por causa do alho — já o torna subitamente querido para mim.

O MOCINHO USA CHAPÉU BRANCO
E o vilão, preto. Mas nenhum dos dois perde o chapéu numa briga

[*Florense*, outono de 2014]

Uma flecha penetra pela janela da diligência e acerta o peito do frágil comerciante de bebidas que viajava nela. Ao cair para a frente, morto, ele é amparado pelo médico bebum que o vinha aliviando do estoque de amostras grátis. Juntamente com eles na diligência, há uma jovem que acabou de dar à luz e seu respectivo bebê; uma prostituta de bom coração — tão bom que usa, inclusive, touca; um banqueiro safado e salafrário que está fugindo com o dinheiro de seus clientes; e um simpático e educadíssimo trapaceiro profissional. Conduzindo a diligência, o cocheiro gordo e chorão. Guardando-a com sua arma, o xerife. E, sobre a boleia, invencível, inexpugnável, o herói do filme: o pistoleiro Ringo Kid. Na vida real, John Wayne.

A flecha é o sinal para que o ataque comece. Trinta apaches a cavalo perseguem a diligência, disparando contra ela com seus rifles. Mas a diligência, puxada por três parelhas — seis cavalos —, os faz comer poeira. Aliás, a diligência corre em tal velocidade que as rodas parecem girar ao contrário. O cenário é o Monument Valley, aquele vasto terreno no estado de Utah, onde tantos brancos e índios mataram ou morreram sob a indiferença de suas extraordinárias formações rochosas.

O filme, naturalmente, é *No tempo das diligências* (*Stagecoach*), de 1939, de John Ford. O primeiro grande western do cinema falado e, na verdade, o filme que reinventou o gênero, que Hollywood abandonara havia quase dez anos. Foi também o filme que descobriu o Monument Valley.

A sequência da perseguição, que dura cerca de cinco minutos e levou dois dias para ser filmada, também ficou como um marco. O ritmo é alucinante, a diligência corre a pelo menos cem quilômetros por hora, os cavalos saltam sobre a câmera (esta, enterrada no chão, como D. W. Griffith ensinara a fazer) e índios caem às pencas de seus cavalos e levam os cavalos com eles para o chão. Ali abriu-se o caminho para tudo que Hollywood faria no futuro em termos de correria e ação — Steven Spielberg, por exemplo, copiou essa sequência, quase cena por cena, em *Os caçadores da arca perdida* (*Raiders of the Lost Ark*, 1981). Mas o pioneirismo de *No tempo das diligências* nunca foi superado. Dois exemplos:

Um índio salta sobre um dos cavalos para tentar parar a diligência. Ringo acerta-o com um tiro e ele vai ao chão, entre os cavalos e rodas que passam por ele, sem esmagá-lo. Você pode pensar que é um boneco, mas, não: é um homem de verdade — um *stunt-man*, misto de ator, acrobata, atleta e suicida que, antes dos efeitos especiais de computador, tinha de fazer de verdade tudo que se via na tela.

Segue o filme. O cocheiro é atingido por um tiro e a diligência se desgoverna, com todo mundo dentro. Pois o que faz Ringo? Salta da boleia para o primeiro cavalo; acomoda-se precariamente e salta para o segundo cavalo; repete o processo e salta para o terceiro — tudo isso sem cortes, sem truques, a cena está sempre inteira na tela —, e consegue freá-los. Finalmente, há um corte e vemos John Wayne dominando o cavalo — como se tivesse sido ele, de verdade, que praticara aquelas façanhas.

E esse é o único recurso artificial da sequência — claro que não era John Wayne nas cenas perigosas. Nelas, tanto o índio quanto Ringo foram vividos por Yakima [pronuncia-se Yákima] Canutt, o maior *stunt-man* do cinema e também o mais corajoso e consciente. Foi Canutt quem, nos anos 40, ajudou a implantar normas definitivas de segurança nos *stunts*, fazendo com que ele e seus colegas pudessem praticar as mais incríveis proezas na tela sem se machucar. Fez o mesmo pelos cavalos, que, até então, morriam às dezenas em filmagens (como aconteceu no *Ben-Hur* mudo, de 1925, com Ramon Novarro, e em *A carga da Brigada Ligeira* [*The charge of the Light Brigade*, 1936]), de Michael Curtiz, com Errol Flynn. Canutt desenvolveu técnicas para derrubá-los sem que eles se machucassem.

Por falar em cavalos, há uma pergunta que, ao assistir a *No tempo das diligências*, ninguém deixa de fazer: por que os apaches levariam quilômetros nessa perseguição insana se podiam terminar com ela rapidinho apenas atirando nos cavalos?

"Porque, se fizessem isto", respondeu John Ford, "o filme acabava."

E, assim, chegamos ao ponto. Além de suas mil e uma qualidades, *No tempo das diligências* teve também a dúbia honra de inaugurar um dos mais belos clichês do cinema americano: o de que os cavalos são à prova de balas.

E não apenas esse. Graças à força da narrativa de Ford (e a seu roteirista Dudley Nichols), todos os personagens do filme tornaram-se estereótipos do faroeste. Este, por sua vez, gerou milhares de outros, que acabaram transformando o gênero numa antologia permanente de clichês — e talvez por isso ele seja tão adorável de assistir.

Eis alguns desses clichês, entre os mais clássicos e inesquecíveis — para a próxima vez que você sintonizar um faroeste no seu canal de filmes cult na TV.

* O mocinho é sempre ambidestro — saca dos dois revólveres. Tem de ser, para poder enfrentar sozinho os quatro ou cinco bandidos que o esperam na cidade deserta.

* O mocinho raramente bebe uísque. Se beber, deverá fazer uma careta ao tomar o copo de um só trago.

* O garçom nunca lhe serve a bebida educadamente. Despacha-a sobre o balcão como se ela fosse uma bola de boliche.

* A porta sempre range quando o bandido entra no *saloon*. Às vezes, um cachorro, até então dormindo num canto, recolhe o rabo e prefere se retirar.

* Quando o bandido entra no *saloon*, o piano para de tocar.

* Todo *saloon* é quase um cassino. Ninguém se senta ali para jantar ou conversar fiado. Todos jogam pôquer.

* O trapaceiro no pôquer usa um bigode fininho e tem uma pequena arma com cabo de madrepérola no bolso do colete.

* Aliás, quanto mais fino o bigode, maior a probabilidade de o sujeito ser um trapaceiro.

* Se, atrás do balcão, houver um belo espelho, pode-se garantir que ele será quebrado numa briga.

* Nenhuma mesa ou cadeira no *saloon* suporta o peso de um homem que cai sobre ela depois de levar um soco.

* Mas, não importa o grau de destruição no *saloon*, sua decoração já terá sido refeita na próxima sequência em que ele aparecer.

* O mocinho fuma ocasionalmente. Mas dá apenas uma tra-

gada e joga o cigarro fora, mesmo que tenha tido um certo trabalho para enrolá-lo. O fósforo é riscado em qualquer superfície de madeira ou na sola da bota do mocinho.

* Para libertar um prisioneiro que está para ser linchado, basta atar uma corda à grade da janela da cela e puxá-la com seu cavalo. A parede cairá imediatamente.

* As balas miam ao ricochetear contra uma pedra.

* Antes de dar tiros através da janela, é preciso quebrar o vidro com o cano do revólver.

* Alguns revólveres dão cinquenta tiros antes de descarregar.

* Ao ver que seu revólver está descarregado, o bandido joga-o fora.

* Nenhum bandido sabe contar até seis. Sempre acha que o tambor do revólver do mocinho já se descarregou.

* Não se conhece nenhum caso de mocinho que tenha esmagado os testículos ao pular de uma pedra ou de um segundo andar sobre um cavalo parado lá embaixo.

* Quando a rua se esvazia em função de um duelo, sempre sobrará um mexicano dormindo na calçada.

* Todo ferimento de bala é desinfetado com uísque.

* O bebedouro dos cavalos serve tanto para curar uma carraspana quanto para aliviar os ferimentos provocados por uma briga.

* Com todas aquelas brigas a socos, os queixos nos faroestes são inexpugnáveis. Os dentes também — não há memória de nenhum dentista nos filmes do gênero.

* Embora os bandidos às vezes usem aquelas capas impermeáveis, nunca chove nas cidades do Velho Oeste.

* O bandido usa chapéu preto; o mocinho, branco. Mas nenhum dos dois chapéus cai da cabeça numa briga.

* O chefe da quadrilha é sempre um banqueiro ou alguém com uma profissão respeitável. Ninguém desconfia dele, mesmo

quando os bandidos atacam uma diligência cuja hora de chegada só ele conhecia.

* Embora não hesite em mandar matar seus asseclas que não estão se portando a contento, o chefe da quadrilha nunca tem dificuldade para recrutar novos bandidos.

* Se, ao fim de um duelo, o bandido é mostrado caminhando em direção à câmera, pode-se apostar que ele perdeu e vai cair morto.

* O xerife costuma ser um bandido que se regenerou. Se não for isso, será um banana que precisará da ajuda do mocinho.

* O cavalo do mocinho é sempre mais rápido e o único que não tem medo de saltar sobre o abismo.

* Os índios falam um inglês primitivo ("Índio não vai assinar tratado, índio não confia homem branco"), mas todos pronunciam inglês perfeito.

* Alguns índios têm olhos azuis.

* O garimpeiro é sempre um homem barbudo.

* Mocinhos e bandidos invariavelmente usam um lenço no pescoço. Mas apenas como enfeite — nunca se viu um deles o tirar para enxugar a testa.

* Bandidos mascarados nunca são identificados pela população de uma cidade, embora usem roupas e montem cavalos facilmente reconhecíveis.

* Às vezes, um bandido morto no começo do filme reaparece em outra sequência mais adiante.

* Os bandidos mortos em combate nunca são enterrados, ao contrário de qualquer amigo do mocinho, que, quando morre, tem direito a cena de enterro com pastor, citação bíblica e testemunhas.

* As únicas mulheres nos faroestes são a dona do *saloon* — sempre uma mulher com um passado sobre o qual não resta a menor dúvida — e a professorinha, geralmente um pastel e, aliás, filha do pastor.

* Os bandidos respeitam as mulheres que eles capturam. Nem ao menos tentam roubar um beijo.

* Já os mocinhos teriam direito a beijos, se quisessem, mas estão sempre muito ocupados.

* Ao liquidar com os bandidos e pacificar a cidade, o mocinho não se casa com a moça mais bonita do lugar e se estabelece por ali. Prefere ir embora, sozinho, para cuidar de um rancho em Montana, no Arizona ou em qualquer buraco semelhante.

E por aí vai. Alguns desses clichês foram recolhidos por Philippe Mignaval em *Tous les clichês du cinéma* (Édition Fetjaine, Paris, 2012). Os outros, por mim mesmo, velho fã de Allan "Rocky" Lane.

E, para provar que sabia o que estava fazendo, John Ford apresentou outro motivo para não deixar que os apaches atirassem nos cavalos em *No tempo das diligências*. Eles não queriam a diligência, disse Ford, mas os cavalos. Ah, bom.

Portanto, vamos tirar essa fabulosa sequência da antologia de clichês.

7. UM ELENCO DE IMPROVÁVEIS

JÂNIO ERGUEU UM OLHO

Ninguém cuidou tão bem das próclises, ênclises e mesóclises desamparadas deste país

[*Folha de S.Paulo*, 9/11/1983 // 30/1/2017]

O empregado abriu o portão da casa no Guarujá e disse que o presidente (na verdade, ex) Jânio Quadros me esperava para uma entrevista. Estávamos em novembro de 1983, e Jânio acabara de lançar um livro de contos, que alegava ter escrito em uma semana. Era sobre isso que eu ia ouvi-lo para a *Folha*. Antes mesmo de dizer bom-dia — eram onze da manhã —, ele me perguntou o que eu queria tomar.

Jornalistas não devem beber em serviço, mas quem resistiria a um convite para beber com Jânio Quadros? Respondi, tibiamente, "Vodca, presidente, se tiver". Ele ergueu um olho: "Vodca? Interessante. Acabo de voltar da URSS, onde viajei pela Transiberiana. Vamos ver o que temos aqui de vodca". Abriu uma porta de correr na varanda, e o que havia ali de vodca abasteceria toda a Transiberiana por uma semana ou a própria URSS. E assim começamos: eu, com uma garrafinha de Wyborowa; ele, com um litro de Cutty Sark, caubói.

Liguei o gravador e, duas horas depois, zeradas as garrafas, eu já tinha o que precisava sobre sua estreia na literatura. Mas Jânio ordenou que eu ficasse para almoçar. "Eloá [*sua mulher*] insiste!", garantiu. E, assim, à mesa, seguimos discutindo literatura, refrescados por um suprimento de cerveja que parecia saído de um carro-pipa da Antarctica estacionado debaixo da janela.

Findo o almoço, ensaiei nova despedida, mas Jânio mandou vir licores e, de copinho na mão, guiou-me numa excursão pelas estantes da casa, vergadas de livros de direito — e, aí, sim, ao fim de um corredor, um nicho contendo uma linda coleção de romances policiais ingleses, em edições dos anos 40 e 50. Eu próprio, fã do gênero, cumprimentei-o entusiasticamente por ela, e só então ele me deixou ir.

Ah, sim, o livro de Jânio e a entrevista. Eis o que escrevi na época:

Chama-se *15 contos*, saiu pela Nova Fronteira e os críticos nem precisam perder tempo procurando: eles não vão encontrar um único solecismo, francesismo ou idiotismo em suas 191 páginas — seu autor, Jânio Quadros, exorcizou um a um os que porventura tenha cometido no ato da criação. Em compensação, os críticos vão se deleitar com palavras como garrulice, comistão, dessorado, úbere, às esconsas e onímodo. Os interessados em descobrir o significado delas podem remeter-se ao *Novo dicionário prático da língua portuguesa*, também de Jânio Quadros.

15 contos, apesar disso, é fácil de ler. Mal se começa uma história, já se sabe como ela vai terminar. E Jânio nunca desaponta o leitor. Todos os contos parecem lembrar qualquer livro que nosso avô nos obrigou a ler há muitos anos. Os personagens de Jânio usam polainas, falam em contos de réis (moeda anterior ao cruzeiro) e, quando entram num carro, insistem em colidir com um ônibus de dois andares (o extinto chope-duplo).

Por falar em chope, quase todos os personagens começam a história num bar ou restaurante. No estilo característico do autor, eles não se levantam — se "soerguem". Não se olham — "se perscrutam". Não são tagarelas — mas "palradores". Os corações não batem — "sopitam". As pessoas não concordam — "anuem". Quando mandam alguém àquele lugar, é "às urtigas". E nunca ficam quietos, mas "quedos". E, quando mais excitados, não exclamam — "ejaculam" (no bom sentido). Eis um belo exemplo: "Das mulheres que se transviam, não falo. Rameiras de alcouce. Ordinárias. Como proceder por essa forma e conspurcar o tálamo?" — p. 133.

Taí — gostei. Sinceramente. Espero que Jânio escreva o romance que está prometendo. Vai ser ainda mais divertido. Desde Euclides da Cunha, ninguém cuidou tão bem das próclises, ênclises e mesóclises desamparadas deste país.

O senhor sempre foi um protagonista da realidade. Por que se interessou subitamente em escrever ficção?

A história é quase anedótica. Imagine o senhor que, há pouco mais de três meses, minha senhora Eloá fez-me um desafio: "Você seria capaz de escrever contos?". Respondi, tranquilamente: "Em uma semana posso escrever um livro de contos". Creia-o. Os contos foram ditados a um taquígrafo aqui no Guarujá em seis dias — todos os quinze do livro. Fiquei sabendo que um crítico considerou-os como de linguagem muito rebuscada, inatingível para o povo. É uma injustiça que se faz a mim e sobretudo ao povo, cuja linguagem, no diálogo do cotidiano, não está plena de palavrões ou gírias. O povo pode falar com alguma simplicidade, mas o seu palavreado não está eivado de expressões toscas, rudes, sórdidas e sujas.

Anotei apenas duas expressões chulas no seu livro.

Exato. Mas ambas eram imperiosas. O caso do "bosta seca", que não chega a ser um palavrão. Era uma necessidade do enredo, ou o conto não seria possível. O que acontece é que tudo que eu faço merece, daqueles que não gostam de mim, oposição violenta. E, dos que gostam de mim, paixão extremada. Por exemplo, já pintei uma centena de telas e as vendi todas. Os meus amigos, que os tenho no país inteiro, acham-nas excelentes e que eu sou um pintor notável. Mas tenho consciência de que não o sou. Sou apenas um pintor modesto. Não desejo o aplauso falso, o aplauso postiço, o aplauso do correligionário — mas também não desejo a crítica que confunde o político com o pintor e, agora, com o contista.

O senhor não acha que, produzindo quinze contos em apenas seis dias, estaria dando um pretexto literário para ser atacado pelos que não o apreciam como político?

Li, reli e treli os contos, e, a meu juízo, me parecem bons. E devem sê-lo, porque mereceram o aval de dois membros da Academia Brasileira de Letras, José Sarney e Mário Palmério, que escreveram os prefácios. A intenção dos meus críticos não é levar o meu livro à fogueira — é a de levar o autor. E o autor é o político de quem não gostam.

Por falar na Academia, esse livro pode revelar uma aspiração a pertencer a ela?

Nenhuma. Fui eleito para a Academia Mato-Grossense de Letras, sem que me candidatasse e, acredite-me, nunca fui tomar posse. Nunca irei postular uma cadeira em qualquer Academia, mesmo acreditando que tivesse um bom número de votos, para que não se repita o que aconteceu a um outro ex-presidente da República [*Juscelino Kubitschek, derrotado em sua eleição para a ABL em 1975*].

Por que praticamente não se fala de política nos seus contos?

Porque não é assunto que me fascine, sobretudo em ficção. Se eu escrevesse sobre política, vestindo-a de ficção, e narrasse a verdade, os contos seriam tidos como inteiramente inverossímeis.

Todos os seus contos parecem passar-se nos anos 30 ou 40. O senhor não acha que a falta de contemporaneidade social ou psicológica dos seus personagens — para não falar do estilo — pode tornar os seus contos meio fora de moda?

Não, porque as emoções humanas são permanentes. As Du Barry, as Bovary, as Cleópatras do passado continuam nas mulheres da alta sociedade de hoje. Não há nada de novo sobre a terra. A perplexidade, a cupidez, os ódios e os amores extremados são os mesmos hoje, há trinta anos ou ao longo dos séculos.

Por que as mulheres infiéis dos seus contos são sempre punidas no final?
Porque a premiação do mal é errada. Estou mais ou menos convencido de que, de alguma forma, o mal é sempre punido em vida. Esse determinismo não abala a minha fé cristã. E, com isso, espero estar encorajando a prática do bem.

Por que o sexo, quando aparece nas suas histórias, tem sempre uma conotação de pecado?
Porque ele aparece em quadros pecaminosos. O sexo é absolutamente legítimo, como qualquer outra atividade da fisiologia. Se, porém, ele arruína uma vida, compromete-a, prostitui-a, evidentemente é porque sofreu uma deturpação.

O senhor se sentiu influenciado por algum escritor brasileiro ao escrever seus contos?
Não. Eles podem ter alguma coisa de Humberto de Campos, no desfecho doloroso, no travo amargo. E, no estilo, você há de notar um pouquinho de Euclides da Cunha, por quem tenho admiração imensa. Sou um dos poucos neste país que têm *Os sertões* comentado página a página.

Além de Humberto de Campos e Euclides da Cunha, quais são os escritores brasileiros que o senhor lê ou relê com mais frequência?
Gosto muito de Jorge Amado, Gilberto Freyre, Mário Palmério. Mas não sou uma autoridade em literatura brasileira. Não tenho muito tempo para a literatura e, quando tenho algum, de-

dico-me ao que pode parecer um vício terrível: a literatura policial. Sou uma autoridade em Conan Doyle, Ngaio Marsh, Dorothy L. Sayers, S. S. Van Dine e não sei em quantos outros. Quando posso, abandono o Keynes e o Galbraith, e me entrego às delícias de Sherlock Holmes.

O senhor pareceu orgulhoso por ter vendido todos os seus quadros. O valor de um livro também pode ser medido pelo número de exemplares que ele vende?

Não. Mas os críticos que investem contra mim estão errados. E a opinião deles não me importa, até mesmo porque eles não compram nada.

A sua reputação como político é fundamental na aceitação das suas obras?

Não digo que seja fundamental. Mas ajudar, ajuda.

Se o senhor fosse um autor estreante, sem a sua reputação, a aceitação seria a mesma?

Tenho a impressão de que o autor estreante não encontra nem quem o edite neste país. Ele morre no anonimato, como morre a sua obra. Na literatura, como em tudo o mais, você terá um padrinho, ou não o terá. Se tiver um nome que dispense o padrinho, tanto melhor. Se não, não escreva.

É verdade que, certa vez, o senhor disse "Fi-lo porque qui-lo"?

Sei que tentam ridicularizar-me porque eu teria dito isso um dia. Ora, se o tivesse feito, todos poderiam rasgar a *Gramática histórica* que escrevi. "Fi-lo porque qui-lo" é errado. O certo é "Fi-lo porque o quis" — e foi isso que eu disse.

QUAL XUXA?
Ora, não se faça de inocente. A Xuxa.

[*Folha de S.Paulo*, 21/3/1984]

Só pode ser por isso que a Receita Federal prorrogou por alguns dias a entrega das declarações do imposto de renda. Tantas famílias da zona norte de São Paulo saíram à noite e dormiram mais tarde na segunda-feira que não teriam tempo para preencher sua papelada no prazo. Nem cabeça para isso. Por nada deste mundo elas perderiam a chance de ir ao Dancing, uma discoteca do Morumbi, para ver de perto, ouvir a voz e quem sabe sentir o perfume, a aura, o hálito da fabulosa Xuxa.

Qual Xuxa? Ora, não se faça de inocente. A Xuxa. A namorada do Pelé. A loura que apresenta o *Clube da Criança* na TV Manchete. A gatona que sai todo mês na *Playboy*. Aquela que, de repente, invade o seu sonho e você suspira e geme o nome dela em voz alta e a sua legítima esposa acorda e pergunta o que houve e você responde que sonhou com a Xuxa e a patroa entende e perdoa. Claro. Comparada à Xuxa, qualquer legítima esposa sabe que já começa perdendo de 5 × 0 e nem adianta tentar empatar.

É por isso que os casais paulistanos que saíram de suas casas para ir ao Dancing prestigiar o lançamento de um disco infantil intitulado *Clube da criança*, no qual Xuxa fazia sua estreia como cantora, devem ter voltado para casa mais felizes do que da última festinha de aniversário de que participaram. Eles conheceram por dentro uma discoteca, viram Xuxa em pessoa, tiraram fotos ao seu lado, e as senhoras presentes estão pensando seriamente em pedir à costureira uma cópia do minivestido amarelo que ela estava usando, com aquele gigantesco decote em V nas costas. Não será surpresa se, nos próximos dias, instalarem também um abajur de neon sobre o criado-mudo do quarto do casal — sabe, para dar "clima".

Xuxa vai entrar para a história como a inventora do erotismo família. Suas fotos na *Playboy* podem ser levadas para casa e folheadas na sala de jantar porque, apesar de ela ter tudo nos lugares e nos tamanhos certos, seu jeito de moleca travessa não transpira uma sensualidade agressiva. E, além disso, ela mora com os pais (o que qualquer leitora de *Contigo* sabe) e estes abençoam seu "namoro" com o Rei Pelé. É exatamente o contrário de Luiza Brunet, que mata as outras mulheres de inveja, e ai do marido que se atrever a ir lá dentro com uma revista em que ela apareça. Com as revistas que têm Xuxa no pôster, não tem problema.

É por isso que tenho a impressão de que *Clube da criança*, um disco que conta também com a participação de Vanusa, Carequinha, Martinho da Vila, Sérgio Reis e outros — um deles (surpresa), Pelé — fará mais sucesso no possante aparelho de som dos pais do que na singela vitrolinha das crianças. Nem elas se contentam mais com algo tão idiota como a faixa estrelada por Martinho, que diz "*O cravo transou com a rosa/ Debaixo de uma sacada/ O cravo ficou caído/ E a rosa mais perfumada*". Depois os adultos não entendem por que as crianças preferem a Blitz.

As famílias que foram ao Dancing para assistir ao nascimento de uma nova estrela da música só ficaram sem saber quando Xuxa vai realmente estrear em disco. Um musicólogo presente — depois de escavar os tímpanos em busca da voz dela no LP — concluiu que Xuxa tem somente uma nota em sua extensão vocal, e essa nota desafina. Na verdade, Xuxa participa de apenas duas faixas, mesmo assim repartidas com as duas crianças (Luciano e Patrícia, ambos de nove anos) que cantam em todas as outras e que já devem estar deixando a fedelha americana Nikka Costa preocupada.

Mas ninguém reclamou. Ao som do disco e diante de um telão mostrando gols e dribles de Pelé, a plateia se deliciou com Xuxa brincando de roda com as duas crianças — as únicas presentes, além de Edinho, filho do Rei — e nem percebeu que seu faiscante sorriso só se acendia quando os fotógrafos lhe apontavam os flashes.

Às onze da noite em ponto, Xuxa saiu à francesa e entrou com Edinho num carro com motorista — um Alfa Romeo com placa de São Paulo, PR-1320 —, que tomou o rumo de Santos.

Está certo. Onze horas são mais do que horas de as menininhas irem para a cama.

"RÁ!", GRITAM BABY E PEPEU
E inundam os incautos de luz

[*Folha de S.Paulo*, 25/7/1984]

Baby Consuelo e Pepeu Gomes adentram o saguão principal do Hotel Maksoud Plaza, em São Paulo, e gritam "Rá!" para hóspedes e turistas estupefatos. Ela está com o cabelo mechado de roxo-groselha, ele com o cabelo mechado de amarelo-kibon, e os dois usam túnicas e calças compridas estampadas com milhares de estrelas, listas e borrões de cores nunca sonhadas pelo arco-íris.

Um turista americano pergunta, "*What's going on?*", e Baby explica que "Rá!" é "um cumprimento cósmico" e que, quando alguém grita "Rá!" para outra pessoa, está "liberando energia positiva e desejando amor, saúde, felicidade, harmonia, prosperidade e fé". No que eles aproveitam e gritam novamente um "Rá!" em uníssono. O turista americano, inundado de tantas vibrações, sai trocando as pernas e quase se choca com uma coluna.

É o que acontecerá amanhã à noite quando Baby e Pepeu invadirem o palco do Palace e gritarem um "Rá!" amplificado por milhares de watts e que encherá a boate de luz — reforçado, por via das dúvidas, por um raio laser, 230 lâmpadas pares, dois canhões de luz e cinquenta faróis de avião. Se esse "Rá!" não for ouvido em outros planetas, Baby e Pepeu acharão que não valeu. Mas eles estão certos de que, assim que a plateia sintonizar a sua faixa de onda, os "Rá!" ecoarão pela boate como um grito de gol num estádio de futebol. "Vamos transmutar o negativo em positivo", diz Baby, "e irradiar todo mundo!" Nada mau para uma palavra que, até há pouco, era conhecida apenas como sinônimo de "Deus Sol" — duas letrinhas — nas palavras cruzadas.

Movido a "Rá!", o show de Baby e Pepeu terá não apenas os sucessos recentes de cada um — "Masculino feminino", "Rock 'n' gol", "Barrados na Disneylândia", "Cósmica", "Telúrica", "Todo dia era dia de índio", "Menino do Rio" e "Eu também quero beijar" —, como relembrará sucessos dos Novos Baianos dos tempos do fim do sonho (sim, o sonho acabou). Ao contrário de shows anteriores, os dois estarão juntos em cena o tempo todo, e não mais separados por dois tempos de 45 minutos, com quinze de intervalo para mentalização no vestiário. Eles agora já saem mentalizados de casa.

Na vida real, Baby e Pepeu estão juntos há quinze anos. Em Ipanema, isso é considerado bodas de ouro. Nesse tempo todo, eles foram pobres, remediados e ricos, nessa ordem, mas nunca se queixaram, nem mesmo dessa última condição, que sói ser a atual. Os dois estão mais místicos do que nunca, principalmente depois que conheceram o sensitivo Thomas Green Morton, que, apesar do nome, é mineiro de Pouso Alegre e atende por telepatia de seis às seis e meia da tarde, de onde quer que esteja. Nesses trinta minutos, façam o que estiverem fazendo, Baby e Pepeu param com tudo e entregam-se a exercícios de mentalização, durante os quais os talheres entortam e a guitarra de Pepeu começa a tocar sozinha, embora não tão bem como quando pilotada por ele.

Baby e Pepeu estão tão seguros de seu trânsito livre nas quebradas espirituais — dão a impressão, às vezes, de que têm uma linha direta com o Além — que foram recentemente liberados dos seus doze anos de vegetarianismo beatífico e hoje se entregam a um sangrento bife com fritas sem sentimento de culpa.

"Eu achava que, ao comer carne, estava incorporando o carma negativo da morte da vaca", diz Baby. "Hoje sei que é o contrário — estou transmutando aquela vaca na mulher que eu sou e que ela gostaria de ser."

Por falar em vacas, os dois passaram todo o mês de junho viajando pelo interior de Minas Gerais e, numa feira de pecuária em que se apresentaram para 30 mil pessoas, foram apresentados a um boi de uma tonelada. "Só o saco dele pesava cem quilos", informa Pepeu. Tudo isso, e mais os discos voadores que eles viram às dúzias no céu mineiro, deixou-os de pilha nova para esta temporada em São Paulo.

Um dos sucessos do show será, sem dúvida, "Barrados na Disneylândia", relato de uma aventura real que lhes aconteceu há exatamente um ano. Os dois foram parados na entrada do parque porque, segundo ordens expressas deixadas por Walt Disney pouco antes de morrer, em 1966, ninguém pode entrar lá vestido ou maquiado de maneira a distrair a atenção dos frequentadores. E, de fato, perto de Baby e Pepeu, quem iria perder tempo olhando para o Pateta? Houve confusão na porta, porque eles se sentiram lesados nos seus direitos humanos de visitar a Terra do Nunca e o castelo de Cinderela. Pensaram até em processar a Disneylândia, o que só ainda não fizeram porque são fãs do Pato Donald e não querem desapontar as crianças.

As crianças, aliás, são as maiores preocupações de Baby e Pepeu. Filhos, eles têm cinco — Riroca, Zabelê, Nãna Shara, Pedro Baby e Krishna Baby. Ao saber que seus pais estavam deixando de ser vegetarianos, as crianças se solidarizaram imediatamente com eles e foram logo pedindo cachorros-quentes.

Baby e Pepeu estão aflitos com o destino das crianças neste mundo materialista e feroz, mas já começaram a tomar providências. Em breve lançarão as bonecas "Baby" e "'Pepeu", juntamente com toda uma linha de botas, camisetas, papéis de carta, cartões-postais, adesivos etc., tudo dirigido ao seu público infantil. Não se assuste se, em breve, o seu garoto começar a correr pelo apartamento gritando "Rá!".

CUIDADO, MOREIRA!
É a vez do Bezerra da Silva

[*Folha de S.Paulo*, 24/5/1985]

As FMS não lhe dão bola. Seus discos não tocam nos apartamentos da classe média e ele não se apresenta em clubes ou boates. Mas o pernambucano José Bezerra da Silva — esqueça o José e concentre-se no Bezerra da Silva —, 49 anos, sambista e partideiro carioca, é sério candidato ao título de desconhecido mais famoso do Brasil. Sem que você soubesse, os dez LPs que ele já gravou venderam quase 3 milhões de discos desde 1975. O último deles, *É esse aí que é o homem*, já está com 240 mil vendidos. Num fim de tarde, outro dia, Bezerra apresentou-se para 1500 inquilinos no pátio da Penitenciária do Estado de São Paulo. Eles vibraram, pediram músicas e cantaram com ele sucessos de que você nunca ouviu falar — mas eles, sim —, como "Malandro caguete", "Judas traidor" e "Legítima defesa".

Quando lhe dizem que seu público está todo atrás das grades, Bezerra não liga e até se orgulha de ser chamado de "cantor dos bandidos". E com razão: seus sambas, pagodes e partidos-altos têm como personagens policiais, bandidos e alcaguetes. Os brancos ou bacanas só entram nas letras como personagens de crítica. Ele sabe do que está cantando: morou na favela do Cantagalo, em Copacabana, durante quinze anos, desceu para o asfalto, dormiu muitas vezes na rua e foi detido 21 vezes "para averiguações". Pois é aos morros que Bezerra sobe até hoje, para descobrir os compositores e letristas de seu repertório — gente como Adelzonilton, Felipão, Nonô do Morro Azul, Embratel do Pandeiro, Zé Dedão do Jacaré, Valdir dos Pagodes, Pedro Butina, Moacir Bombeiro e Adivinhão da Chatuba. Um verdadeiro escrete de grandes criadores primitivos, pobres e desconhecidos dos historiadores da "MPB".

"Meus parceiros são camelôs, pedreiros, engraxates, varredores e desempregados", diz Bezerra. "Moram em Nilópolis, Nova Iguaçu, Belfort Roxo, Pavuna, e só falam do que conhecem, que é a vida do crioulo na favela. E, quando eu digo crioulo, não estou falando da cor da pele. Morou no morro, pode ser branco ou preto que vira crioulo do mesmo jeito. É por isso que a Baixada Fluminense é o quartel-general do samba. Lá ele não morre. Só que não chegava ao disco. O crioulo passava na porta da gravadora e não entrava, ou então era roubado pelos cantores. Mas isso acabou, porque eu subo o morro, conheço todo mundo nas gravadoras e tomo conta."

"A sociedade faz o marginal, o condena à favela e depois manda prendê-lo", continua Bezerra. "Aí, quando o artista diz a verdade, é acusado de 'protesto' ou 'revolta'. Mas como é que você quer que o sambista do morro fale de boa vida ou de café na cama se ele não conhece isso? Tem de falar é do que ele não tem pra comer ou da mulher que lhe plantou um chifre."

Bezerra da Silva pode ser brabo nas suas declarações, mas tudo que canta, apesar do tom de "denúncia", é marcado por bom humor e um infernal domínio da gíria: "*Se joguei brasa na cara do cara/ Foi porque o cara não estava sozinho/ Aí eu meti a mão no cano/ E saí pipocando pra valer*" ("Legítima defesa", de Neoci e Dida) ou "*Mas que presepada/ Fez esse tal do Mané/ Pegaram ele de tapa/ Tomaram-lhe o ferro/ E deixaram ele a pé*" ("Presepada do Mané", de Ilsinho), ambos do LP *É esse aí que é o homem.*

Na vida real, Bezerra fala como canta, mas só se assume como "cantor de bandido" porque "se bandido não tem direito a nada, que tenha pelo menos direito a cantor". Só que ele está longe de ser o marginal com que seus fãs o identificam. É casado, espírita, morador de Botafogo, tem três filhos e, na carteira profissional, aparece como percussionista da orquestra da TV Globo — em cuja tela ele raramente aparece. "Na Globo, quando o crioulo é muito feio, não pode aparecer em close, para não espantar as crianças", diz rindo. "Está certo: crioulo tem que aparecer mesmo é na macumba, e não na televisão." Mas Bezerra tem acesso a outros ambientes: depois de anos estudando teoria e solfejo, está se preparando agora para o piano.

"Não posso dizer que a coisa está ruim, porque nunca conheci o bom", ele diz. "Passei anos como favelado e pintor de paredes. O vil metal domina os homens de ideias. Como sou realista, sofro menos. Dinheiro, olho com indiferença. Uma vez, peguei uma crioula minha com um homem dentro de casa, usando um pijama meu, zero-quilômetro. Mandei a crioula embora, fiquei com o pijama e acho que fiz um grande negócio. Quem é Flamengo, Mangueira e artista não tem do que se queixar."

O show na Penitenciária foi um entre muitos. "Já cantei em todas as prisões e casas de detenção de Rio, São Paulo e Nordeste", diz Bezerra, "e saí em liberdade depois dos shows." Mas seu território mesmo são as gafieiras e quadras de escolas de samba, onde se apresenta com o grupo Nosso Samba. No ano passado, Bezerra pôs 15 mil pessoas na quadra da Rosas de Ouro, em São Paulo, e acha isso normal: "Quem tem que tocar no rádio não está com nada. Eu só tenho que tocar na porta da loja".

Ele toca na porta das lojas, nas celas, nas biroscas, nos apartamentos de Copacabana e, desse jeito, vai tocar até no rádio. Vendendo milhões, Bezerra da Silva está por cima. Mas não é só por isso. É também porque vem fazendo pelo samba — descobrindo compositores, gravando grandes discos e impondo sua personalidade — o que Moreira da Silva fez no passado.

Portanto, cuidado, Moreira! É a vez do Bezerra!

DONALD RASKÓLNIKOV
Um caso clássico de exploração do pato pelo homem

[*Folha de S.Paulo*, 2/6/1984]

Ele é teimoso, cronicamente desempregado e meio burro. Usa roupa de marinheiro, como aquelas que os pais de antigamente insistiam em vestir nos filhos. Tem um tio rico e avarento, que o acha preguiçoso e imprestável; uma namorada de salto alto e fita no cabelo, que ele nunca leva para a cama; e três sobrinhos que o vivem tirando de encrencas graças a um manual de escoteiro que tem resposta para tudo. Como se não bastasse, ele não passa de um pato. Mas muitos personagens dos quadrinhos gostariam de ser o Pato Donald.

Donald completará cinquenta anos no próximo sábado. É seis anos mais novo do que Mickey, três do que Pluto e da mesma idade de Pateta. Ao contrário do que se pensa, *não era* desenhado por Walt Disney — o qual, desde que ficou famoso, nunca mais pegou num lápis e desaprendeu até a assinar o próprio nome. (O próprio Mickey foi criado pelo desenhista Ub Iwerks, funcionário de Disney.) Originalmente, Donald foi uma criação coletiva do estúdio, mas quem lhe deu as feições definitivas, a partir de 1937, foi outro empregado de Disney: Carl Barks (criador também de Tio Patinhas, primo Gastão, professor Pardal, bruxa Maga Patalógika e irmãos Metralha). Sem nunca ter sido tão promovido nos Estados Unidos quanto o onipresente rato, Donald sozinho teria sido capaz de fazer de Disney um quaquilionário. É o maior caso de exploração do pato pelo homem que se conhece.

A partir de 1934, Donald estrelou certa de duzentos desenhos animados de curta-metragem e ganhou mais Oscars do que Marlon Brando — com quem, aliás, tem em comum a voz. Suas façanhas nas histórias em quadrinhos, narradas numa revista quinzenal com seu nome, correm o mundo e, no Brasil, foram o primeiro alicerce da depois poderosa Editora Abril. (É verdade. Se não fosse o pato, não haveria depois a *Veja*.) Com tudo isso, Donald nunca foi uma das admirações dos estudiosos dos quadrinhos como Mandrake, Fantasma e Flash Gordon. A única vez que os intelectuais lhe deram alguma bola — no livro *Para ler o Pato Donald*, de Armand Mattelart e Ariel Dorfman — foi para atacá-lo por motivos políticos.

Donald costuma ser acusado de relapso, conformista e omisso. De fato, é um capacho nas mãos de seu Tio Patinhas, este, sim, símbolo do capitalista cruel e opressor (e inspirado no velho pão-duro Scrooge, de Charles Dickens, em *Um conto de Natal*). Nesses cinquenta anos, nosso herói já deve ter acumulado frustrações suficientes para tornar-se, sem trocadilho, um psicopata. Mas o temperamento irascível de Donald volta-se apenas contra ele próprio, fazendo-o às vezes atirar-se de cabeça contra a parede. Em nenhum quadrinho foi visto espancando os sobrinhos, mesmo que estes merecessem. Se, por um lado, pode ser considerado um mau exemplo, por outro é a consagração do perdedor. Não há muitos como ele na história dos gibis.

Comparem-no com o cretino Mickey, um lídimo representante do establishment e, como tal, invencível — não sei como

Mancha Negra ou João Bafodeonça, de tanto perder para Mickey, não se mudaram de revista. Mickey faz Pateta de escravo, tem amigos na polícia e, embora seja tão desocupado quanto Donald, nunca tem problemas de dinheiro — o que não acontece com o pato. De onde o rato tira o seu sustento? Alguma coisa na biografia de Mickey cheira mal. Mas os quadrinólogos não parecem se preocupar com isso. Preferem descarregar suas restrições sobre Donald.

Como se fosse pouco, Donald é constantemente vitimizado por Huguinho, Zezinho e Luisinho, os três fedelhos que ele acolheu quando a estes só restava o orfanato. Sem Donald, teriam virado pivetes pelas ruas de Patópolis, assaltando velhinhas indefesas como Vovó Donalda. Ninguém, apesar disso, jamais enalteceu o papel de Donald como educador, ignorando que, para um pato semianalfabeto, ele tem se saído muito bem. Nas histórias, no entanto, ele é a eterna vítima da trinca de pirralhos. Sua própria namorada, a pata Margarida, trata-o com desprezo. Considera-o um incapaz e, quando ele vira as costas, dá umas voltas com o inefável Gastão. Considerando-se que, apesar da longa intimidade, Donald e Margarida nunca puseram os times em campo, é de se perguntar por que ele não muda de namorada. A resposta é simples: porque nenhuma outra pata se interessaria por ele.

Suponhamos agora que os personagens dos quadrinhos tenham uma vida própria por trás daquela que protagonizam nos gibis. Se isso for verdade, toda especulação é possível. Nesse caso, sinto que a ostensiva passividade de Donald encobre apenas um gigantesco orgulho. Ele sabe que, no fundo, não é o que pensam dele. Sente-se ética e moralmente superior a todo o medíocre *environment* de Patópolis e, assim sendo, isso lhe daria o direito de tomar atitudes além dos limites da lei e das convenções. Donde, em condições ideais, poderia até *tomar essas atitudes*.

Daí por que não acho impossível que, antes de completar seu

centenário, em 2034, Donald protagonize algo como Raskólnikov em *Crime e castigo*. Inventará um álibi perfeito, matará o Tio Patinhas e assistirá, de camarote, às tentativas da polícia de descobrir o assassino.

COM VOCÊS, ZÉ CARIOCA
Por trás de um papagaio há sempre um grande homem

[*Personnalité*, março/abril/maio de 2015]

"Suzaninha, isto aqui é uma maravilha! É Hollywood! Vou te apresentar aos artistas do cinema! Você vai nadar na piscina da Carmen Miranda! E vai conhecer o Zé Carioca!"

Esse era Vinicius de Moraes, em 1946, escrevendo da Califórnia para sua filha de seis anos, Suzana, que ficara no Rio com a mãe, Tati, e o irmãozinho Pedro — tentando cooptá-la para que os três fossem se juntar a ele nos Estados Unidos. Pouco antes de viajar para assumir o cargo de secretário do consulado brasileiro em Los Angeles, Vinicius se separara de Tati por causa de Regina Pederneiras, uma arquivista do Itamaraty que ele acabara de conhecer. Surdo aos conselhos dos amigos, levara Regina com ele para o posto no exterior, mas não demorou a cair em si. Fora um erro — os dois não se entenderam. Então, Vinicius despachou Regina de volta para o Brasil e, agora, lutava para que Tati o perdoasse e fosse com as crianças para ter com ele nos States.

O que acabou acontecendo, e eles seriam felizes para sempre nos quase cinco anos que passaram lá. E Suzana viu realizado tudo que Vinicius lhe prometera. Ali era mesmo Hollywood. Ela ganhou um beijo de Orson Welles e de muitos outros artistas do cinema, amigos de Vinicius. Aprendeu a nadar na piscina de Carmen Miranda. E realmente conheceu o Zé Carioca. Mas qual Zé Carioca?

Naquele ano, boa parte do mundo já assistira e se apaixonara pelo novo personagem que Walt Disney apresentara em dois filmes, *Alô, amigos* (*Saludos, amigos*), de 1943, e *Você já foi à Bahia?* (*The three caballeros*), de 1945. Era o Zé Carioca, um papagaio brasileiro, safo e simpático, que contracenava na tela com o Pato Donald e, para deleite geral, sempre levava vantagem. Originalmente, chamava-se José — ou Joe — Carioca. Para nós, desde o começo, ele foi Zé Carioca — obviamente verde, de olhos cor de mel, casaquinho amarelo estilo peço-a-palavra, calças também verdes, chapéu de palhinha, gravata-borboleta, sempre carregando um guarda-chuva enroladinho, e com um swing jamais sonhado por qualquer personagem de Disney. Naturalmente, era esse o Zé Carioca que Suzana esperava conhecer ao vivo.

Mas, ao chegar à casa de Carmen Miranda em Beverly Hills e ser apresentada a ele por Vinicius, viu-se diante de um moreno simpático e sorridente, de bigodinho, calça comprida, camisa de malandro, cavaquinho na mão e chinelo. O verdadeiro Zé Carioca. Na intimidade, Zezinho.

Zezinho se chamava José do Patrocínio de Oliveira e — essa, não! — nem era carioca. Era paulista (de Jundiaí), nascido em 1904 e, em boa parte da década de 30, um dos grandes nomes do rádio de São Paulo, por sua habilidade nos instrumentos de corda, principalmente violão, cavaquinho e bandolim. Carmen Miranda o conhecera numa de suas excursões à Pauliceia e, como todo mundo, se encantara com ele. Zezinho era não só grande músico, mas exuberante e engraçado como pessoa. Falava uma gíria própria, às vezes enriquecida por uma experiência que tivera como funcionário do Instituto Butantan — aprendera o nome das cobras em latim e sempre dava um jeito de incluí-las na conversa, chamando-as daquele jeito. Além disso, tinha uma ginga característica, elástica, manemolente.

Na sua qualidade de inventa-línguas, não será surpresa se Zezinho tiver sido o primeiro a usar a expressão "bossa nova" para designar não a música que, no futuro, seria criada por João Gilberto e Tom Jobim — mas qualquer coisa que ele nunca tivesse visto ou ouvido e classificasse como uma novidade. Como as que vivia descobrindo nos Estados Unidos: barbeadores elétricos, postes de iluminação sem fios, rádios movidos a pilha, futebol com bola oval, as luzes de Times Square — tudo isso, para ele, era "bossa nova". Evidente que as palavras "bossa" e "nova" já estavam cansadas de existir, mas alguém deve ter sido o primeiro a juntá--las para expressar um sentido — e esse alguém pode ter sido Zezinho. Outra palavra que usava para expressar seu permanente encantamento pela vida era "Demais!".

Desde o Brasil, ele era amigo dos rapazes do Bando da Lua, um conjunto vocal-instrumental carioca composto de seis cantores, cada qual executando também um instrumento de corda ou de percussão. Quando Carmen e o Bando foram para Nova York, em maio de 1939, já o encontraram lá. Zezinho chegara alguns meses antes, com a orquestra de Romeu Silva, escalada para abrilhantar o pavilhão brasileiro na colossal Feira Mundial que estava se realizando na cidade. E foi bom que eles o encontrassem porque, ainda no Rio, tinha havido um problema com o Bando da Lua: Ivo Astolfi, um dos fundadores e membro original do grupo, desistira na última hora da aventura americana. E seu substituto, o já lendário violonista Garoto, não estava com os documentos em ordem para embarcar imediatamente para a América. Com isso, Zezinho, à mão em Nova York, foi chamado para substituí--lo. Semanas depois, Garoto chegou e Zezinho voltou para Romeu Silva. Mas nunca ficou longe do Bando da Lua. Em agosto de

1941, com o fim da Feira Mundial e dos contratos, Romeu regressou com a orquestra para o Brasil, mas dois de seus músicos "perderam" o navio e ficaram para trás: o pianista Vadico e... Zezinho. Não por coincidência, eles se juntaram de vez ao Bando da Lua, no lugar de Vadeco e Helio, dois outros membros que, com a entrada dos Estados Unidos na Segunda Guerra (e a possibilidade de serem convocados a lutar), também preferiram voltar.

A essa altura, Carmen e o Bando da Lua já estavam radicados em Los Angeles, contratados pela 20th Century-Fox, e iriam fazer um filme atrás do outro: *Uma noite no Rio* (*That night in Rio*, 1941), *Aconteceu em Havana* (*Week-end in Havana*, 1941), *Minha secretária brasileira* (*Springtime in the Rockies*, 1942). Neste último, há a hilariante sequência em que Carmen apresenta os rapazes ao galã John Payne como seus irmãos que chegaram do Brasil, e eles vão entrando pelo apartamento — todos os seis, um a um, para desespero de Payne —, e cantando o então nº 1 das paradas americanas, "Chattanooga choo-choo", de Harry Warren e Mack David, só que em português (em versão de Aloysio de Oliveira). Zezinho participou daquilo tudo.

E foi então que o destino realmente entrou em cena. Também naquele ano, 1941, Walt Disney, considerado o pior patrão de Hollywood, viu-se em apuros com os sindicatos americanos. Seus funcionários — roteiristas, desenhistas, animadores, coloristas e todos os envolvidos na produção dos desenhos animados — o acusavam de reduzir seus salários, negar-lhes crédito como autores dos personagens, não reconhecer o direito de greve, ameaçá-los com demissões coletivas e contratar brutamontes para dissolver seus piquetes. Para eles, o maior rato do cinema não era Mickey, mas Walt Disney.

Ao ver o império Disney ameaçado de extinção, Nelson Rockefeller, em nome do governo americano, sugeriu a Walt que saísse de cena por uns tempos enquanto ele negociava com os funcionários. Rockefeller propôs também que Walt armasse uma equipe (com quem ainda se dispusesse a trabalhar com ele) para uma longa expedição pela América Latina, financiada pelo governo, a fim de recolher material para um ou dois filmes que o ajudassem a consolidar a chamada Política da Boa Vizinhança — um programa recém-criado pelo governo americano para adoçar seus vizinhos do sul do continente e evitar que eles simpatizassem demais com Hitler. Walt topou. E, assim, no segundo semestre de 1941, depois de passar por México, Chile e Argentina, Disney e seus rapazes desembarcaram no Rio.

Uma das ideias era criar um personagem brasileiro que pudesse contracenar com Donald. Em seu Q. G. no Copacabana Palace, visitado por brasileiros que iam levar-lhe sugestões, Disney achou curioso que, ao contrário de outros povos latinos, para quem o símbolo nacional deveria ser uma ave nobre — uma águia, um condor, um falcão —, os brasileiros tivessem grande admiração pelo modesto papagaio. Pelo menos, ele era o herói de todas as anedotas que lhe contavam. E o que era o papagaio? Um bicho pobre, folgado e preguiçoso, como os gringos imaginavam o brasileiro, mas inteligente, esperto e virador — enfim, feliz. Dois grandes desenhistas cariocas, J. Carlos e Luiz Sá, levaram a Disney esboços (não se sabe se aproveitados) de como o papagaio deveria se vestir ou parecer. Mas foi só em Hollywood, meses depois, ao preparar as sequências em que Joe Carioca (já com esse nome) contracenaria também com atores de carne e osso — Aurora (irmã de Carmen) Miranda e o Bando da Lua —, é que Zezinho entrou em cena.

Ele era perfeito para o papel. Sua ginga serviu de modelo para o andar do papagaio; suas gírias e expressões foram adaptadas à fala do bicho; e, tanto em inglês (com sotaque) como em português, só poderia ser Zezinho a dublar o personagem. E, assim, em dois filmes seguidos e de grande sucesso, lançados com pouco mais de um ano de intervalo, José do Patrocínio de Oliveira tornou-se, para sempre, Zé Carioca.

Quer saber como ele era? Na principal sequência de *Você já foi à Bahia?*, em que Aurora Miranda canta "Os quindins de Iaiá", de Ary Barroso, e Zé Carioca (o papagaio) saracoteia alegremente ao seu redor, o próprio Zezinho pode ser visto com destaque entre os músicos. É o que toca lápis nos dentes.

Zé Carioca, o personagem, era um *charmeur*, e seu inspirador não ficava longe disso na vida real — sedutor, imaginativo, agregador, cheio de borogodó. Com pouco tempo de Hollywood, sua casa, em Laurel Canyon, tornou-se, juntamente com a de Carmen, o ponto mais importante de Los Angeles para brasileiros fixos ou de visita. Se não estivesse filmando, Zezinho passava dia e noite recebendo os patrícios que, com o sucesso da estrela nos Estados Unidos, resolveram tentar a sorte por lá: músicos, atores, jornalistas, vedetes e simples desocupados.

Alguns habitués de sua casa eram o próprio vice-cônsul em LA, Vinicius de Moraes e família, os correspondentes Gilberto Souto e Alex Viany, o Bando da Lua em peso e suas mulheres, o ex-astro Raul Roulien, o guitarrista Laurindo de Almeida (já tocando na orquestra de Stan Kenton), o famoso Russo do Pandeiro, o escritor Erico Verissimo (que morava em Los Angeles e aparecia quase todos os dias, mas não abria a boca) e até a cantora Rosina Pagã, que não se sabia muito bem o que fazia por lá além de namorar metade da Costa Oeste. Carmen também comparecia quando lhe davam sossego em sua casa. E quem marcou presença mais de uma vez em Laurel Canyon foi Walt Disney — "Demais!".

A grande atração das festas de Zezinho era a presença de brasileiros recém-chegados trazendo feijão-preto, carne-seca, pinga, discos com os últimos sucessos da terra e, claro, as piadas recém-inventadas. Em troca, Zezinho os levava a visitar os grandes estúdios (MGM, Warner, Paramount, Fox, RKO) e os impressionava ao passar pelos astros e cumprimentá-los com a maior naturalidade: "Olá, Betty [Grable]!"; "Oi, Paulette [Goddard]!";

"Tudo bem, Linda [Darnell]?". E os outros, de volta: "Hi, Joe!". De onde vinha essa intimidade? Do seu trabalho naqueles estúdios.

Zezinho era tão popular entre os americanos como com os brasucas. Assim que se efetivou no Bando da Lua, Carmen apresentou-o a Darryl F. Zanuck, chefão da 20th Century-Fox, e este o repassou a Alfred Newman, diretor do departamento musical do estúdio. Resultado: sempre que precisavam de alguém que tocasse um violão, guitarra ou mesmo banjo "latino", era a Zezinho que recorriam na trilha sonora. O que fazia com que, sem prejuízo de seu emprego no Bando da Lua, não lhe faltasse trabalho em Hollywood.

Os outros estúdios o descobriram e também se interessaram. Um deles, a Warner, não se contentou em aproveitá-lo na trilha sonora — botou-o em cena, em carne e osso, junto com outro respeitado violonista brasileiro em Hollywood, seu amigo Nestor Amaral. E ali os dois começaram a sua extensa filmografia. No clássico *Uma aventura na Martinica* (*To have and have not*, 1944), de Howard Hawks, Zezinho e Nestor acompanham Hoagy Carmichael na sequência em que ele toca piano e canta "Am I blue?". No mesmo filme, quando Lauren Bacall, escorrendo sensualidade, tartamudeia "How little we know", lá estão eles de novo — sem contar que, participando de toda a filmagem, assistiram a Humphrey Bogart se apaixonar por Bacall (foi o filme em que o casal se conheceu). Em outra produção da Warner, *Romance em alto-mar* (*Romance on the high seas*, 1948), de Michael Curtiz, que marcou a estreia de Doris Day no cinema, eles cantam com ela na sequência em que o navio a caminho do Rio faz escala numa ilha.

E sempre havia aquilo que, para Zezinho, vinha em primeiro lugar: seu trabalho com Carmen. Apareceu em todos os filmes que ela faria até 1946; acompanhou-a em sua excursão a Londres em 1948; e sua mulher, Odila, era a camareira oficial de Carmen em viagens, cuidando de seus vestidos, turbantes e sapatos — tarefa nada desprezível, diante do volume de roupas que Carmen levava na bagagem, para usar em cena e fora desta. O filho de Zezinho e Odila, também Zezinho e nascido lá, em 1947, era afilhado de Carmen.

E o que dizer da carreira de Zezinho como "Joe Carioca"? Durante muitos anos, e usando (com autorização de Disney) o nome mágico do personagem, Zezinho foi uma sensação em palcos americanos — em teatros, boates, cassinos, bares, restaurantes e até estádios. Abrindo shows ou sendo a atração principal, ele era Joe Carioca, fazendo, inclusive, a voz do papagaio. E só então as plateias se davam conta de que ele era, na verdade, dois artistas: o comediante, que todos conheciam e reconheciam, e o instrumentista — este, uma surpresa para quem o ouvia tocar.

Mas, como aconteceu com todos os músicos brasileiros ao redor de Carmen Miranda em Los Angeles, a morte dela, em agosto de 1955, foi um golpe insuportável para seus companheiros do Bando da Lua. Aloysio de Oliveira, incapaz de se sustentar sem Carmen, voltou para o Brasil. Russinho, Harry e Lulu continuaram por lá, mas abandonaram a vida artística. Só Zezinho não precisou fazer nem uma coisa, nem outra.

Ele era querido e disputado. Pelos anos seguintes, foi trabalhar para Disney, apresentando-se ao vivo no Clube do Mickey, uma programação do primeiro parque criado por Walt, a Disneylândia, em 1956. Isso consistia em tocar, cantar e contracenar com crianças fantasiadas com orelhas de Mickey — nada muito difícil, mas era, afinal, um emprego. Que, aliás, lhe permitia às vezes dar umas escapadas e vir rever os amigos no Brasil (numa dessas, naquele mesmo ano, Zezinho estava casualmente presente, em São Paulo, no episódio que resultou na descoberta, pelo produtor Roberto Corte-Real, da cantora Maysa).

Em 1979, Zezinho se aposentou. E, em 1987, aos 83 anos, pegou o boné — digo, faleceu. Considerando-se o espaço que ocupava na comunidade, pode-se calcular a lacuna deixada por sua morte. Por sorte, já tinha tomado providências.

Deixou instruções para que, em sua lápide, fosse gravada a palavra que adorava e bem poderia definir sua vida.

"Demais!"

EU, CHITA
Sexo, drogas e... Tarzan

[*Florense*, outono de 2010]

Johnny Weissmuller, lembra-se? Tarzan! O homem-macaco. O mais famoso de todos. O mais querido, também. Falava pouco, quase que apenas o essencial — "Eu, Tarzan; você, Jane" —, enquanto dava dolorosas dedadas no peito de Jane. Mas, quando se empolgava por algum motivo, ou mesmo sem motivo, agarrava-se ao cipó e soltava o verbo — "Aaaaahhhheeeeyyyyeeeeyyyyooo oyyyaaahhheeeyyyeeeyyyoooyyyeeeaaah!" — que era ouvido em toda a selva, das cataratas do Zambeze às piscinas de Beverly Hills.

Já de Maureen O'Sullivan, que fazia Jane, sua mulher, você só tem uma leve recordação e, mesmo assim, das pernocas dela. E posso quase apostar um apartamento como você não seria capaz de reconhecer o garoto Johnny Sheffield, que interpretava o Boy, filho adotivo do herói, mesmo que ele saltasse de um cipó à sua frente e dissesse: "Oi! Eu sou o Boy!". Mas do outro grande personagem daquela saga você nunca se esqueceu: Cheeta — Chita, para nós, no Brasil —, a macaca-prodígio que vivia salvando Tarzan de apuros, quebrando-lhe literalmente o galho e que parecia muito mais inteligente que os outros três juntos.

O Tarzan de Weissmuller durou de 1932 a 1948, sendo os

primeiros dez anos no luxo da MGM, quando fizeram seis ótimos filmes, e os seis restantes, em comparativa miséria, na RKO, resultando em mais seis filmes, não tão ótimos. Quando a série acabou para eles, foram todos à vida, com maior ou menor sucesso. Weissmuller tornou-se Jim das Selvas, com o blusão cáqui de explorador disfarçando sua incipiente barriga. Casou-se várias vezes, a saúde lhe faltou, foi infeliz para sempre e morreu em 1984, aos oitenta anos. Maureen, certa de que nunca mais teria um papel tão profundo como o de Jane, encerrou a carreira e dedicou-se a ser mãe de — logo quem! — Mia Farrow, com o que foi sogra de Frank Sinatra, André Previn e Woody Allen. Voltou ao cinema pelas mãos de Woody, em *Hannah e suas irmãs* (*Hannah and her sisters*, 1985), e morreu em 1998, aos 87 anos. E Johnny Sheffield encarnou por algum tempo outro menino das selvas, o Bomba, em filmes idem, até começar a engordar e largar o cinema. Aos 78 anos, mora hoje na Flórida, é importador de lagostas e pesa 160 quilos.

Mas a verdadeira maravilha da família é Chita. Vivíssima, cidadã de Palm Springs, Califórnia, está também às vésperas dos 78. É o chimpanzé mais velho do mundo, e mais: nenhum outro, em qualquer época, chegou à sua idade — pelo menos entre os chimpanzés com certidão de nascimento, plano de saúde, seguro de vida e aplicação na poupança. E quantos, como ela, escreveram uma autobiografia? Seu livro, *Me, Cheeta — My life in Hollywood* (Ecco, NY), foi um dos sucessos de livraria de 2009 nos países de língua inglesa.

Você dirá que macacos não escrevem livros, donde "não foi Chita" quem escreveu esse. Bem, isso eu não sei — li o livro e não vi referência a ghost-writers em nenhuma página. E diga-me qual ator de Hollywood nunca precisou de alguém para escrever suas memórias ou autobiografia. Posso visualizar muito bem os intelectualizados Kirk Douglas, Hedy Lamarr ou David Niven jogando suas palavras no papel, mas mesmo eles tiveram de recorrer a escritores profissionais para botar seus textos em ordem — seus livros de memórias são muito bons para terem sido feitos por amadores como eles. Agora, imagine Lana Turner, Charles Bronson ou Raquel Welch tentando escrever — depois de decidir por qual lado da caneta saía a tinta. Portanto, se Chita teve quem a ajudasse em *Me, Cheeta*, melhor para ela — e para nós. O resultado é surpreendente e hilariante, e nem poderia ser diferente com uma das mais extraordinárias carreiras de Hollywood.

Chita nasceu em 1932, na Libéria, paraíso da pimenta-malagueta na costa ocidental da África e, entre 1820 e 1980, uma espécie de sucursal dos Estados Unidos no continente. (Sua própria capital, Monróvia, tinha esse nome em homenagem a James Monroe, um dos primeiros presidentes americanos.) Em 1933, antes de completar um ano, Chita foi capturada na selva pela equipe do "importador" (traficante) de animais Henry Trefflich, juntamente com uma batelada de babuínos, mongóis e toda espécie de macacos, além de leões, zebras, uma ou duas girafas e até um píton (a sucuri africana, aparentemente quieta, mas — descobriu-se depois, na viagem — de alta periculosidade). Os animais eram uma encomenda da MGM, já então o maior estúdio de cinema do mundo e com uma extensa linha de filmes "africanos" na sua produção anual, todos rodados nas florestas do próprio estúdio, em Culver City, perto de Los Angeles.

A carga foi transportada para o porto de Kigoma, na então Tanganica, e embarcada no navio mercante *Forest Lawn*, de 215 pés. Já durante a travessia, os animais começaram a ser "domesticados" para a chegada em Nova York, que se daria algumas semanas depois. Isso incluía isolamento em jaulas individuais, alimentação balanceada e convívio intenso com os treinadores para já irem aprendendo certos truques que teriam de desempenhar no cinema — no caso dos macacos, cortar um baralho, acender o cigarro da mocinha ou preparar um drinque para o galã. O prêmio por cada truque bem-feito era exatamente um cigarro ou um drinque — com o que Chita começou cedo a fumar e beber — ou uma banana, fruta que ela nunca tinha visto.

"Minha primeira banana!", escreveu Chita no livro. "Lembro-me de ter pensado: 'Isso deve ser gostoso'. Provei e adorei. Só experimentei uma sensação parecida anos depois, ao tomar meu primeiro martíni seco no Chasen's ou quando cheirei minha primeira carreira de cocaína, nos peitos de Constance Bennett. A carne era firme — deixava uma espécie de travo, mas derretia na boca. A carne da banana, quero dizer, não dos peitos de Constance."

Chita apaixonou-se pelas bananas à primeira mordida. Achava que não podia haver nada mais gostoso, até que, ao observar os humanos, começou finalmente a comê-las sem casca — e se apaixonou de novo.

Diz Chita que, durante a travessia do Atlântico — "um rio que não acabava nunca" —, pôde conhecer bem os seus companheiros de fortuna ou infortúnio. "Aquele navio levava a maior concentração de talento símio, aviário e paquidérmico já reunido no mundo", disse Chita. Mas a sorte bafeja cada um de modo diferente. Vários daqueles animais ficariam famosos (um deles, Jackie, o leão, foi por muitos anos o "leão da Metro" oficial); outros, como os humildes gnus, zebras e antílopes, seriam eternos coadjuvantes de filmes B. E só um dos embarcados chegaria à glória absoluta — adivinhe quem.

A viagem era longa e, apesar de toda a programação social a bordo, as principais atividades de Chita eram comer, dormir e se masturbar. As jaulas só eram limpas de vez em quando, e os bichos viviam entre restos de frutas podres, urina e fezes. Pode-se imaginar o fedor. "O cheiro é o do [*Hotel*] Hilton de Tijuana [*México*]", disse um marinheiro, "mas o serviço do navio é melhor."

Para Chita, o navio "era a selva, só que sem a morte". Queria dizer que, ali, o constante estado de alerta exigido no jângal era desnecessário. Até o dia em que o píton se soltou e, por acaso, avançou sobre os macacos. Chita conta que a cobra deu um bote na sua direção com a enorme boca aberta e que "não havia nada mais negro do que o interior daquela boca — era o que você veria quando chegasse ao fim do negror: a morte". No futuro, Chita se perguntaria o que aquela cobra iria fazer na MGM, especialista em filmes para a família. "Não haveria papéis para ela. Na Warner, talvez", admitiu, referindo-se à tradição da Warner de rodar filmes mais realistas.

No dia 9 de abril de 1933, o *Forest Lawn* atracou em Nova York e, por isso, esta se tornou a data oficial de nascimento de Chita, como consta das enciclopédias de cinema. Os americanos acham que as coisas só começam a existir quando acontecem em solo americano. Como todo mundo, Chita — que o pessoal do navio chamava de Cheater, trapaceiro — teve o seu nome escrito errado pela Imigração. Mas a MGM corrigiu isso, aproveitando para oficializar o que o estúdio achava que deveria ser a verdade — Chita ser... fêmea. E, de fato, rapidamente Chita se tornaria a macaca mais famosa do mundo. Só que, na verdade, Chita era macho! Donde, a partir de agora, passa a ser devidamente tratada no masculino.

Chita viveu uma espantosa aventura com o navio atracado em Nova York. Alguém deixou sua jaula aberta e ele saiu de bobeira pelo convés. Como ninguém o interrompesse, desceu pela escadinha de corda e saiu perambulando alegremente pelo cais. Só então deram por sua falta e começaram a busca. Na fuga por entre as ruas da zona portuária, Chita pôde admirar o skyline de Nova York e constatar as semelhanças entre a cidade e a selva — ambas eram ideais para macacos, pela abundância de escarpas a escalar (no caso de Nova York, os prédios altos).

Ao perceber os perseguidores em seus calcanhares, Chita entrou por uma porta e passou por baixo de uma roleta — o humano que cuidava desta estava de costas e não a viu. Chita foi dar numa sala escura, em que uma das paredes brilhava e figuras de humanos se moviam nela. A própria sala estava cheia de humanos sentados e olhando para a tal parede. Chita chegara, como se vê, a um cinema — e, ao olhar para a tela, viu a figura esplendorosa de um chimpanzé gigante também sendo perseguido. Tratava-se de King Kong (o filme acabara de estrear), já pintando o sete pelas ruas de Manhattan e com uma das manoplas segurando a bela Ann Darrow de camisola. Chita torceu por Kong e vibrou quando o gorila escalou o Empire State e chegou ao topo do edifício. De repente, no melhor da cena, os homens do navio surgiram na sala escura e caíram sobre Chita, manietando-o. Que frustração. Capturado e levado dali, Chita não pôde ver o fim do filme. Mas isso acabou sendo uma bênção, porque não viu Kong sendo metralhado pelos teco-tecos e caindo lá de cima. Donde, para Chita, King Kong ficou sendo o herói invicto, que derrotara os humanos e ainda levara a mocinha.

Isso não quer dizer que, já em Hollywood e estrelando seu primeiro filme de Tarzan — *A companheira de Tarzan* (*Tarzan and his mate*, 1934) —, Chita não tivesse adquirido uma enorme afeição e admiração pelos humanos. Aprendeu a entendê-los e simpatizou com o fato de que, quando alguém importante no estúdio dizia alguma coisa, todo mundo ria ou concordava e passava a repetir o que o figurão dissera. Parecia uma macaquice, concluiu Chita.

Outra coisa que o encantava era a capacidade dos humanos para fazer sexo fora da temporada de acasalamento — a não ser que a temporada durasse o ano inteiro. Mas Chita logo aprendeu a discernir os fatos das fofocas, porque também foi vítima de algumas. Em 1942, por exemplo, rumores de que tivera um caso com a estrela mexicana (já decadente) Dolores del Río custaram a Chita sua indicação para o Oscar de melhor coadjuvante pelo filme *Tarzan contra o mundo* (*Tarzan's New York adventure*) — e a Dolores, seu casamento com o poderoso cenógrafo da MGM, Cedric Gibbons. É verdade que Dolores era L e Cedric era G, mas, como todos pensavam que Chita fosse fêmea, o rumor fazia sentido. Na verdade, nunca aconteceu nada entre eles — não que não pudesse ter acontecido —, mas o Oscar bateu asas do mesmo jeito. Por sua vez, é verdade que, já nos anos 50, durante uma suruba na casa de um dos Três Patetas (Larry, Moe ou Shemp?), Chita começou a se masturbar, não se segurou e ejaculou bem no cânion do decote de Jayne Mansfield.

A pessoa, macho ou fêmea, que Chita mais admirou na vida foi Johnny Weissmuller. Sua paixão por ele era total — como humano, como nadador e, claro, como Tarzan, papel que tornava o ator meio macaco. Quando Chita conheceu Tarzan, no segundo filme da série, Jane já existia, e Chita começou a se perguntar como o mundo seria perfeito se a casa construída por Tarzan em cima da árvore fosse somente para ele e Johnny. Mas Jane, aliás, Maureen O'Sullivan, com seu nariz empinado de irlandesa criada em Londres, tinha de se intrometer. Maureen não gostava de Chita, nem de macaco nenhum. Na verdade, também não gostava muito de Johnny — achava-o tão primitivo quanto Tarzan, e não tinha a menor paciência quando ele, de brincadeira, começava a falar como Tarzan. Chita não podia suportar que alguém fizesse pouco de Johnny e, para se vingar, roubava o vestido ou o chapéu de Maureen no camarim e desfilava pelo estúdio com eles, imitando seus tiques, para ridicularizá-la. (De quebra, descobriu que, para fins cômicos, usar um vestido ou chapéu feminino era infalível.)

A lucidez de Chita a respeito da vida parece inacreditável. Veja sua análise sobre a relação entre eles na tela: "Tarzan amava Jane, e eles sublimavam seu amor nadando. Tarzan me amava e nós sublimávamos nosso amor voando [*pelos cipós*]. Jane e eu tínhamos ciúmes um do outro, mas nos tolerávamos — como éramos os dois lados diferentes de Tarzan, nós o amávamos demais para brigar [...] Já ouviu falar do homem primitivo que pensa que a câmera está lhe roubando a alma? Pois, no nosso caso, era o contrário. Nós encenávamos um sonho e a câmera nos dava nossas almas".

Chita tinha consciência também de sua importância para Hollywood. "Desde minha estreia, a MGM nunca mais voltou a usar humanos vestidos de macaco. Terei sido um pioneiro, o verdadeiro Téspis símio?". (Na verdade, os macacos de *2001: Uma odisseia no espaço* [*2001: A space odissey*, 1968], de Stanley Kubrick, eram atores fantasiados, mas *2001* era da MGM inglesa.) Chita apenas se pergunta se não terá abusado demais de suas especialidades — a careta com o beiço duplo e dar aquele salto--cambalhota para trás —, repetindo-os em todos os filmes. Mas, ao se lembrar de que Chaplin, Mickey Rooney, Jerry Lewis e outros comediantes também passaram a vida repetindo macetes na tela, acha até que nem exagerou muito.

Outro de seus motivos de orgulho é o de ter sido uma espécie de liderança na classe. Certa vez, durante as filmagens de *O filho de Tarzan* (*Tarzan finds a son*, 1939), Emma, a rainha dos elefantes da Metro, brigou com o treinador por causa do excesso de horas de trabalho. No calor da discussão, levantou-o pela tromba e atirou-o contra um poste, quebrando-lhe as costelas. A Metro se armou contra Emma para puni-la, talvez despedindo-a, mas os elefantes do estúdio a apoiaram. Chita, por sua vez, sublevou os outros animais em defesa da elefanta. Resultado: o estúdio se curvou e Emma não foi nem suspensa. Isso aconteceu em 1939. Se fosse dez anos depois, Chita teria caído nas malhas do macarthismo por essa atitude.

Para o registro: exceto quando se tratava de estrelas como

Chita e os cavalos Trigger (de Roy Rogers) e Champion (de Gene Autry), o destino dos animais que caíam em desgraça nos estúdios, por indisciplina, velhice ou deficiência, era o mais triste possível. Os estúdios os mandavam para os laboratórios de dissecação das universidades da Califórnia. Sim, pense nisso — muitos dos animais que você amou nos filmes foram condenados a bisturis empunhados por moleques de avental e óculos.

Chita era uma estrela, e todos sabiam disso. Ao ver Johnny Weissmuller em qualquer evento, as pessoas, com aquele típico humor de americano, riam e perguntavam: "Hei, Tarzan, cadê a Chita?". Isso aconteceu tanto que Johnny passou a levá-la no colo para todo lugar. Quem não gostava disso era Lupe Vélez, o "Buscapé mexicano", mulher de Johnny — porque Chita brilhava mais do que ela. E quem sofria era Johnny, porque, quando o casal voltava para casa, Lupe, transtornada, investia contra Johnny com suas unhas e o retalhava por baixo do smoking e do peito engomado da camisa. Mas, exceto por isso, Lupe não dava nem para a saída. Na vida real, assim como na tela, o entendimento de Johnny e Chita era total. Bastava a ele (ou a Tarzan) dizer "Ungaua!" para que Chita soubesse exatamente o que fazer: acender-lhe o cigarro, ir lá dentro buscar um drinque ou, quem sabe, convidar as pessoas a cair na piscina, de roupa e tudo, para animar a festa.

Mas Johnny não terminou bem a vida, coitado. Ex-atleta olímpico, ex-deus do cinema, ex-homem admirado pelas mulheres, foi profundamente infeliz em seus casamentos, saltou do apogeu para o nada e nunca se conformou.

Chita acha que ele deveria esquecer o resto e pensar só no apogeu.

"Para o mundo, nós éramos Tarzan e Chita", diz Chita em seu livro. "Podíamos fazer o que quiséssemos. Johnny ganhou cinco ouros olímpicos e era um superastro da tela. Era também uma boa pessoa. E eu fui o melhor amigo que o filho da puta teve na vida."

8. ECOS DE 1968

VIVER NO SOLAR

Garotos que, modestamente, sonhavam com o impossível

[*Personnalité*, junho/julho/agosto de 2015]

Eles eram jovens, bonitos, boêmios, cultos, independentes, românticos, libertários, corajosos, sonhadores, criativos, sensuais, marginais, doidos e duros. Aliás, éramos.

Em algum momento dos anos 60, no Rio, centenas de rapazes e moças correspondendo a essa descrição se revezaram como moradores de um casarão colonial em Botafogo. Chamava-se Solar da Fossa — Solar, para os íntimos — e ficava na avenida Lauro Sodré (com entrada pela rua Lauro Müller), ocupando a extensa área onde hoje se instala um shopping, ao lado da igreja de Santa Teresinha, na boca do Túnel Novo, aquele que leva a Copacabana.

Era uma vasta construção em dois andares que, no século XVIII, tinha sido uma chácara; no século XIX, uma extensão do Hospital dos Alienados, dedicado a mulheres idosas e doentes; e, durante boa parte do século XX, uma casa de repouso mantida pela Santa Casa. Até que, em 1965, seus novos arrendatários a dividiram em cerca de oitenta quartos, alguns com banheiro, outros sem, mas todos arejados e iluminados, com vista para a encosta ou para os pátios internos, e aluguel ao alcance de qualquer garoto recém-chegado das províncias ou que não quisesse continuar morando com os pais na Tijuca ou no Flamengo. Qualquer um com fome de mundo — ou de transformá-lo.

Dali até 1972, quando foi demolido, o Solar serviu de moradia para um punhado de bravos — nem todos ao mesmo tempo —, que saíram de lá para fazer história em música popular, teatro, cinema, televisão, design, imprensa, política, comportamento. Outros não precisaram sair para fazer essa história. Começaram a fazê-la lá mesmo. Devo citar?

Caetano Veloso, Gal Costa, Paulinho da Viola, Paulo Leminski, Tim Maia, Maria Gladys, Betty Faria, Itala Nandi, Paulo Coelho, Antonio Pitanga, Zé Kéti, Gutenberg Guarabyra, Sueli Costa, Abel Silva, Ronaldo Bastos, Fernando Pamplona, Cláudio Marzo, Mauro Mendonça, Naná Vasconcellos, Robertinho Silva, Adelzon Alves, Roberto Talma, Darlene Glória, muitos mais —, quase todos ainda começando, nenhum muito famoso. E era isso que tornava a história ainda mais excitante: o Solar como uma incubadora de talentos, um território de liberdade, propício a todas as insolências e aberto e acessível à cidade que o cercava.

Aberto e acessível, sem dúvida. As pessoas de fora, o Rio oficial, iam ao Solar para conhecer seus sedutores rapazes e moças, trocar ideias, aprender com eles, beber algumas, praticar certos esportes ilegais ou, o que era comum, namorá-los. Entre estes, alguns eram tão frequentes nos quartos e corredores do Solar que passavam por residentes — os músicos Gilberto Gil, Milton Nascimento, José Carlos Capinam, Jards Macalé, Zé Rodrix e Toquinho, os atores Hugo Carvana, Marieta Severo e Arduino Colasanti, o dançarino Lennie Dale, o artista plástico Hélio Oiticica, o teatrólogo francês Jean Genet, o empresário Guilherme Araújo, o policial (e futuro bandido) Mariel Mariscot, além de cartunistas, universitários, jornalistas e até jogadores do Botafogo. Para não falar no entra e sai feminino — as mulheres mais cobiçadas do Rio, dos dezoito aos 38 anos —, que a discrição e a modéstia me impedem de nomear. Nenhum outro endereço no Rio, em qualquer época, concentrou tanta gente que, um dia, atuaria de forma tão decisiva na cultura.

Foi no Solar que Caetano compôs "Paisagem útil" e "Alegria, alegria"; Paulinho da Viola, "Sinal fechado"; e Paulo Leminski escreveu longas partes de seu romance *Catatau*. Grupos como o trio Sá-Rodrix-Guarabyra e o Momento 4 se formaram no Solar.

Três das primeiras grandes estrelas a posar nuas para uma revista masculina moravam lá: Betty Faria, Itala Nandi e Tânia Scher. E, não por acaso, essa revista, *Fairplay*, a primeira do gênero no Brasil, só faltava promover no Solar suas reuniões de pauta. Por causa do diretor Kleber Santos — possivelmente o responsável por aquela romaria de artistas no casarão —, o Solar era quase uma extensão do Teatro Jovem, em Botafogo, onde se gestava a renovação do teatro brasileiro. Outros do Solar eram ligados ao Casa Grande, no Leblon, onde o momento político e cultural era dissecado pelos grandes nomes. Mas, a indicar como esse tipo de subcorrente cultural não aparecia no radar da imprensa brasileira, não me lembro de nenhum artigo importante sobre o Solar naquela época. Eu próprio nunca escrevi sobre ele nos veículos em que trabalhava — talvez porque o desse de barato e, afinal, muita coisa estivesse acontecendo ao mesmo tempo.

O nome "fossa" foi aplicado ao Solar em 1966 pelo cenógrafo e carnavalesco salgueirense Fernando Pamplona, quando este, arrasado por ter se separado da mulher, foi morar lá. Pamplona pode ter levado sua fossa para o casarão e até tê-lo batizado com ela, mas nem ele conseguiu manter-se depressivo por muito tempo — o astral do Solar o curou. (E como poderia viver na fossa um multicampeão do Carnaval?) A bem da verdade, no entanto, diga-se que o Solar tinha pelo menos um morador capaz de justificar aquele nome — um homem mais velho, que podia ser visto todos os dias sentado numa cadeira no meio do pátio, sozinho, em silêncio, quase sempre de pijama. Era o veterano radialista Macedo Neto, nome a que logo se acrescentava: "Foi casado com a Dolores Duran". E, com isso, tudo parecia explicado — embora a autora de "A noite do meu bem" tivesse morrido havia quase dez anos e, já então, ele não fosse marido dela. Isso, sim, era fossa.

O nome "Fossa" pegou, mas, como sinônimo de depressão,

desalento ou tristeza, era só um charme do Solar. Não se confundia com a *Weltschmerz*, a dor do mundo, o sentimento de pessimismo diante da realidade que assolara os poetas alemães, ingleses e italianos no começo do século XIX; nem se caracterizava pelo "*La chair est triste, hélas!/ Et j'ai lu tous les livres*", suspirado por Mallarmé no fim do mesmo século. Fossa, para os meninos do Solar, era um vago e ocasional tédio, meio sem explicação — e rapidamente sufocado pela urgência dos livros, canções, peças, filmes e novelas que um dia eles iriam escrever, compor, encenar, dirigir ou estrelar.

E a carne, triste? Não no Solar.

Para mim, o Solar começou para valer em novembro de 1967, quando aceitei o convite de meu colega da *Manchete*, o repórter Carlos Marques, para dividir o seu quarto no casarão. Carlos, moreno, compacto e atrevido, era um jovem bugre pernambucano, de incrível sucesso com as mulheres. O convite era irresistível, mas havia uma condição. Se eu chegasse da rua e encontrasse a porta trancada, não a abrisse logo com minha chave. Deveria chamá-lo baixinho pelo nome — se ele respondesse, é porque estava ocupado lá dentro, você sabe, e eu que esperasse a sessão terminar. Na época, Carlos namorava Gracinha, uma cantora principiante, bonitinha e tímida, recém-chegada da Bahia e que também morava lá. Tudo bem, mas, nos quinze dias em que dividi o quarto com ele, em doze ou treze tive de esperar durante horas no lado de fora. Para não morrer prematuramente de velhice no corredor, separei-me de Carlos e aluguei um quarto só para mim, numa outra ala do Solar. Ele riu e continuamos amigos. Gracinha, por sua vez, dali a tempos sumiu. Mudou-se não sei para onde e, em pouco mais de um ano, explodiu nacionalmente. Seu nome agora era Gal.

A média de idade no Solar devia ser de 23, 24 anos. Eu era dos mais jovens — dezenove anos quando fui morar lá, em 1967, depois de mais de um ano de flerte com o lugar. Só não me mudei antes porque, como estudante e, depois, "foca" (repórter sem salário) do *Correio da Manhã*, não tinha renda para o aluguel — e nunca a pediria a meus pais, com quem morava na rua Marquês de Abrantes. Mas, em novembro daquele ano, o jornalista Fuad Atala ofereceu-me uma vaga como repórter na revista *Manchete*, da qual ele era chefe de reportagem. Com pesar, deixei o *Correio* e me mudei para a redação dos Bloch, na rua Frei Caneca, com o salário de novecentos cruzeiros novos (esse era o dinheiro vigente). Mais do que suficiente para pagar os 260 cruzeiros novos do aluguel mensal de um quarto com banheiro no Solar.

Você sabia que fazia parte da turma ao olhar em torno e constatar que todos se vestiam como você — calça Lee americana (azul ou gelo), justa nas pernas, comprada no Mercadinho Azul, em Copacabana, ou em algum fornecedor no subsolo do edifício Marquês de Herval, na avenida Rio Branco; camisa bege ou cáqui, típica da Marinha, comprada na praça Mauá, para ser usada com as mangas arregaçadas e as fraldas para fora; e mocassins ou sandálias franciscanas, ambos sem meias. Tênis e camisetas eram raros. A descontração era a regra, mas ninguém se espantava ao ver muitos daqueles rapazes saindo de manhã, para o trabalho, vestidos de terno e gravata — eu, por exemplo, porque a *Manchete* exigia —, e algumas moças, de laquê e meias. Com poucas exceções, todos no Solar trabalhavam.

À sua maneira, o Solar era autossuficiente. Os moradores tinham roupa lavada e passada, colchas, lençóis e toalhas trocados semanalmente e o chão, varrido ou encerado idem, tudo embutido no aluguel. Os quartos vinham com uma cama, protegida por um armário, o que dividia o espaço em dois — ou três, com o banheiro. Comportavam também uma mesa, algumas cadeiras, e, por conta do morador, uma estante para livros, estilo Solar, feita de tábuas longas e grossas, equilibradas sobre tijolos. Não sei dos outros, mas as tábuas e os tijolos da minha estante foram roubados de uma casa das proximidades que, apesar de já inaugurada e com grande sucesso, vivia em obras: o Canecão. Primeiros livros que depositei nela: a trilogia *Sexus, Nexus* e *Plexus*, de Henry Miller, recém-lançada no Brasil, o então explosivo *The medium is the massage*, de Marshall McLuhan, e, apenas para fins imorais, *Eros e civilização*, de Herbert Marcuse — convidava-se a moça a nos visitar para "estudarmos" Marcuse; liam-se duas ou três páginas e trocava-se o livro por coisa melhor; a moça adorava (outros colegas faziam o mesmo com *Tristes trópicos*, de Claude Lévi-Strauss).

Que eu saiba, ninguém tinha carro. Andava-se de ônibus ou trólebus e os mais abonados, de táxi. Mas a norma era atravessar o Túnel Novo a pé e resolver tudo ali por perto — praia no Leme e comida de madrugada no Beco da Fome, na esquina de Prado Jr. com Viveiros de Castro. Nas noites mais preguiçosas, ia-se à gafieira ou ao boliche na própria rua Lauro Müller. Nosso vizinho, o Canecão, então uma cervejaria para dançar — como a popular Bierklause, só que muito maior —, era apenas um lugar pretensioso e cafona. Dávamos-lhe tanta bola quanto à linda igrejinha de Santa Teresinha, toda art déco — ou seja, nenhuma. No começo de 1968, a moda era ir ao Teatro Princesa Isabel, na avenida idem, para assistir aos ensaios da peça *Roda viva*, de Chico Buarque, com direção de José Celso Martinez Corrêa — minha companheira nessas incursões quase diárias de fim de tarde era a repórter Germana De Lamare, do *Correio da Manhã*, amiga de Zé Celso.

Éramos pobres, mas felizes. A última palavra em tecnologia eram os pequenos gravadores cassete Philips, capazes de transferir o conteúdo de um ou mais LPS para um pequeno estojo — uma fita cassete —, menor que um maço de cigarros. Mas só um morador do Solar possuía um daqueles bichinhos. Era o artista plástico e designer baiano Rogério Duarte, autor do cartaz do filme *Deus e o diabo na terra do sol*, de Glauber Rocha. Rogério morava num quarto perto do meu com seu irmão Ronaldo, engenheiro e futuro cineasta. No começo de abril de 1968, os dois seriam presos numa manifestação no Centro da cidade contra a morte do estudante Edson Luís no restaurante do Calabouço e ficaram desaparecidos por uma semana. Ao serem libertados, cheios de hematomas, foram dos primeiros a denunciar a prática de tortura nas instalações do Exército. Mas, como seria de esperar, nada resultou disso.

Embora o grosso da população do Solar fosse altamente politizada e, claro, contra a ditadura, ninguém perdia tempo vendo televisão — não precisávamos dela. O único aparelho de TV no território ficava no refeitório de dona Anita, talvez porque ela servisse refeições também para não moradores. A televisão, cujas atrações eram Chacrinha, Dercy Gonçalves e a novela *O sheik de Agadir*, não era o veículo pelo qual recebíamos as informações. Estas nos chegavam naturalmente, da boca à orelha, por quem vinha de fora. Além disso, o Solar tinha também uma grande concentração de jornalistas.

Da mesma forma, não havia telefone nos quartos. O telefone era um artigo de luxo na vida do brasileiro e o único aparelho no Solar ficava na recepção, disponível apenas para ligações locais. Quem precisasse falar com a mãe em Cascavel, Botucatu ou Arapiraca, que usasse o telefone público, de ficha, do botequim sórdido anexo ao Solar. A falta de telefone fazia com que as visitas aparecessem sem avisar, o que às vezes obrigava a que as janelas (as que davam para um pátio interno) fossem usadas como saída de emergência pela visita anterior.

Se alguém nos telefonasse, dona Jurema, a gerente, pedia a alguém que estivesse por ali que fosse bater à nossa porta e nos chamar. Certa vez, em que o telefonema era para mim, a pessoa que veio dar o recado não acreditou: "Ruy, tem uma ligação pra você na recepção. Um cara dizendo que é o Décio Pignatari. Ha, ha, ha!". A ideia de que o poeta concretista Décio Pignatari, uma das sumidades de 1968, telefonasse para um garoto como eu podia parecer absurda — só que era ele mesmo e, quem não acreditasse, que fosse lamber sabão. Décio morava em São Paulo e vinha ao Rio toda semana, para dar aula na Esdi [Escola Superior de Desenho Industrial]. Tínhamos sido apresentados por um amigo, o jornalista do *Correio da Manhã* e também concretista José Lino Grünewald, e ele gostava do que eu, novamente no *Correio*, estava escrevendo no jornal.

Se ninguém precisava de telefone ou de televisão no quarto, havia um eletrodoméstico de primeira necessidade e de que nenhum dos moradores abria mão: uma humilde vitrolinha portátil, de plástico, quase sempre da marca Sonora, que se prestava muito bem a produzir fundo musical para namorar ou para ouvir os lps que estavam saindo e nos apaixonando: *Wave*, com Tom Jobim, aquele da girafa na capa; *Look around*, com Sergio Mendes & Brasil '66; *Tropicália*, com os baianos; *Feliciano!*, com José Feliciano cantando "Light my fire"; e os de Miles Davis, Charles Mingus, Modern Jazz Quartet — ouvir jazz era *de rigueur*. Até pela grande quantidade de compositores e cantores morando ali, a música era importante para todos no Solar e, não raro, ouviam-se sons ao vivo saindo dos apartamentos. Mas não era um lugar barulhento. A vida social nos quartos era intensa, mas discreta, e ninguém regulava ninguém. Exceto, claro, por Zé Kéti — a voz do morro, ele mesmo, sim, senhor.

O Solar era musical, mas não eram exatamente música os ruídos que, em certa época, podia-se ouvir todas as noites e a noite inteira, vindos do quarto no segundo andar, bem em cima do meu. Imagine duas pessoas se engalfinhando, talvez rolando pelo chão, derrubando cômodas e armários e jogando cofres ou bigornas uma na outra. Seria uma briga feia — se não se reconhecessem as vozes do querido Zé Kéti e sua mulher ou namorada, declarando apaixonadamente e em voz alta tudo que estavam fazendo a dois. Era um acontecimento. Zé Kéti, como se sabe, era autor de grandes sambas, como "A voz do morro" ["*Eu sou o samba/ A voz do morro sou eu mesmo, sim, senhor...*"] e "Opinião" ["*Podem me prender/ Podem me bater/ Que eu não mudo de opinião/ Daqui do morro eu não saio, não...*"]. Mas que bom que ele saíra do morro e viera para o Solar. Às vezes juntava gente no meu quarto para ouvir aquela trilha sonora — cheguei até a pensar em cobrar ingresso.

A possibilidade de alguém ser despejado do Solar por mau comportamento era zero, até o dia em que foi morar lá o estudante capixaba Rogério Coimbra, 21 anos, jazzista full time e com enorme facilidade para fazer amigos. Seu apartamento tornou-se uma cacofonia — John Coltrane a toda na vitrola, gritos, risos, uivos, roncos e outros ruídos não identificados, amigos e estranhos entrando e saindo e alguns, liberalmente, queimando fumo e tomando ácido no recinto, nem sempre com o aval do titular. Certo dia, a mãe de Rogério, dona Lourdes, chegou de Vitória, de surpresa, para conhecer a "casa do filho". Ao deparar com o espetáculo, teve um derrame no olho e precisou ser levada às pressas para o hospital. A balbúrdia era tanta e tão permanente que, às vezes, Rogério ia se refugiar no apartamento de seu xará Rogério Duarte, onde imperava uma quietude zen, quebrada no máximo por orações em sânscrito recitadas por este em voz baixa. Rogério Coimbra acabou sendo "convidado a retirar-se" por dona Jurema, administradora do casarão — com o que conquistou a honra de ter sido o único morador que conseguiu ser expulso do Solar da Fossa.

Num Rio ainda sem motéis, onde se perdiam namoradas por falta de aonde levá-las, o Solar era perfeito. A liberdade ali era absoluta — nenhuma moça era barrada na portaria, nem se perguntava seu nome ou estado civil. A pílula anticoncepcional era uma novidade, mas todas as moças que conhecíamos a usavam, e isso mudara radicalmente as relações entre homem e mulher — agora era esta quem controlava a reprodução, donde podia fazer o que quisesse. Reduzidos à súbita condição de objetos sexuais, só nos restava nos submeter.

Quando alguém do Solar deixava o seu nicho e se fazia ao largo na cidade, havia endereços certos. Um deles, a Cinemateca do Museu de Arte Moderna, dirigida por Cosme Alves Neto, no recém-inaugurado Parque do Flamengo. Ficava numa sala improvisada, no térreo do MAM, com chão de serragem, cadeiras da Brahma e uma telinha de 16 mm, em que se exibiam os restos mortais — cópias caindo aos pedaços — de clássicos como *Metrópolis* (1926), de Fritz Lang, e *Napoléon* (1927), de Abel Gance. Do MAM esticava-se ao cinema Paissandu, no Flamengo, cuja programação nas noites de sábado, a cargo de Fabiano Canosa, valia por um curso intensivo de cinema. E, em Ipanema, os points favoritos eram os bares Jangadeiros e Zeppelin. Muita gente do Solar estudava na FNFi (Faculdade Nacional de Filosofia), na avenida Presidente Antônio Carlos, e saía de lá para as passeatas na avenida Rio Branco, que, em temporada de crise política, em 1967 e 1968, aconteciam à média de uma por semana e podiam render um tempo no Dops, na rua da Relação. Eu próprio já tinha sido detido numa passeata na Candelária, em abril de 1967, atirado num camburão e levado a passar algumas horas numa cela da Relação, da qual fui resgatado, juntamente com outros estudantes, pelo deputado Mário Martins (MDB-RJ), pai da futura escritora Ana Maria Machado.

Muitos anos depois, alguém — Paulo Francis, talvez? — observou que o ideal de todo jovem carioca de vinte anos em 1968 resumia-se aos seguintes clichês: estudar na FNFi, morar no Solar da Fossa, trabalhar no *Correio da Manhã*, pertencer à Geração Paissandu e ser preso numa passeata. Modéstia à parte, cumpri-

-os todos — o que me faz poder olhar para trás, hoje, tantos anos depois, e concluir que a vida não me deve nada.

Deixei o Solar como morador em 1969, continuei a amá-lo e frequentá-lo como visita e, por sorte, estava longe quando os padres da igreja Santa Teresinha (verdadeiros proprietários do imóvel) o venderam a uma incorporadora, que o demoliu em 1972. Até hoje sinto certo travo em subir ao shopping que construíram no lugar. A entrada do estacionamento é a da antiga portaria do Solar, o que representa, de cara, uma cruel simbologia — nada indicava que aquele lugar, onde tantos jovens sonharam modestamente com o impossível, se tornasse uma meca do consumo conspícuo. E não me conformo muito com a ideia de que, com aquele pé-direito de shopping, seus andares, muitos metros acima do nível do mar, ficam exatamente onde costumava ser... o céu do Solar.

O grande sucesso do Solar na última noite de 1968 foi a trilha sonora do filme *2001: Uma odisseia no espaço*, de Stanley Kubrick, estreado naquele ano. A barra estava pesada desde o Ato Institucional nº 5, imposto duas semanas antes. Mas não iríamos deixar que o baixo-astral imperasse no Réveillon — tanto que, naquela noite de 31 de dezembro, todo o Solar se acendeu.

Houve festa nos oitenta quartos, duros de gente, com as portas abertas e as pessoas circulando entre eles. Começando pouco antes da meia-noite, um morador passou por várias dessas festas levando sua vitrolinha e o disco de *2001*, para tocar bem alto a primeira faixa, o solene "Also sprach Zarathustra", de Richard Strauss, e tomando uma pinga, um uísque ou uma vodca em cada uma. Era como se fosse o nosso prefixo para 1969 — uma prova de que continuávamos de pé, iríamos em frente, não nos deixaríamos abater.

Esse morador era um otimista. Não por acaso, eu.

VERÃO DE 1968
Às portas de um ano como nunca outro

[*Vogue Brasil*, inverno de 2007]

Foi só atravessar o túnel e 1967 ficou para trás, em Botafogo. Quando chegamos ao outro lado, em Copacabana, a alguns segundos da meia-noite, os fogos de Ano-Novo já estouravam por 1968. A ideia fora esta mesmo: a partir do Solar da Fossa, onde morávamos, atravessar o Túnel Novo a pé, em turma, e ir para a praia, cujo Réveillon consistia então de uns poucos milhares que acendiam suas velas e jogavam flores para Iemanjá; depois, caminhar entre os grupos de devotos na areia, ouvindo os tambores e cantos, e nos sentirmos superiores porque estávamos ali, com um pé na areia e outro na África, e não numa festa de família cheia de pais e tios quadrados.

Na verdade, aquela noite não tinha muita importância. Era só simbólica, tanto quanto a travessia do túnel — porque, para todos os efeitos, 1968, ou pelo menos seu verão, já começara. E começara quase um mês antes, nos primeiros dias de dezembro, quando a chegada das férias desmobilizara o movimento estudantil e sustara temporariamente as passeatas contra a ditadura. A partir dali, e pelos dois ou três meses seguintes, poderíamos exercitar em práticas mais amenas os radicalismos que fariam de 1968 o ano em que seríamos felizes para sempre — e quase fomos.

Nos últimos dias de aula de 1967, só restara uma menina virgem em nossa turma de primeiro ano do curso de Ciências Sociais na Faculdade Nacional de Filosofia — e ela, tão doce, frágil e bonita, com seus anéis de cabelo louro e enormes olhos verdes, não se conformava com isso. A pílula já era vendida em qualquer farmácia, a revolução sexual estava em ebulição, e a virgindade feminina — até um ou dois anos antes, uma obrigação — se tornara um atraso, uma mancha no currículo de qualquer garota que se prezasse. Mas daquele verão não passaria, ela decidiu. Por coincidência, restara também na classe um rapaz bonito, tímido, meio sem jeito — e igualmente virgem. A menina era de uma rica família carioca, famosa pelo mundanismo de seus membros; o rapaz era da elite paulistana, com um sóbrio sobrenome inglês, cheio de ww e kk. E assim, *faute de mieux*, os dois resolveram promover suas estreias um com o outro. Um colega emprestou o apartamento — um quarto e sala na rua Senador Vergueiro, no Flamengo, quase sem móveis — e, numa noite abafada, aqueles dois filhos da burguesia brasileira, que tinham direito a lençóis de quinhentos fios, colchões de penas e núbios para abaná-los, fizeram amor num chão de tacos frouxos, sobre uma esteira de praia, certamente com restos de areia entre os trançados de palha. Estávamos em 1967, mas isso já era 1968 na veia.

Poucos meses antes, Caetano Veloso e sua mulher, Dedé, tinham se mudado do Solar e ido para São Paulo. Mas, sempre que no Rio, davam um pulinho até lá — Caetano, de camisa da Marinha, com as fraldas para fora —, às vezes acompanhados de um Gilberto Gil gordo, camisa de seda amarela, chapeuzinho de couro e cara redonda, de biscoito Maria. Iam visitar a amiga Gracinha — que continuava morando no Solar e ainda não se tornara Gal Costa — e conferenciar com outro residente, o artista gráfico Rogério Duarte, criador do cartaz de *Deus e o diabo na terra do sol*. Um dia, cheguei da rua e encontrei Rogério no pátio, finalizando um desenho colorido, mostrando uma mulher nua em meio a um cenário de bananas, serpentes e dragões. Ele me disse que era para a capa de um LP de Caetano. Comentei que mais parecia uma capa de *Almanaque Capivarol*. Ele concordou e disse que a ideia era essa mesmo — tinha a ver com algo que estava sendo cozinhado na gravadora Philips, chamado tropicalismo.

Rogério convidou-me a seu quarto no Solar e, de um aparelhinho de fita cassete (o primeiro que vi na vida), saíram metais estridentes e dramáticos, com arranjo de Júlio Medaglia: "*Sobre a cabeça os aviões/ Sob os meus pés os caminhões/ Aponta contra os chapadões meu nariz...*". A impressão foi de uma pancada e, até hoje, para mim, essa é uma das trilhas sonoras daquele verão.

Naquela noite de 31 de dezembro, enquanto virávamos o ano na areia, uma festa de Réveillon na casa de um casal grã-fino no Jardim Botânico reuniu cerca de mil pessoas e serviu de trailer para o que se passaria em 1968. Dela resultaram quase vinte casamentos desfeitos, dezenas de novas ligações amorosas e brigas cujas consequências — cortes no rosto, rótulas esmagadas, corações em pedaços — se prolongariam durante meses para os litigantes. E por que se brigou tanto? Porque, naquela festa, com os dois times pela primeira vez completos em campo, viu-se o choque da Nova Ordem contra a Velha Ordem. Aos primeiros minutos de 1968, ainda era chocante para alguns maridos que suas mulheres tivessem aderido ao casamento aberto — e resolvido abri-lo ali mesmo, na festa, com homens que nem conheciam. Ou que homens e mulheres que haviam levado a vida reprimindo seu homossexualismo decidissem subitamente exercê-lo, declarando-se a pessoas do mesmo sexo. Ou que pregações de violência política, já a favor da luta armada, se sobrepusessem aos conselhos dos moderados que acreditavam na aliança entre os ex-arqui-inimigos Carlos Lacerda, Juscelino Kubitschek e João Goulart, formalizada pouco antes. O que havia no ar, no verão de 1968, para que, de repente, nada mais fosse como antes?

O que fazia com que, ao atravessar de novo o túnel, para assistir aos ensaios de *Roda viva*, que José Celso Martinez Corrêa estava dirigindo no Teatro Princesa Isabel, achássemos perfeitamente natural a criação das cenas em que a plateia teria postas de fígados sangrentos esfregadas em seu nariz pelos atores? E por que nossa surpresa quando, com a peça finalmente em cartaz, em janeiro, os espectadores se ofendiam com a agressão e fugiam do teatro espavoridos? Meses depois, quando o espetáculo se mudou para São Paulo, os órgãos de repressão invadiram o teatro e promoveram um massacre de verdade do elenco. Era a revanche da Velha Ordem.

Visto de hoje, parece incrível (e mais ainda para quem não o viveu), mas era como se, no verão de 1968, houvesse uma certeza de que estávamos às portas de um ano como nunca houvera. Naqueles meses, eu era repórter da revista *Manchete*, mas já tinha um convite de Paulo Francis para voltar a trabalhar com ele no *Correio da Manhã*. Meu último trabalho para a *Manchete* foi em fins de março — uma longa e deliciosa entrevista com Tom Jobim no bar Veloso, em Ipanema. Foi marcante para mim porque, naquele exato momento, sem que soubéssemos, o estudante Edson Luís estava sendo morto pela polícia no Calabouço, um albergue para estudantes pobres, a alguns quilômetros dali. Por causa desse episódio, a Velha Ordem recuou e a Nova Ordem se impôs, culminando, em junho, com a Passeata dos Cem Mil, o maior ato até então contra a ditadura. Aquela ilusão de liberdade nos fez crer que o verão se prolongaria pelo resto do ano e — esperávamos —, ao emendar com o verão seguinte, acordaríamos finalmente na democracia.

Mas, quase um ano depois, na noite de 13 de dezembro de 1968, a Velha Ordem voltou à cena e mais feroz do que nunca. Os militares implantaram o Ato Institucional nº 5, suspenderam as garantias civis, fecharam o Congresso, prenderam um mundo de gente e acabaram com a nossa festa. Por ordens superiores, baixou a noite, fez frio, caiu garoa e, com isso, não deu praia no dia seguinte, nem tivemos o verão de 1969.

DEZ ANOS DE TROPICALISMO
Afinal, ele fedeu ou cheirou?

[*O Pasquim*, 22/12/1977]

Os gritos de 1967 não mereceram mais que alguns sussurros em 1977. Não é curioso? Para um movimento que surgiu ao som de trovões de orquestra e protestos indignados, o décimo aniversário do tropicalismo foi comemorado tão em surdina que tanto os seus aderentes quanto os antigos adversários devem ter se perguntado se ele realmente aconteceu. Mais curioso ainda, nenhum dos membros originais se apresentou para reclamar o cadáver. Ao falarem a seu respeito para *Veja*, por exemplo, estavam mais tentando livrar-se dele do que se dispondo a render-lhe as últimas homenagens — Caetano Veloso chegou a compará-lo a uma corcunda, que só se carrega nas costas por obrigação. Está bem, talvez o tropicalismo seja hoje um esqueleto no armário, ocupando um cabide que poderia estar sendo usado para pendurar roupas novas. Seja como for, o fato é que está lá e ainda não foi enterrado. Para que encontre o descanso eterno, será preciso quebrar a conspiração de silêncio que o vem envolvendo.

Ele não foi uma explosão, uma bomba de tempo rigorosamente regulada para detonar em determinado momento. Foi antes uma diarreia — um grande piriri criativo, múltiplo e espontâneo, que permitiu expelir décadas de gases musicais acumulados e aliviou a prisão de ventre temática instaurada desde 1964. Foi também a resposta de 1967 ao tímido casamento entre a Bossa Nova e o que se pensava ser a música "de raízes", celebrado no espetáculo *Opinião*, em 1964-5. O tropicalismo queria ser tudo, menos tímido, e não se envergonhava de buscar suas raízes na cera de que eram feitos os discos de baiões, boleros, tangos, sambas-canção, celestinos e iê-iê-iês que o inspiraram.

Hoje sabemos que o importante no tropicalismo não foi a síntese — afinal, frustrada — de tudo isso, mas a simples possibilidade dessa síntese. Era o fim dos purismos e o convite a todos os contágios. Mas, algum dia, terá havido o *purismo* que os conservadores brandiam para atacá-lo? A música brasileira dos anos 20 está cheia de charlestons, a dos anos 30, cheia de foxes, a dos anos 40, cheia de boogie-woogies, e a dos anos 50 só faltou ser cantada direto em inglês. E as simples apropriações? Alguém já se lembrou de cobrar de Noel Rosa a ideia de pôr letra em "Nobody's sweetheart" e transformá-la em "Você só... mente", dando parceria a seu irmão Hélio em vez de a Gus Kahn? Será coincidência a semelhança entre "Yes, nós temos bananas", de João de Barro, de 1937, e "Yes, we have no bananas", de Irving Cohn e Frank Silver, de 1923 — ou o nosso Braguinha estaria apenas prestando uma "homenagem"? Em nenhum dos casos há menção aos autores originais. E ouça as clássicas gravações de "Em pleno luar", de Joubert de Carvalho, com Orlando Silva (1940); "Mulher", de Custódio Mesquita e Sadi Cabral, com Silvio Caldas (1940); e "Renúncia", de Roberto Martins e Mário Rossi, com Nelson Gonçalves (1942). Eram foxes da melhor categoria, escritos por grandes compositores brasileiros, e muito melhores do que aquelas bossas novas fuleiras que os americanos tentavam fazer em 1962.

O tropicalismo não podia ser — como o acusaram — a abertura dos nossos portos musicais às nações "amigas", porque naturalmente esses portos já estavam abertos havia muito. Um LP de Geraldo Vandré, *Hora de lutar*, ungido pela juventude universitária de 1966 como o exemplo da música que recuperava as *autênticas* raízes nordestinas, tinha grandes arranjos de big band (por Erlon Chaves) e até solos de jazz como contraponto às lamentações do camponês. Quando os trombones entravam em cena, mal sobrava espaço para os berimbaus. E era engraçado, mas ninguém parecia notar. É que o jazz "podia", mas o rock não.

Claro, o jazz já havia assentado um certo grau de poeira na música brasileira, enquanto o novo-rico rock vinha com suas infecciosas guitarras elétricas (resmas de papel foram consumidas nessa discussão). E nos primeiros discos de Nara Leão, a musa dissidente da Bossa Nova, as letras de fato trocaram a areia da praia pela terra do latifúndio, mas a batida do violão e da bateria não mudou. A dissidência da música "participante" contra a Bossa Nova lembrava a história do australiano que comprou um bumerangue novo e não conseguiu jogar o velho fora.

Caetano e Gil, que, embora tendo João Gilberto como Deus, chegaram a praticar com sucesso o protesto populista estilo *Opinião*, pensaram ter encontrado a saída num disco dos Beatles, *Sgt. Pepper's Lonely Heart's Club Band*. Isso era ousado, apesar de os Beatles, já então, terem adquirido uma súbita aura de nobreza. Mas esse disco realmente abria possibilidades nunca imaginadas para cantores, compositores e arranjadores, além de ser o sonho feito realidade dos engenheiros de som — porque, nele, de ruído a música, tudo era permitido. Com ele, o rock finalmente encontrava a ordenação do seu próprio caos, sem abolir esse caos — como o jazz já havia conseguido.

Para as cabeças furiosamente racionalizantes de Caetano e Gil naquela época, *Sgt. Pepper* era a resposta a todas as perguntas que eles tinham feito, em vão, ao furreca iê-iê-iê doméstico. *Sgt. Pepper* deu-lhes a liberdade, ao passo que *Terra em transe*, o filme, e *O rei da vela*, a peça, ensinaram-lhes o que fazer dessa liberdade — podiam fazer tudo que quisessem, desde que não fosse "a sério". Essa foi a receita, momentaneamente mágica, do tropicalismo. O qual nasceu com a intenção de fazer história.

E, se não fez, devia ter feito. O tropicalismo parecia ser uma aventura criativa tão ampla que podia conter tudo. Era a "contribuição milionária de todos os erros", já pregada em 1924 por Oswald de Andrade, e não se importaria de conter até alguns acertos. Era a síntese, a geleia geral, a liberdade para Caetano fazer um bolero, Gil, um rock, ou de usarem guitarras elétricas, se isso lhes desse na telha — o que frequentemente acontecia. Seguindo a receita, criaram-se coquetéis de ritmos latino-americanos, como "Lindonéia" ou "Soy loco por ti América". Coisas antigas, como "Coração materno", de Vicente Celestino, "Três caravelas", versão de Braguinha para o mambo "Las tres carabelas", lançado por Emilinha Borba em 1957, e "Yes, nós temos bananas", foram ressuscitadas de maneira crítica. E, por bem ou por mal, instaurou-se definitivamente a guitarra elétrica na música brasileira, numa época em que Roberto Carlos "podia" fazer isso, mas músicos "responsáveis", não. Embora já fosse o bastante para provocar urticárias nos críticos mais conservadores, para alguns ainda não chegava. E nós perguntávamos: "E daí?".

De que adianta conquistar uma enorme liberdade criativa para fazer simples boleros ou rocks que outros podiam fazer melhor? Mas o tropicalismo não quis ser uma mera assimilação de exotismo. O mais impressionante nele era a capacidade de deboche dos seus participantes. Como o clima geral em 1968 era o de salve-se quem puder, nada estava a salvo, nem tudo perdido. Atacava-se o bom gosto com o mau gosto — como se o primeiro fosse o grande problema nacional e o segundo, a única solução. (Mas quem podia garantir que não fosse?) Coisas que os antigos faziam a sério, como "Aquarela do Brasil" ou "Onde o céu azul é mais azul", os tropicalistas começaram a fazer como metalinguagem. Em suas letras, clichês *nacionais* como "pendão", "florão da América", "porto seguro", "céu cor de anil" e "país do futuro" ficavam tão ridículos quanto araras. As capas dos discos só fugiam da constante do verde-amarelo para lembrar as do *Almanaque Capivarol*. De repente, um trecho de "Marginália II" podia citar um conhecido hino [o Hino da Independência]. A ousadia era quase ininterrupta nas letras, nos ritmos, nos arranjos, nos efeitos sonoros. "*Um poeta desfolha a bandeira/ E a manhã tropical se inicia/ Resplandente, candente e fagueira/ No calor, girassol com alegria/ Na geleia geral brasileira/ Que o* Jornal do Brasil *anuncia*" — e, a partir daí, só se esperava o inesperado.

A mala de couro, em "No dia em que eu vim-me embora", "*fedia, cheirava mal*" — nunca se tinha ouvido isso em música brasileira. Brincava-se com as palavras, como em "Objeto não identificado" ("*Com-/puta-/dor / sentimental*") ou em "Tropicália" ("*Sobre a cabeça, os aviões/ Sob os meus pés, os caminhões/ Aponta contra os chapadões/ Meu nariz. // Eu organizo o movimento/ Eu oriento o Carnaval/ Eu inauguro o monumento/ No Planalto Central do país*"). Em "Alfômega", Caetano cantava e Gil gritava por trás "*Ma-ma-ma-righela!!!*". E de quem seria "*el nombre del hombre muerto*" que "*ya no se puede decirlo*"? Guevara, naturalmente. Mitos de 1967, 68 e 69 contra os lugares-comuns por-que--me-ufanistas de 1917, 18, 19 e de sempre. Nada levava a nada, mas era divertido. Uma singela molecagem baiana, mas que dava ao ouvinte a impressão de partilhar da travessura. À falta de um Dancin' Days, Tigresa era obrigada a fazer política.

Provavelmente, na época, achávamos que o tropicalismo tivesse vindo para ficar — assim como a inseparabilidade dos Beatles parecia mais indiscutível que a da Santíssima Trindade. Éramos ligeiramente ruins de cálculo, embora já houvesse um cheiro de provisório no ar. É verdade que, em comparação aos tempos de Ato-5 que nos esperavam na curva, podia-se ter alimentado uma certa ilusão de "normalidade" democrática, mas, naturalmente, ainda não sabíamos disso. E o tropicalismo era apenas uma permissibilidade permitida, embora irritasse profundamente o poder. Irritava também parte da esquerda, e pelo mesmo motivo: o deboche. E, no entanto, ele falava a língua de uma camada emergente que, julgando-se da nova esquerda, não se contentava com a mera recuperação paternalista da "cultura popular" de *Opinião*. A batalha campal provocada por "É proibido proibir", no Tuca em São Paulo, em 1968, foi parte dessa briga.

Bem, aos fatos. A verdade é que o tropicalismo não tinha vindo para ficar e acabaria se esgotando sozinho, mesmo que seus principais criadores não tivessem sido presos e se exilado. Como todas as manifestações da contracultura, era só um passageiro desarranjo intestinal numa cultura em impasse. Tinha prazo incerto para acabar e transformar-se em outra coisa, mas não lhe deram tempo nem para chegar ao fim de seus dias. Na época, gastou-se mais papel na tentativa de "compreensão" de algumas de suas manifestações laterais (Chacrinha, abacaxis, bananas, ternos de linho branco, chapéus panamá) do que na sua música.

O tropicalismo, que nascera em finais de novembro de 1967, entraria em coma um ano depois, a 13 de dezembro de 1968, com o Ato-5. No exílio de seus criadores, tentou transformar-se em rock, para não morrer de frio, mas acabou morrendo de uma súbita e natural inanição criativa. Palmeira do Mangue não cresce na areia do Tâmisa. Ninguém chorou a sua morte, porque havia outras coisas por chorar. É certo que o rock instalou-se definitivamente no Brasil pela sua comporta aberta — mas ele entraria da mesma forma, assim como, hoje, nos Estados Unidos, qualquer grupelho inglês de guitarra vende mais do que Frank Sinatra. "Alegria, alegria" voltou para de onde saiu — para a televisão. E As Frenéticas fazem hoje tudo que os Mutantes nunca puderam fazer, embora com os mesmos arranjos de Rogério Duprat.

É claro que o *desarranjo* cultural que produziu o tropicalismo não foi curado até hoje — apenas estancado por uma dose maciça de Enteroviofórmio censório e político. Quando esse efeito paralisante for cancelado, saberemos afinal se ele fedeu ou cheirou. Se isso ainda importar até lá, o que — como tudo no tropicalismo — é discutível.

Mas, o que não é discutível? Basta deixarem.

OH, NÃO, 1968 ESTÁ DE VOLTA — DE NOVO!
Mas para quê, se ele nunca nos deixou?

[*O Estado de S. Paulo*, 20/7/1996]

O mundo passa de ano, mas o diretor de teatro José Celso Martinez Corrêa não saiu até hoje de 1968. Há duas semanas, no Teatro Armazém, no Rio, ele convidou Caetano Veloso a subir ao palco de sua peça *As bacantes*, do grego Eurípides, e promoveu o que chamou de "estraçalhamento" do cantor. A certa altura do espetáculo, que se arrastou por cinco horas e meia, suas atrizes imobilizaram o surpreso Caetano, arrancaram suas roupas e o deixaram pelado em cena, exceto pela meia do pé direito. Metade da plateia aplaudiu, a outra metade fez tsk, tsk. Depois, rindo ao vestir o paletó, Caetano disse que só permitiu aquilo porque ele, Caetano, era do balacobaco. Mas José Celso, muito sério, achou que o balacobaco era mais embaixo: "O artista, para evitar que o sistema o estraçalhe, precisa estraçalhar a si próprio". Quando foi que você já ouviu isso?

Em 1968, claro. Quando menos se espera, o espírito daquela época (tire ou ponha dois ou três anos) parece voltar sob várias plumagens. No fim do mês, sai o livro *Geração em transe — Memórias do tempo do tropicalismo*, de Luiz Carlos Maciel, descrevendo o impacto então provocado por Glauber Rocha, José Celso e Caetano com, respectivamente, *Terra em transe*, *O rei da vela* e "Alegria, alegria". A quase-biografia *Hélio Oiticica — Qual é o parangolé?*, de Waly Salomão, recém-lançada, faz uma interpretação do artista plástico que, antes de todos, inventou o conceito de tropicália. Há dois anos, saiu o livro *Marginália — Arte & cultura na idade da pedrada*, de Marisa Alvarez Lima, uma coletânea de suas reportagens entre 1965 e 1970 que registraram, no calor da batalha, as vanguardas culturais daquele tempo. E uma nova revista editada no Rio, *O Carioca*, tendo o mesmo Waly na equipe, tenta reviver o experimentalismo poético da extinta *Navilouca*, dos primeiros anos 70.

Nas rádios, volta a tocar o disco *Fatal*, de Gal Costa, relançado em CD, ainda polvilhado de areia das "dunas do barato" de Ipanema em 1971. O neotropicalista Chico César, um dos sucessos do momento com "Mama África", está sendo chamado de "o novo Caetano" — embora este ache que César está mais para um "novo Tom Zé", outro sobrevivente daquela fase. E o cantor-palhaço Tiririca, com o estouro de sua incrível "Florentina", não ficaria mal dentro da "estética do mau gosto" que foi uma das bandeiras do tropicalismo — a exemplo da hilariante gravação de "Coração materno" por Caetano em 1969. Já estão até querendo proibi-lo.

A volta do espírito tropicalista não para por aí. O cineasta Ivan Cardoso (caçula da geração udigrúdi do cinema brasileiro) está terminando *À meia-noite com Glauber na zona proibida*, um documentário sobre o baiano, com toques especiais de José Mojica Marins. E a única peça teatral do próprio Glauber, *Jango, uma tragédia*, cheia de picilones, que ele entregou a Luiz Carlos Maciel um mês antes de morrer, está para ir pela primeira vez ao palco, com Cláudio Marzo no papel do presidente deposto. O que mais? Só falta o diretor Gerald Thomas criar uma ópera sobre a vida dos irmãos Campos, estrelada pelos Novos Baianos, com música de Yoko Ono, libreto de Gertrude Stein e oito horas de duração.

Será a volta do underground, da contracultura e do desbunde, fenômenos imediatamente pré e pós-1968 que, no Brasil, desaguaram no tropicalismo? Não — a não ser que a Rede Globo faça uma minissérie sobre o assunto e, mesmo assim, como nostalgia. Mesmo porque as bandeiras contraculturais de 1968 foram vitoriosas e assimiladas. É só olhar em torno: hoje cada um se veste ou se penteia como quer, a arte se tornou qualquer coisa, as drogas fazem parte do establishment, a esquerda "careta" morreu, o rock passou a ser a música oficial, o sexo só é condenável sem camisinha e o único que ainda se choca com a nudez, própria ou alheia, é o Zé Celso. Se tudo é permitido, não há transgressão possível. Então, por que esse aparente *revival* dos tempos em que era perigoso dizer não ao não?

Talvez por isso mesmo. Uma geração inteira se passou desde que a maior parte daquelas pessoas estava na moda — e, como era fatal acontecer, há toda uma nova leva de jovens sedenta por atitudes de "vanguarda". Como agora nenhuma atitude levanta um sobrolho, esses jovens se voltam com romântica curiosidade para as do passado mais à mão. E esse passado é 1968, que continua simbolizando o inconformismo, o experimentalismo e todos os ismos. Maciel o definiu bem em seu livro: fala-se daquele ano como se fosse um "*pop star*".

A curiosidade dos jovens é legítima, porque 1968 foi mesmo do balacobaco, mas não há motivo para os veteranos tirarem suas batas e miçangas do armário. Essa curiosidade tende a voltar-se rapidinho para a primeira nova mania que se oferecer aos jovens. A constatação é do próprio Maciel, falando com desencanto da juventude de hoje: "A alienação reificadora e serializada é o fenômeno dominante. Aconteceu exatamente o contrário do que, nos anos 60, pensávamos que íamos evitar".

Mas não era inevitável que isso acontecesse? Entre as bandeiras de 1968 estavam a de "quebrar o monopólio da arte pela elite", "acabar com a ditadura do bom gosto", "integrar a arte e a vida" — o que, em última análise, significaria abolir o artista e a própria arte. Bem, uma multidão de jovens comprou essas mensagens. Aberto o caminho à preguiça, à facilidade e ao não fazer nada, o resultado é o que se vê.

A leitura dos textos sobre aquela época, mesmo os produzidos hoje, não facilita muito a sua compreensão. Os vanguardistas de 1968 tinham uma rigorosa incompatibilidade com o pensamento organizado; detestavam usar letras maiúsculas, pingar pontos no fim das frases e escrever com começo, meio e fim. Eram craques em trocadilhos fáceis e em brincar de palavra-puxa-palavra. Na época, isso fazia parte da transgressão — décadas depois, ficou apenas datado. E, no entanto, a compreensão daquele período é importante para entender o Brasil que se seguiria. Que eu saiba, ninguém fez ainda, por exemplo, a relação entre a vanguarda artística de 1968 e a luta armada contra o regime militar a partir de 1969. E, hoje, certos pontos em comum são óbvios.

As duas eram alérgicas à esquerda convencional, representada pelo Partido Comunista, sendo por este hidrofobamente combatidas. As duas eram xiitas na luta sem contemporizações, até a vitória ou derrota final. As duas pregavam a *participação* do povo, tanto na produção e uso da arte quanto na ação política. As duas adotavam a guerrilha como meio de ação e, nesse sentido, Hélio Oiticica foi uma espécie de Lamarca das artes plásticas — *apropriava-se* de objetos achados na rua, como carrinhos de mão e latas de fogo, e os declarava sua "obra", assim como a luta armada assaltaria bancos e quartéis para fazer *apropriações* de dinheiro e armas. Em 1966, Oiticica invadiu a mostra *Opinião 66*, no MAM, com os passistas da Mangueira vestidos com os parangolés, e foi quase repelido à bala; e era amigo de bandidos de verdade, como o procurado Cara de Cavalo, a quem escondeu em sua casa na Gávea e em cuja morte criou a expressão "Seja marginal, seja herói". Que, por sinal, serviria para os dois grupos, o político e o artístico. Uma leitura dos manifestos e declarações de Marighella e Lamarca reproduzidos por Marcelo Rubens Paiva em seu novo romance *Não és tu, Brasil* lembra muito os manifestos e declarações de Oiticica, José Celso e outros reproduzidos por Marisa Alvarez Lima em *Marginália*.

O fato de, ultimamente, Lamarca estar sendo desenterrado

como herói e José Celso continuar dizendo as mesmas coisas de sempre prova que, no fundo, 1968 nem precisava voltar. Na verdade, nunca saiu daqui.

9. O AUTOR PELO AVESSO

O DIA EM QUE EU VI UMA VACA
Olhos de Bette Davis, ancas fartas, úberes enormes

[*Globo Rural*, junho de 2006]

No tempo em que o Brasil era um país "essencialmente agrícola", como nos ensinavam na escola, crianças e vacas eram unha e carne. A maioria das cidades ficava na zona rural, e o primeiro som que um bebê ouvia ao nascer podia ser um lento e plangente mugido vindo do pasto. Uma ou outra vaca mais querida era íntima da família e tinha livre acesso à casa da fazenda. O bebê era alimentado direto de suas tetas, sendo que a vaca usava o rabo para espantar as moscas que sobrevoavam o berço. Havia uma integração quase de irmãos entre o filho do fazendeiro e o filhote da vaca, o bezerro. Cresciam juntos, brincavam juntos, sonhavam juntos. Depois, cada qual cumpria seu destino histórico: o filho do fazendeiro ia para a escola na cidade grande e o filhote da vaca, para o açougue. A própria vaca havia muito já fora também para o açougue ou para o brejo. E, com isso, íamos vivendo, até que uma nova vaca viesse preencher a lacuna deixada pela vaca anterior.

Pois lamento informar que não vivi nada disso. Quando tive o prazer de ver uma vaca ao vivo pela primeira vez, já era um homem de 43 anos, razoavelmente calejado — cruzara vários continentes, dirigira jornais e revistas, testemunhara uma ou duas revoluções armadas e fora cumprimentado pelo nome por Kim Novak. Enfim, tinha diversas experiências profissionais, amorosas e de vida, menos a de ter visto uma vaca. E não se entende que um cidadão leve a vida sem nunca ter visto uma vaca, já que essa façanha está ao alcance de qualquer garoto nascido numa pequena cidade do interior do Brasil.

Pois este era precisamente o meu caso. Nascido em 1948, em Caratinga, MG, uma cidade cercada de montanhas, nada mais natural que, na infância, eu vivesse em estreita harmonia com a população vacum. Mas não foi o caso. Caratinga era uma pequena comunidade, de 30 mil habitantes, mas urbana, com escolas, comércio, bancos, jornais, cinemas, rádio, um grupo de teatro e até mesmo uma livraria. As vacas, que habitavam as fazendas em torno, não tinham permissão para ir à cidade, exceto se penduradas em ganchos ou já transformadas em bifes. E, assim como as vacas não vinham a mim, eu também — por motivos políticos — não ia a elas. Sou dos poucos brasileirinhos daquele tempo que nunca foram a uma fazenda em criança — porque os poderosos fazendeiros da região, adeptos do partido político dominante, o PSD (Partido Social-Democrata), não se davam com os comerciantes como meu pai, torcedores da UDN (União Democrática Nacional), que era a oposição.

Donde, em vez de passar férias em fazendas, brincando em currais, vendo porcas parindo e me deliciando com o cheiro de estrume, eu as passava no Rio, de onde meus pais tinham saído poucos anos antes e ao qual voltavam sempre que podiam. Assim, minhas lembranças de infância referem-se mais a Copacabana, ao Flamengo, à Cinelândia, ao largo da Carioca e ao Maracanã. Em adolescente, fomos de vez para o Rio e aí perdi a chance de ser apresentado a uma vaca.

Nos anos seguintes, ao viajar de carro por estradas do Brasil e do mundo, vi muitos rebanhos bovinos, certamente cheios de vacas, no alto dos morros. Mas não posso jurar que fossem vacas, porque ficavam à distância — talvez fossem bois —, e eu não iria descer do carro e levantar-lhes o rabo para me certificar. Elas poderiam não entender. E, assim, da mesma forma que nunca precisei da companhia das vacas para fazer meu trabalho, elas também nunca precisaram de mim para continuar produzindo e se reproduzindo.

Mas, um dia, sem querer, aconteceu. Em 1991, vi minha primeira vaca, e nas circunstâncias mais improváveis — não apenas no Rio, mas em Ipanema. Uma vaca holandesa, premiada num concurso internacional, estava exposta na calçada do Hotel Caesar Park, na avenida Vieira Souto, um dos metros quadrados mais caros do mundo. Eu passava casualmente por ali com Heloisa Seixas quando a vimos. Estaquei. Heloisa sabia dessa falha em minha formação e me estimulou a me aproximar do bicho e resolver o problema. Assim, fui.

Era, de fato, um belo animal. Tinha olhos de Bette Davis; ancas fartas, enormes úberes e uma baba grossa e elástica que transbordava de sua boca e molhava o tapete aos seus pés. Senti também um cheiro magnífico, não sei se de bosta ou capim — havia uns tufos por perto —, que me tomou as narinas e me invadiu por dentro, redimindo-me da intolerável lacuna de nunca ter visto uma vaca. A provar que ela não era uma vaca comum, Otto Lara Resende, então colunista da *Folha*, escreveu por aqueles dias uma bela crônica sobre ela.

Para mim, foi uma experiência inesquecível. E também única — porque até hoje continuo sem ver uma segunda vaca.

COLEGA DE TURMA
Por que eu nunca quis ser o príncipe Charles

[*Ser Médico*, janeiro/fevereiro/março de 2009]

Rubem Braga tinha 23 anos incompletos e mal começara a publicar suas primeiras crônicas em jornais. Mas logo numa delas escreveu: "A minha vida sempre foi orientada pelo fato de eu não pretender ser conde". O título da crônica era "O conde e o passarinho", o que insinua a sábia e precoce opção do futuro sabiá da crônica, como seria chamado. E por que um conde, e não um duque ou marquês? Porque uma das pessoas mais ricas e importantes do Brasil nos anos 30 era o conde Francisco Matarazzo — que, além de conde, era também um Matarazzo. Era muita audácia do jovem Rubem não querer ser um Matarazzo.

Pois, mal comparando, muito cedo também decidi que, não importavam as circunstâncias, eu não queria ser príncipe. Preferia continuar plebeu. Pude tomar essa decisão em tenra infância porque, no mesmo ano que eu, 1948, só que alguns meses depois, nasceu o príncipe Charles, filho da rainha Elizabeth II, da Inglaterra.

Charles fez sessenta anos em novembro último. Eu já tinha feito em fevereiro. Esses nove meses de diferença foram suficientes para que, um pouco mais velho, pudesse passar a vida acompanhando-o criticamente. De certa forma, crescemos juntos, embora de pais e de países diferentes, e nunca nos vimos, nem sentimos falta disso. A distância, no entanto, não impediu que eu soubesse das suas peripécias porque, sendo Charles filho de rainha — e logo da rainha da Inglaterra —, era natural que a imprensa lhe desse toda a cobertura. Da primeira à última chupeta de Charles, nada ficou sem registrar. E, pelo que tenho observado durante esses sessenta anos, acho que fiz a escolha certa. Principalmente porque eu tinha escolha e ele, não.

Que história é essa de escolha? Você dirá que ninguém se torna príncipe por querer, donde eu não teria a menor chance de ser um, mesmo que quisesse. Mas aí é que você se engana. O mundo está cheio de tronos marca barbante, principalmente na África, e qualquer brasileiro com algum espírito aventureiro pode muito bem se aproximar de uma herdeira encalhada, jogar um charme e tornar-se príncipe consorte ou coisa assim. E marido de princesa, príncipe é, não importa que o pai dele tenha sido vendedor de pentes na praça Mauá, jornalista de vespertino sangrento ou vereador pelo PT. Do que concluo que não é uma tarefa impossível. A mão de obra necessária para concretizá-la, esta, sim, é que deve desanimar os mais ambiciosos. E, como nunca tive essa ambição, deixei as princesas encalhadas em paz e resolvi concentrar-me nas plebeias, do que até hoje não me arrependi.

Mas, como eu ia dizendo, Charles nunca teve essa escolha. Nasceu príncipe e, supostamente, escalado para ser rei assim que a rainha sua mãe desocupasse o trono. Na qualidade de alguém que um dia seria rei, deve ter tido uma educação de primeira, e essa é a única coisa que sempre invejei nele. Estudou em colégios muito melhores do que eu, deve ter se formado em Oxbridge — Oxford e Cambridge — e provavelmente teve como seus tutores particulares os redatores da *Encyclopaedia Britannica*. Mas nunca invejei as aulas de etiqueta a que também foi submetido, o que deve tê-lo obrigado a beber muita lavanda para não vexar um convidado que tivesse cometido essa gafe. Nunca invejei também sua obrigatoriedade de aprender a jogar polo, de pigarrear antes de sorrir e, menos ainda, de usar saiote xadrez nos feriados ingleses. O fato é que, enquanto Charles sofria com tanta *noblesse oblige*, eu podia correr pelas ruas, matar aula, beijar as primas na escada de serviço, jogar pelada, esfolar o joelho e cavoucar o nariz sem dar satisfações a ninguém.

Nunca o invejei sequer pelas garotas lindas com quem deve ter convivido em adolescente nos jardins do Palácio de Buckingham. Imagino os milhares de oferecimentos que não recebeu de meninas rosadas e de tranças louras que mães ambiciosas tentaram empurrar para o futuro rei da Inglaterra. O garoto Charles, se quisesse, poderia ter-se esbaldado de beijos e de outros pequenos prazeres atrás da abadia. Mas, pelo visto, a etiqueta ou o que for proibiu-o de esbaldar-se de modo geral, e temo que Charles tenha sido um rapaz inexperiente, carente e torturado. Se não fosse, por que trocaria a jovem, fresca e linda Diana, com quem se casou em obediência a um arranjo de famílias, por aquele simpático jaburu maternal, Camilla Parker-Bowles, que parece ter sido sempre a sua verdadeira paixão?

Vejo Charles envelhecendo e olho para mim mesmo no espelho. Mais grisalho e digno, ele parece melhor hoje do que aos cinquenta anos, quando andou pagando micos históricos, inclusive aquele de que o mundo inteiro ficou sabendo — que ele gostaria de ser o o.b. de Camilla. Com um casamento estável e sem sal, tipicamente inglês, com Camilla, Charles parece agora mais tranquilo. Mas ainda aparenta mais do que os nossos sessenta anos. É um homem triste. Já deve estar farto de ser príncipe, ainda mais porque o prometido trono não chega nunca — e, pelo visto, nunca chegará.

Bem, o meu não vai chegar mesmo, e não me fará falta. A vida e o mundo não me devem nada. Também estou mais grisalho, só não sei se tão digno. Está tudo ótimo aqui na senzala e devo ser um dos mais felizes entre os homens comuns. E, se Charles quiser trocar de lugar comigo, já o aviso desde já — não há hipótese.

QUERIDA MÁQUINA DE ESCREVER
Posso precisar dela um dia

[*Florense*, verão de 2010]

Um homem morreu em Nova York em 2008. Foi enterrado sem nenhuma pompa, provavelmente num cemitério de subúrbio, e acompanhado apenas pela família e por alguns amigos. Chamava-se Martin Kenneth Tytell. Tinha 94 anos, e sua passagem pela Terra, comparativamente ignorada pelos contemporâneos, pode ser resumida numa frase: era um gênio em sua especialidade. O problema é que, desde pelo menos 1985, sua especialidade tinha sido superada por uma nova tecnologia e, por causa disso, ridicularizada e esquecida. Era a máquina de escrever.

Durante setenta anos, Tytell trabalhou com máquinas de escrever. Isso incluía tudo: venda, aluguel, conservação, conserto, restauração, configuração, criação de modelos. Dito assim parece pouco, eu sei, e mais ainda numa época como a nossa, em que os parentes mais próximos das máquinas de escrever passaram a ser a caneta-tinteiro, a pena de ganso e os pterodáctilos. Mas houve um tempo, quase todo o século xx, em que elas foram tão indispensáveis quanto a gasolina que movia nossos carros. Era das máquinas de escrever que saíam os artigos para jornais, os originais da literatura, as teses de doutorado, os documentos oficiais, os discursos dos políticos, os relatórios das empresas, a correspondência comercial, as cartas anônimas e, embora não fosse muito galante, às vezes até mensagens de amor. Enfim, tudo que precisasse ser escrito com clareza, limpeza e elegância. Quem não soubesse datilografar dependia de quem soubesse — manuscritos com garranchos e borrões só eram aceitos em casos especiais. Mas era rara a pessoa que não conseguia pelo menos catar as letras no teclado.

Num mundo em que a máquina de escrever reinava soberana, Tytell era a prova de que é possível deter domínio absoluto sobre uma ferramenta. Suas máquinas de escrever não se limitavam aos teclados de a-s-d-f-g-h-j-k-l-ç ou suas variações ocidentais. Ele era capaz de datilografar em 145 línguas ou dialetos com caracteres próprios: japonês, árabe, hebraico, tailandês, coreano, copta, sânscrito, grego antigo e moderno, o que você imaginar. Para isso, mantinha em sua oficina cerca de 2 milhões de tipos para adaptar a seus teclados. Oficina essa que ficava no segundo andar da Fulton Street, 116, no Village — onde mais? —, e em cuja janela, voltada para a rua, se via um cartaz que dizia: "Psicanálise para sua máquina de escrever". Mas quem quisesse corresponder-se com Tytell e não soubesse seu endereço, não precisava se apertar. Era só escrever "Mr. Typewriter — New York, NY" — e a carta chegava. Ele era o "Sr. Máquina de Escrever".

O jornalista Bruce Weber, autor de seu obituário no *New York Times*, conta que Tytell construiu uma máquina de escrever hieróglifos para um museu e outra que imprimia notas musicais, para compositores e arranjadores. Tytell também adaptou teclados para mutilados de guerra, inclusive amputados. Inverteu o sentido tradicional de funcionamento das máquinas — da esquerda para a direita, de cima para baixo —, para as línguas que, como o árabe e o hebraico, se escrevem da direita para a esquerda e de baixo para cima. (Com o que prestou também um serviço inestimável aos canhotos, que podiam ter suas máquinas adaptadas por ele, se quisessem). Dentro das limitações dos componentes de uma máquina de escrever — um teclado, um jogo de tipos com os caracteres em relevo, uma fita com tinta, um rolo e uma folha de papel —, Tytell criou um universo de possibilidades, algumas jamais sonhadas.

Muitos filmes de mistério já mostraram como uma mensagem datilografada pode levar ao assassino, bastando analisar várias máquinas de escrever em busca daquela cujos tipos sofreram certo tipo de desgaste. Durante anos, supôs-se que, depois de usadas por algum tempo, elas seriam como as impressões digitais — não haveria duas máquinas de escrever iguais. E essa suposição tinha sua razão de ser — exceto por… Martin K. Tytell. Ele era capaz de duplicar os caracteres de uma máquina, por mais sutil que fosse o desgaste neste ou naquele tipo — uma serifa perdida, uma haste ligeiramente torta, uma fita esgarçada ou com a tinta gasta em certos trechos —, a ponto de produzir um texto datilografado absolutamente igual ao texto em questão. Talvez fosse a única pessoa no mundo capaz da façanha — mas o simples fato de que ele existia bastava para derrubar a argumentação de um promotor ou de um advogado de defesa.

Foi o que aconteceu nos Estados Unidos, em 1950, durante o famoso julgamento de Alger Hiss, o ex-funcionário do Departamento de Estado acusado de passar informações em 1936 para o escritor e jornalista Whittaker Chambers, então agente comunista. Essas informações estariam contidas em 65 páginas datilografadas em poder de Chambers — que as entregou ao FBI quando mudou de lado e apontou Hiss como o autor delas. A promotoria comparou esses papéis com textos produzidos na máquina de escrever que pertencia a Hiss e sua mulher, Priscilla, e convenceu-se de que tinham saído da mesma máquina. Hiss alegou inocência e acusou Whittaker de "forjar uma máquina de escrever" para comprometê-lo — o que foi considerado absurdo por seus acusadores.

Hiss foi condenado, mas seus advogados de defesa viram ali uma saída para seu cliente, com vistas a uma apelação e um novo julgamento. Contrataram Martin Tytell para adaptar uma máquina de escrever e fazê-la reproduzir exatamente cada letra da velha máquina de seu cliente — e, com isso, provar que uma máquina de escrever podia ser duplicada e usada contra um inocente. Tytell topou a parada, não porque fosse comunista ou deixasse de ser, mas pela magnitude do desafio. Equivalia a derrubar a teoria da impressão digital e provar que, quando se tratava de reconfigurar uma máquina de escrever, tudo era possível.

A tarefa lhe tomou quase dois anos, mas Tytell chegou lá. Criou uma incrível réplica, falha por falha, da máquina de Hiss e derrubou o argumento da promotoria. Hiss não foi levado a novo julgamento, porque os indícios contra ele eram muitos. Mas, desde que foi libertado, em 1954 (e morreu em 1996, aos 92 anos), as pessoas nunca deixaram de discutir sua possível inocência — em grande parte, devido à desmoralização da prova da máquina de escrever.

Tytell, desde muito cedo, teve sua vida ligada às máquinas de escrever. Nascido em 1913, filho de imigrantes judeus russos, ele mal passara dos dez anos quando, numa sala de sua escola, se viu ao lado de uma máquina — uma Underwood —, com tempo de sobra para examiná-la e ninguém por perto para reprimi-lo. Como andava sempre com uma chave de fenda no bolso, o jovem Martin não viu nada de mais em desmontar a máquina ali mesmo. Dali a pouco, chegou o técnico que tinha sido chamado para consertá-la. O homem achou graça na travessura de Tytell e, no ato, começou a ensinar-lhe os segredos do instrumento. Mas a carreira de Tytell no ramo só teria um grande impulso em 1943, no Exército, quando converteu cem máquinas para dezessete línguas diferentes — e elas foram despachadas para outros tantos fronts da Segunda Guerra. Em tempos de racionamento industrial, falta de mão de obra e comunicações comprometidas, pode-se imaginar o valor de cem máquinas de escrever subitamente disponíveis num cenário de guerra.

No começo dos anos 80, quando Tytell parecia convencido de que as máquinas de escrever existiriam para sempre e sobreviveriam até a ele próprio, surgiu o pior inimigo que elas poderiam encarar: o processador de texto. No passado, as máquinas já tinham enfrentado e derrotado, quase sem piscar, a novidade das máquinas elétricas — e nem fazia diferença porque, mesmo que as elétricas tivessem ganhado a guerra, ainda seriam igualmente máquinas de escrever. Já com os computadores era diferente.

Ali estava o equipamento que faria até mesmo a mais linda Royal ou Olivetti parecer de repente arcaica — ágil, macio, silencioso, limpo; o texto, exposto numa tela à nossa frente, era fácil de ser corrigido, reescrito, editado; finalmente, podíamos imprimi-

-lo e produzir um original com perfeito acabamento. Em poucos anos, os computadores esmagaram as máquinas de escrever e despacharam milhões delas para o ferro-velho. Tytell resistiu enquanto pôde. Manteve sua oficina aberta até 2007, quando, finalmente, seu último cliente anunciou que já não precisaria de seus serviços. E só então Tytell entregou os pontos. Aposentou-se, aos 93 anos, e talvez por isso tenha morrido um ano depois.

Tenho total simpatia por Martin Tytell, porque eu próprio comecei a escrever à máquina aos cinco anos, em 1953 — era uma Remington semiportátil, preta, elegante, de meu pai — e, pelos 35 anos seguintes, vivi acoplado a seu teclado. Nunca aprendi a escrever com os dez dedos, mas, usando os regulamentares quatro ou cinco, sempre escrevi depressa e razoavelmente sem erros. Em 1988, convencido por meu amigo Sérgio Augusto, aderi ao computador. Mas, como vingança, por muitos anos limitei-me a usá-lo apenas como máquina de escrever.

É provável que, pelo volume de minha produção e pelos prazos cada vez mais curtos para cumprir, escrever no computador tenha me salvado a vida — não sei se sobreviveria à estiva que a máquina mecânica exigia de quem trabalhava nela. Era mesmo uma estiva — não foram poucas as vezes em que, no verão, uma ou outra gota de suor, brotando de minha testa, se espatifou sobre o teclado.

Tudo bem, aposentei minha velha máquina — outra Remington, também semiportátil, só que de aço mais forte e pesado, que, ao fazer doze anos em 1960, eu ganhara de meu pai. Mas não a joguei fora. Ao ter instalado meu primeiro computador, devolvi-a a seu estojo original e guardei-a num armário. Está lá desde então, em digno silêncio. Espero que a maresia do Leblon não a tenha devorado.

Espero mesmo. Posso precisar dela um dia, nem que seja para voltar ao tempo em que ele me fazia ganhar o pão com, literalmente, o suor do meu rosto. Mas será que me perdoará por tê-la trocado pela arrivista, nova-rica, máquina de plástico que tomou o seu lugar?

A ALTA CULTURA ENGOLIU A BAIXA CULTURA
Tudo bem, mas quem beijou a Verinha fui eu

[*Florense*, outono de 2011]

"O homem só gosta do que comeu em criança", dizia Nelson Rodrigues, fazendo questão de citar o autor da frase, o advogado, grã-fino e boêmio carioca Aloysio Salles. Nelson dizia isso para justificar seu paladar infantil, de arroz com feijão, bife e salada ("Tem uma pimentinha?", ele emendava). Se a frase de Aloysio estiver certa, explicará o fato de que, hoje, vivemos cercados por marmanjos que só se alimentam de cheeseburger, batata frita, chicletes Ploc e brigadeiro, como faziam há trinta anos, quando eram crianças e tinham paladar infantil — o que continuam tendo.

Que há uma relação entre o gosto do adulto e o que ele conheceu na infância, isso há. Eu, por exemplo, nunca mais tomei um refrigerante à base de laranja desde que, em meados dos anos 60, o Crush trocou seu lindo casco escuro e serrilhado por uma medíocre garrafa transparente e, por fim, deixou de ser fabricado. O último cachorro-quente que comi também aconteceu há décadas, quando a Geneal ainda mantinha seus trailers no calçadão junto à praia, em Ipanema. E lamento que o atual sorvete de creme da Kibon, vendido em potes, não seja o mesmo Sorvex de caixinha que se comprava na carrocinha amarela estacionada na esquina. Ou terá sido o meu paladar que estacionou na infância? Outra coisa quase impossível de dissociar dos tempos de formação é a música popular. Embora se saiba que a ciência mais próxima da música é a matemática, há algo na música que só se pode definir em termos de emoção — ouvi dizer, por exemplo, que, para Einstein, mais importante do que descobrir que e=mc^2 era ter aprendido a assobiar a popular "Ich hab' mein Herz in Heidelberg verloren" em 1925. Isso explica por que os mais exigentes compositores, regentes e musicólogos se comovem secretamente ao ouvir uma cantiga de roda ou de ninar — porque ela lhes traz recordações das calças curtas. Ou que um homem como Tom Jobim, com todas aquelas harmonias na cabeça, gostasse mesmo era de cantarolar "A turma do funil", de Monsueto — talvez porque essa marchinha lhe lembrasse alguma estripulia no Carnaval de 1956. E eu próprio, rigoroso fã de Jobim, Charles Mingus e Stephen Sondheim, saio imediatamente do sério ao ouvir a vulgar "Mamãe passou açúcar em mim", de Carlos Imperial e Eduardo Araújo — e só porque me vêm à memória os beijos de Verinha, uma menina do Colégio Santa Úrsula que conheci numa festinha em Botafogo ao som desse iê-iê-iê, em 1966.

Pior ainda é o que se dá com a literatura. O cidadão pode ser um severo leitor de Proust, Kafka e Thomas Mann. Ou daqueles que enfrentam Joyce com o auxílio de um computador, para aferir a incidência de vogais nos capítulos pares do *Ulysses* e de consoantes nos ímpares, sem o que não se entende aonde Joyce queria chegar. Pois esse cidadão não perderá uma chance de se esconder num refúgio secreto para ler um legítimo *Almanaque Capivarol*, de 1959, que encontrou num baú de sua família, e vibrar com os cartuns sem graça, as curiosidades tipo "Você sabia..." e aquelas tabelas que ensinam a calcular o dia da semana em que caiu qualquer dia de qualquer ano. Ou, ao descobrir num sebo coisas como *Tarzan e os homens-formiga*, de Edgar Rice Burroughs, *O camelo preto*, de Earl Derr Biggers, ou *A garra amarela*, de Sax Rohmer, deixar Joyce de lado e mergulhar nesses livros, que foram sua leitura em criança.

Estou falando, naturalmente, de um homem hoje na casa dos sessenta — há muitos espécimes à solta, entre os quais este autor. No meu caso, sem prejuízo de leituras eventualmente sérias e de muita coisa que preciso encarar por questões de trabalho, o que mais me moveu nos últimos tempos foram algumas preciosidades que recuperei por intermédio de Marcelo, um buquinista da Tijuca especializado em material que, no passado, as pessoas como eu liam e jogavam fora. E o que Marcelo me conseguiu?

Dezenas de gibis dos anos 50, há muito buscados, como *Mandrake, Capitão Marvel, Mindinho, Reis do Faroeste, Aí Mocinho!, Álbum Gigante, Misterinho, O Guri, Cavaleiro Negro, Brucutu* e, superando tudo, a coleção completa (150 números) de *Super-X*, um gibi de faroeste em formato menor, horizontal, que circulou entre 1952 e 1956, e trazia na capa caubóis como Monte Hale, Tex Ritter, Hopalong Cassidy. Todos esses títulos, produzidos pelas grandes editoras de quadrinhos — a Rio Gráfica, a do Cruzeiro e a gloriosa Ebal (Editora Brasil-América Ltda.) —, me acompanharam entre os seis e os doze anos e, lidos e relidos com paixão, me marcaram para sempre.

Paixão essa que não impediu que, com o tempo, eu fosse perdendo cada uma daquelas maravilhas até que, aos dezoito anos, já não me restasse nem um exemplar. E décadas se passaram antes que eu acordasse para o fato de que, se quisesse, poderia tê-las de novo, se achasse um fornecedor competente — e tivesse dinheiro para pagar por aquele material que, tantas décadas depois, valorizara milhares de vezes. Os buquinistas sabem muito bem: o mesmo *Ferdinando* ou *Brucutu* que, no passado, estava ao alcance do bolso de qualquer criança de dedo no nariz passa a valer uma fortuna se seu comprador for o adulto que aquela criança se tornou.

E com razão. A probabilidade de um gibi de 1955 ter chegado fisicamente ao século XXI é mínima — ao contrário das revistas semanais, como *O Cruzeiro* ou *Manchete*, que as pessoas costumavam colecionar. Mais difícil ainda será a sobrevivência dos suplementos de quadrinhos dos jornais, que, no dia seguinte, iam forrar a gaiola do papagaio com o resto do jornal. Pois Marcelo descobriu para mim vários números do suplemento do *Correio da Manhã*, com suas capas violentamente coloridas estrelando *Buck Rogers no século XXV* ou *As aventuras de Red Ryder* — que me custaram o equivalente aos papiros do antigo Egito.

Não importa. Ter aquilo de novo em mãos foi como voltar, por alguns instantes, a ser criança — condição que alguns de nós nunca nos conformamos em abandonar e que só tende a piorar depois dos sessenta.

Mas o processo cultural é cruel, e aquilo que, na maturidade, se tinha de fazer às escondidas, porque "não pegava bem", foi assimilado e agora faz parte da cultura. Não há mais "alta" ou "baixa" cultura — é tudo uma coisa só.

Não há mais necessidade de o sujeito se embuçar para ler aqueles livros citados, porque seus autores — popularíssimos em sua época, mas ignorados pelos intelectuais — são hoje objeto de biografias, ensaios e até teses de pós-doc. Você os conhece: Edgar Rice Burroughs é, naturalmente, o criador de Tarzan, o rei dos macacos; Earl Derr Biggers, do detetive chinês Charlie Chan; e Sax Rohmer, do gênio do crime, o Dr. Fu-Manchu. Da mesma forma, ninguém mais precisa se envergonhar se for flagrado lendo as memórias de Giselle, a espiã nua que abalou Paris, por "Giselle Monfort", na verdade um pseudônimo do repórter brasileiro David Nasser; os livrecos do Coyote, o "Zorro de Monterey", do mexicano J. Mallorquí; ou uma aventura de Shell Scott, o detetive de Richard S. Prather, naqueles livrinhos que se descolavam e desfaziam antes de você chegar ao fim. Giselle, o Coyote ou Shell Scott — tão reles em sua época que nem sequer eram mencionados como reles — também já foram promovidos às prateleiras superiores.

Devemos isso a uma certa atitude anticultural que começou em fins dos anos 60 (antes até da contracultura), usando o *trash* para atacar o chamado establishment. Essa atitude reabilitou milhares de romances vagabundos, filmes B, toda história em quadrinhos e praticamente qualquer espécie de tralha. De que me adianta, por exemplo, ser hoje um dos poucos a ter a coleção completa (27 volumes, recuperados um a um, a duras penas) de Arsène Lupin dos anos 50 pela Editora Vecchi — *A agulha oca, O estilhaço de obus, Arsène Lupin contra Herlock Sholmes*, você sabe —, com aquelas lindas capas em cores? Quando mostro esses livros para alguém, as pessoas já não fazem um ar esnobe, nem se chocam com a minha puerilidade. Ao contrário, ficam sinceramente maravilhadas.

Da mesma forma, não há herói dos quadrinhos que, a partir dos anos 60, não tenha merecido um estudo à luz da semiótica, do estruturalismo ou da fenomenologia — Super-Homem, por exemplo, foi tema de um profundo estudo cometido por Umberto Eco. Os próprios autores dos quadrinhos, antes desconhecidos, tornaram-se *causes célèbres*. Veja o caso do desenhista Carl Barks. Durante anos, ele criou as grandes histórias envolvendo Pato Donald, Tio Patinhas e seus sobrinhos em cenários exóticos, e nunca pôde assinar um único quadrinho delas — ninguém podia assinar individualmente nos gibis e estúdios de Walt Disney, porque Walt queria que as crianças pensassem que era ele quem desenhava. Pois bem: não há mais crianças inocentes — todas sabem tudo agora sobre Carl Barks, e a saga de Donald concorre hoje em prestígio acadêmico com a dos Rougon-Macqart, de Émile Zola.

Daí não ser surpresa que "Mamãe passou açúcar em mim", assim como "[Ele é] O bom", "Vem quente que eu estou fervendo" e outras deliciosas chulices de Carlos Imperial com parceiros, já faça parte até do acervo do Smithsonian Institute, em Washington, onde são estudadas por pesquisadores da "Brazilian popular music" — os quais devem estar descobrindo nelas importantes conteúdos políticos sobre o Brasil dos anos 60. E eu pensava que elas eram só uma brincadeira.

Tudo bem, aprenderei a dividir minhas preferências infantis com os pesos pesados da intelectualidade. Mas quem beijou a Verinha ao som daquele iê-iê-iê fui eu. O homem só gosta do que comeu em criança.

O MELHOR CARNAVAL DA SUA VIDA
Será o deste ano. E, depois, o do ano que vem

[*O Perú Molhado*, 6 de março de 2014]

Foi outro dia. Tirei da estante o livro *História do Carnaval carioca*, da cronista e foliã Eneida, depois de anos contemplando-o numa prateleira alta. Quando o abri, um punhado de confete caiu dentro do meu copo.

Lembro-me bem desse confete. Vem de um Carnaval no morro da Urca, nos anos 80. Foi salpicado entre as páginas do livro por uma mulher que usava no rosto uma meia-máscara prateada, uma gota de colônia Granado atrás de cada orelha e quase mais nada em cima. O que eu estava fazendo com esse livro num baile de Carnaval, não me pergunte. Ao fundo, Gal Costa arrasava com sua regravação de "*Meu coração amanheceu pegando fogo!/ Fogo!/ Fogo!/ Foi uma morena que passou perto de mim/ E que me deixou assim*", sucesso original do Bando da Lua em 1939.

Bem, como eu ia dizendo, Eneida, em seu clássico livro, cita os três piores inimigos do Carnaval: a chuva, a polícia e os saudosistas. Sei do que ela está falando porque já apanhei chuva em vários Carnavais — ao pegar a moça pela mão, sair de fininho do baile e ir tomar chuva com ela no terraço —, e vi a polícia entrar para separar brigas numa quantidade de bailes. Com a chuva e com a polícia, sempre tem jogo. Letais, mesmo, só os saudosistas.

Meu pai, por exemplo, que viveu todos os Carnavais dos anos 30 na Lapa, sempre me dizia que nunca houve um Carnaval como o de 1933. Talvez tivesse razão — é só lembrar alguns dos sambas e marchinhas daquele ano: "*Linda morena/ Morena/ Morena que me faz penar...*", com Mario Reis; "*Foi Deus quem te fez formosa/ Formosa, formosa/ Porém, este mundo te tornou/ Presunçosa, presunçosa...*", com Chico Alves e também Mario Reis; "*Moreninha querida/ Da beira da praia/ Que mora na areia/ Todo verão*", com Almirante; "*Good bye/ Good bye, boy/ Deixa a mania do inglês/ É feio pra você/ Moreno frajola/ Que nunca frequentou/ As aulas da escola...*", com Carmen Miranda; "*Arrasta a sandália aí/ Morena/ Arrasta a sandália aí/ Morena...*", com Moreira da Silva; "*Até amanhã/ Se Deus quiser/ Se não chover/ Eu volto pra te ver, ó mulher...*", com João Petra de Barros; e muitas mais, que ele ia me desfiando, quarenta anos depois. Havia outro motivo para que meu pai nunca se esquecesse do Carnaval de 1933: ele tinha 23 anos, usava bigodinho à Clark Gable, era solteiro, boa-pinta e deve ter-se dado bem com alguma pirata ou odalisca.

O saudosista é sempre assim: Carnaval bom era o de antigamente — principalmente se coincidisse com alguma época de sua juventude. A memória tem uma capacidade espetacular para deixar ocultos por elipse os desapontamentos e frustrações — a moça que você ia beijar e não deu, a namorada que o trocou pelo sujeito fantasiado de tirolês, o porre no baile do Havaí em que você pensou estar levando para sua casa uma das Frenéticas e acordou no dia seguinte ao lado de um Dzi Croquete — e conservar só o brilho, o éter, a serpentina e os muitos gozos daqueles dias e noites. É assim, por exemplo, que a memória faísca quando me lembro de um baile no Quitandinha, no Carnaval de 1968, mas fica meio difusa e borrada no desfile das escolas naquele mesmo Carnaval, ainda na Candelária — o baile marcou o começo de um romance; o desfile, o fim. Mas quem não tem essas mesmas histórias para contar?

É por isso que estou com Eneida. Chega de saudosismo! O Carnaval das marchinhas e dos bailes nos clubes, do lança-perfume legal e, depois, ilegal, e das fantasias de árabe sem cueca por baixo, tudo isso foi ótimo, mas já foi. O mesmo quanto ao Carnaval das escolas de samba, exceto que este parece interminável — está passando há quarenta anos e ainda nem chegou à dispersão. Mas agora é a vez dos blocos e bandas, que voltaram a fazer do Carnaval de rua do Rio, disparado, o melhor do Brasil, e trazendo de volta, olha só, as marchinhas.

Quando um desses blocos se atravessa na minha frente, eu não discuto — vou atrás. Pode ser o Simpatia É Quase Amor, o Meu Bem Volto Já!, o Imprensa Que Eu Gamo, o Que Merda É Essa?, o Suvaco do Cristo, o 'Spanta Neném, o Rola Preguiçosa (pronuncia-se rôla, não róla), o Bloco das Carmelitas, o Escravos da Mauá, qualquer um. Há outros que não saem, só ficam, como o Concentra Mas Não Sai, o Vem Ni Mim Que Sou Facinha, o Não Muda Nem Sai de Cima. Sem falar nas bandas — a de Ipanema, do Leme, da Sá Ferreira — e a da Rua do Mercado, que, no Carnaval de 2008, cometeu a insensatez de me ter como tema do seu desfile.

E, tanto faz a categoria — bloco, banda ou cordão —, há o imortal, o mais antigo, o maior de todos: o Bola Preta, invicto aos trancos e barrancos desde 1918, a justificar o que dele disse Aldir Blanc: "*Pro Bola Preta/ Eu vou de muleta/ E sinto a caceta/ Rejuvenescer*".

É isso aí. O melhor Carnaval da sua vida será o deste ano. E, depois, o do ano que vem.

RAPAZ DE SORTE

Entre 6 milhões de pessoas, um homem sentou-se ao meu lado e me deu a informação que eu procurava

[*Florense*, inverno de 2015]

"Sem sorte não se chupa nem um Chica-Bon", disse Nelson Rodrigues. "Você pode engasgar com o palito ou ser atropelado pela carrocinha."

Concordo com Nelson. Aliás, devo ser uma prova viva da verdade desse enunciado. Em meu apogeu no gênero, a uma média de três ou quatro por semana durante cerca de dez anos, devo ter mandado para dentro entre 1500 e 2 mil Chica-Bons. E continuei invicto nas categorias palito e carrocinha. Como nem sempre estava em perfeito domínio da consciência ao correr esse risco — alterada por substâncias perigosas —, só posso atribuir à sorte o fato de ter ficado incólume. Se você se perguntar que substâncias combinam com algo tão doce e gelado como um Chica-Bon, eu diria que todas — desde que você seja, como eu era, dependente *também* de sorvete.

A sorte a que me refiro, no entanto, não é a que impede que alguma desgraça atravesse o seu caminho. Ao contrário, é aquela que permite que você resolva um problema ou as coisas se iluminem ao seu redor. Como aconteceu em 1994 ou 1995, quando eu estava fazendo as entrevistas para um livro que seria a biografia de Garrincha e se chamaria *Estrela solitária*.

Elza Soares, ex-mulher de Garrincha, acabara de me contar que cantara para o então presidente João ("Jango") Goulart no Automóvel Club, no Rio, em 1964. E que, por isso, poucas semanas depois do golpe militar, os agentes da polícia política tinham invadido sua casa com Garrincha na ilha do Governador em busca de "material subversivo". Entraram aos gritos e pontapés, armados, e obrigaram Elza e Garrincha a ficar nus contra a parede. Reviraram gavetas, estriparam poltronas e, como não encontraram nada (nem Garrincha e Elza tinham nada a esconder), vingaram-se matando um passarinho de Garrincha — um mainá preto que gritava "Mané!".

Ao ouvir isso, dei um salto para trás:

"Espere aí, Elza. Que eu saiba, a única vez que Jango esteve no Automóvel Club foi na noite de 30 de março de 1964, em que fez um discurso para mil sargentos e subtenentes, e isso irritou tanto os militares que, horas depois, eles saíram dos quartéis em Minas Gerais para derrubá-lo. Como você pode ter feito um show para o Jango naquela noite?"

Elza deu de ombros: "Isso é você que está dizendo. Só sei que dei um show para o presidente Jango no Automóvel Club".

Anos de trabalho nessa linha já tinham me ensinado que, se você recebe uma informação, por mais improvável que seja, precisa partir para confirmá-la — ou desmenti-la. Assim, a primeira coisa que fiz foi telefonar para os principais repórteres e colunistas políticos do Rio em 1964 — Carlos Castelo Branco, do *Jornal do Brasil*, Villas-Bôas Corrêa, do *Estado de S. Paulo*, Murilo Melo Filho, da *Manchete* — e perguntar-lhes o que havia acontecido no Automóvel Club naquela noite, antes ou depois do discurso de Jango. Os três me garantiram: "Nada". Eu insistia: "O que você fez logo depois do discurso do Jango?". E eles: "Jango se mandou e eu fui para o jornal, para escrever a matéria". Eram informações de peso, mas a história de Elza merecia um pouco mais de crédito.

Bem, o jeito era marchar para a Biblioteca Nacional e passar os dias seguintes mergulhado na coleção de microfilmes — a mídia em que estavam então arquivadas as coleções de jornais e revistas da Biblioteca — e ver o que os jornais do dia 31 de março tinham publicado sobre os acontecimentos da véspera. Uma querida amiga, Silvia Regina de Souza, funcionária da seção de periódicos, foi me abastecendo com o material — e o Rio tinha na época uns quinze jornais diários: *Correio da Manhã, Jornal do Brasil, Diário de Notícias, O Jornal, O Globo, Tribuna da Imprensa, Última Hora, Diário Carioca, O Dia, A Notícia, A Luta Democrática,* creio que ainda *A Noite,* e vários outros menores. Levei dias para ler as primeiras páginas e as matérias internas de quase todos, e nada — nem uma linha sobre qualquer show que tivesse antecedido ou sucedido o pronunciamento de Jango.

Àquela altura, eu já havia investido tempo demais na apuração da história de Elza. Tudo levava a crer que ela se equivocara e eu estava ali perdendo tempo. Começava a pensar em desistir quando percebi que, sentado à máquina de microfilme ao meu lado e consultando alguma coisa em sua tela, um senhor me observava. Era de meia-idade, muito forte, tinha cabelo branco, reco, e pele queimada de sol. Tipicamente ex-militar. Ele percebeu que eu estava pesquisando sobre os acontecimentos do dia do golpe.

"1964, não é?", disse. "Quase me ferrei. Eu era de Marinha, estava até o pescoço nos movimentos."

"O senhor esteve no Automóvel Club na noite do discurso do Jango?", arrisquei.

"Claro", ele respondeu.

"O que aconteceu depois que ele fez o discurso e foi embora?", insisti.

Ele pareceu consultar a memória. "Teve um show..."

Fiquei arrepiado: "Com quem?".

Começou a enumerar: "Jorge Goulart, Nora Ney, Elza Soares, Jorge Veiga...".

E me contou tudo. Terminado o discurso, Jango se retirou, e alguns artistas, recrutados pela Associação dos Sargentos, cantaram para os soldados. Anotei seu nome, agradeci-lhe muito e saí voando dali. Com um ou dois telefonemas, localizei Jorge Goulart. Perguntei-lhe sobre aquela noite — da qual, não por coincidência, ele fora o organizador. E também de outras:

"Elza ia a todos os eventos a que eu a convidava", contou, rindo. "Levei-a não apenas para cantar no Automóvel Club, mas também no comício da Central do Brasil, duas semanas antes, e a vários churrascos para arrecadar fundos para o Partido Comunista. Elza não sabia do que se tratava, mas ia assim mesmo. Os órgãos da repressão marcaram o seu nome e deviam pensar que ela era uma grande ativista."

E assim se esclareceu um importante episódio da vida de Garrincha e Elza. Graças a um senhor de cabelo reco que, entre 6 milhões de pessoas, se sentou ao meu lado na Biblioteca Nacional e me deu a informação que as outras 5 999 999 não conseguiam me dar.

Estrela solitária se beneficiou de outro impressionante lance de sorte. Começou quando, em Pau Grande, terra natal de Garrincha, perto de Magé (RJ), eu conversava com sua irmã, dona Rosa, e ela me disse casualmente:

"Nossa família é descendente de índios."

Fiquei intrigado. Para todos os efeitos, Garrincha só tinha antepassados negros. E agora sua irmã mais velha me vinha com essa novidade.

"De que tribo, dona Rosa? E de onde?" — eu quis saber.

"Ah, não sei. Só sei que meus bisavós eram do Nordeste e meu pai dizia que eles eram descendentes de índios."

Olhei para dona Rosa e só então percebi. Seu rosto, cor de cobre, poderia ser perfeitamente indígena.

Bem, lá fui eu de novo. Se os tataravós de Garrincha eram indígenas do Nordeste, deviam ter vindo para o Sudeste em algum momento do século XIX. Nos sebos da rua São José e do edifício Avenida Central, no Rio, encontrei vários volumes da famosa coleção Brasiliana, da Companhia Editora Nacional, com os já raríssimos livros de sociologia e história sobre tribos brasileiras, seus costumes e migrações, os surtos de extermínio etc. Passei duas semanas lendo e digerindo-os, enquanto fazia gráficos e tabelas e confrontava informações com o que eu já sabia sobre a família de Garrincha. A ideia era localizar a tribo de que ela saíra. Ao fim e ao cabo, uma única tribo parecia preencher os requisitos: os fulniôs, originários da divisa entre Pernambuco e Alagoas — por acaso, a região de Graciliano Ramos, chamada Quebrangulo.

Voltei a dona Rosa em Pau Grande. Ela não sabia me confirmar sobre isso, mas falou-me de hábitos de sua família que, como se lembrara depois, pareciam ter sido herdados dos indígenas. Um deles, uma espécie de mamadeira que seus pais os obrigavam — a ela e a Garrincha — a tomar quando bebês, composta de cachaça, mel e canela em pau. Uma fórmula chamada "cachimbo". Vibrei. Num dos livros que tinha lido havia uma referência ao "cachimbo" entre os fulniôs.

Em casa, por aqueles dias, o telefone tocou. Era meu amigo Luiz Puech, um livreiro de São Paulo que, com seu temperamento expansivo, parecia conhecer todo mundo no Brasil. Perguntou-me como ia o livro sobre Garrincha. Disse-lhe que estava meio parado — descobrira que Garrincha descendia de indígenas e estava estudando sobre o assunto. Ele quis saber:

"De qual tribo?"

Respondi: "Fulniô".

E Puech, com a maior naturalidade: "Sou amigo do filho do cacique".

Bem, àquela altura eu já estava na praça o tempo suficiente para saber que coincidências — ou lances de incrível sorte — costumam ser comuns na vida dos biógrafos. O problema é que eu já começava a me acostumar com aquilo e a parecer blasé. Em vez de soltar uivos e ganidos de satisfação, perguntei circunspecto:

"Tem o telefone da reserva?"

Naturalmente, ele tinha. O filho do cacique se chamava Marco Fulniô, era jovem, estudioso da questão indígena, formado pela Funai e sabia tudo sobre sua tribo. Agradeci a Puech e telefonei para o número que ele me deu, em Pernambuco.

Veio ao telefone uma voz masculina. Disse-lhe meu nome. Ele exclamou:

"Ruy Castro! Que coincidência! Te vi ontem no programa da Gabi!" — referindo-se a uma participação que eu fizera, na véspera, num programa de televisão de Marília Gabriela. E por que não? Se os índios tinham de ver televisão, que vissem a Gabi, não? E só então começamos a conversar.

Não lhe contei de imediato sobre o que estava fazendo. Disse que me interessava sobre os fulniôs e queria saber mais sobre eles. Marco foi perfeito: falou-me durante mais de uma hora sobre seus antepassados — de como, na sequência da Guerra do Paraguai (1864-70), um contingente deles se desgarrara da tribo e cruzara o país em direção ao Sudeste, mas não perdera certos hábitos da tradição. Entre os quais, o "cachimbo".

Quando ele terminou, e satisfeito com o que ouvira, dei-lhe a notícia:

"Marco, sabe de uma coisa? Você é primo do Garrincha."

Ele ficou no maior contentamento. E só então lhe disse que estava fazendo um livro sobre Garrincha e iria contar como a história dele começara lá atrás — quando uma flecha fulniô, disparada em Quebrangulo, chegara ao estado do Rio, onde Garrincha nasceria em 1933.

Estrela solitária foi publicado em novembro de 1995. Os advogados das filhas de Garrincha moveram-lhe um processo judicial que manteve o livro proibido por onze meses. Durante a interdição, ele ganhou um prêmio Jabuti de Melhor Biografia e Livro do Ano, dado pela Câmara Brasileira do Livro. Foi liberado em outubro de 1996 e, embora o processo tenha se arrastado pelos onze anos seguintes, o livro seguiu — até hoje — sua carreira. Nunca mais deixou de ser reimpresso. Mas o importante aconteceu em 1997, quando o repórter (e futuro biógrafo) Mário Magalhães me telefonou de um lugar chamado Águas Belas, no interior de Pernambuco.

Mario estava lá pela *Folha de S.Paulo* para cobrir um campeonato indígena de futebol, disputado por, entre outros, os fulniôs.

"Ruy, estou aqui no meio da tribo fulniô", ele me disse. "Fique sabendo: são todos a cara do Garrincha! E mais: é impressionante o número de índios de perna torta, que nem o Mané! Outra: bebem todas! E quer saber? Driblam e jogam bem pra burro, só devem perder para os xavantes!"

Não havia dúvida. Eu tinha mesmo muita sorte. Quando Mário desligou, saí à rua e, ao passar pela primeira carrocinha, comprei e mandei para dentro um Chica-Bon.

AO TELEFONE COM JOÃO GILBERTO
Com um minuto de conversa, ele me hipnotizou pelo ouvido

[*Florense*, inverno de 2011]

Roberto Menescal me perguntou:

"E aí, já falou com o João Gilberto?"

Eram meados de 1989. Eu estava trabalhando havia mais de um ano no levantamento de informações para meu livro *Chega de saudade*, sobre a Bossa Nova. Já falara várias vezes com Menescal, Tom Jobim, Carlos Lyra, Ronaldo Bôscoli, Lucio Alves, Johnny Alf, João Donato, Billy Blanco, Marcos Valle, Tito Madi, Badeco (de Os Cariocas), muitos mais, e, poucos meses antes de sua morte, com a própria Nara Leão — mas ainda não achava que fosse hora de procurar o, talvez, principal personagem da história: João Gilberto.

Era o meu primeiro livro no gênero [história ou biografia] e não havia ninguém para me ensinar os truques. Mas uma intuição algo inexplicável me dizia que, quanto mais importante o personagem, menos pressa eu deveria ter para ouvi-lo. Precisaria primeiro aprender tudo que pudesse a seu respeito e me preparar para falar com ele — e, para isso, deveria localizar os que o conheciam bem, e quanto mais do passado, melhor.

Uma descoberta absolutamente casual abriu todo o caminho. Eu conhecia, de trabalho e de vista, o veterano pesquisador da música popular Miécio Caffé. Fui procurá-lo em seu apartamento, na Boca do Lixo, em São Paulo, para conversarmos — não sobre João Gilberto, mas sobre uma de suas especialidades: o cantor Orlando Silva, que eu sabia ter sido uma das primeiras influências de João. Sabia também que Miécio era baiano — mas não que fosse de Juazeiro, a mesma cidade de João, a quem ele, onze anos mais velho, se referia carinhosamente como "Joãozinho". E, enquanto me dava uma aula sobre Orlando Silva, foi falando também de "Joãozinho" e de vários contemporâneos de juventude do cantor em Juazeiro, homens e mulheres, e, por acaso, todos morando naquela época em São Paulo!

Miécio me deu o telefone de um deles. Ele me recebeu, falou com os outros — Belinha, Ieda, Clovis, Merita, dr. Giuseppe, dr. Dewilson (este último, primo de João Gilberto) — e, de repente, vi-me cercado por uma confraria juazeirense íntima do adolescente Joãozinho, de seu extraordinário pai, seu Juveniano, sua mãe, dona Patu, e seus cinco irmãos. E que histórias deliciosas, envolvendo as primeiras tentativas de Joãozinho com um violão e um conjunto vocal, à sombra do gigantesco tamarineiro que se impunha sobre a então cidadezinha de 10 mil habitantes. Por intermédio de Ieda, gaúcha (seu pai, funcionário público, estava servindo em Juazeiro no começo dos anos 40), cheguei a outra turma ligada ao jovem João Gilberto: a que circulava em torno de dona Boneca Regina, em Porto Alegre (rs) — mais sobre ela, adiante.

Miécio, por sua vez, foi o primeiro a me falar da "amplificadora" (serviço de rádio) de seu Emicles, que, por um alto-falante no meio da praça, inundava Juazeiro com anúncios de casas comerciais e os discos de 78 rpm de Orlando Silva, os Anjos do Inferno, o Bando da Lua, Carmen Miranda, Ciro Monteiro, Tommy Dorsey, Duke Ellington, Carlo Buti, Charles Trenet. Então fora dali que ele tirara o começo da sua educação musical! E não apenas isso, mas o microfone daquela "amplificadora" seria também o primeiro pelo qual João Gilberto se faria ouvir como cantor — tudo isso antes dos quinze anos, em 1946. (Glória a seu Emicles, onde quer que esteja!) Encontrei-me várias vezes com esse pessoal em suas casas, e cada encontro foi mais revelador que o anterior. Devo a eles a reconstituição tão minuciosa da infância e adolescência de João Gilberto em Juazeiro.

No Rio, ao conversar com outros velhos amigos de João Gilberto, como Lucio Alves, o letrista Mario (irmão de Sylvinha) Telles e o ex-cantor Jonas Silva, todos me perguntavam se já tinha falado com Cravinho. Cravinho? Qual Cravinho?

"Jorge Cravo, também baiano. Conheceu João Gilberto assim que ele chegou a Salvador e pouco antes de vir para o Rio, em 1949", disseram.

Não, eu ainda não falara. Na verdade, só então tomava conhecimento da sua existência. Lucio ou Jonas, não sei, me passou o telefone de Cravinho na Bahia. Telefonei-lhe — e, com dois minutos de conversa, ganhei um daqueles amigos que você tem certeza de que serão para sempre.

A estima parece ter sido recíproca porque, sem me conhecer

direito, Cravinho me enviou pelo correio (em 1989, não havia nem sombra de internet) uma série de fotos suas com João em várias épocas e também de alguns dos heróis musicais de ambos na época — Orlando, o próprio Lucio, os Anjos do Inferno. Por que confiou tanto em mim, inclusive nas informações que me passou, só o próprio Cravinho saberá responder. Um ano depois, ele me presentearia com um tesouro: a edição original, em 45 rpm, do single promocional de "Chega de saudade" — que lhe fora presenteada, com autógrafo, pelo próprio João Gilberto.

Por intermédio de Mario Telles, eu chegara também a Jonas Silva, havia muito aposentado como cantor e então proprietário de um selo de discos, Imagem. Por volta de 1950, Jonas era crooner do conjunto vocal Os Garotos da Lua e balconista de uma loja de eletrodomésticos no Centro do Rio, onde se vendiam os discos importados que encantavam seus amigos: as Lojas Murray, que João Gilberto também começou a frequentar assim que chegou ao Rio — não por coincidência, para substituir o próprio Jonas nos Garotos da Lua. E quais eram esses discos? Do virtuosíssimo acordeonista e cantor Joe Mooney, do para lá de delicado Page Cavanaugh Trio e de uma quantidade de conjuntos vocais brasileiros. Jonas não se contentou em me falar deles — emprestou-me seus raríssimos 78s originais ou os gravou em fita cassete para mim, para que eu os ouvisse e tirasse conclusões.

Com ele, descobri como a carreira inicial de João Gilberto no Rio foi atribulada. Não se deu bem como crooner de um conjunto vocal, os Garotos da Lua, que, apesar do bom gosto do repertório, era contratado da Rádio Tupi e, às vezes, obrigado a cantar até em bailes de Carnaval — coisa de que eles não gostavam. Devido a uma série de atrasos e ausências, João foi "convidado a deixar" os Garotos da Lua, mas continuou amigo de seus membros e tentou emplacar uma carreira solo — também frustrada, talvez porque os cantores que ele emulava, Orlando Silva e

Lucio Alves, ainda estivessem firmes no mercado. Notar que, naqueles anos, João Gilberto ainda não era o João Gilberto que você conheceria. Cantava afinado, mas com vibrato; não se ouvia o seu violão e, só no Rio, havia dezenas de cantores de seu nível.

Em 1952, João Gilberto conseguiu gravar um 78 rpm, muito bom e romântico, mas que, na época, ninguém comprou — hoje é peça para colecionador. Dali, andou para cima e para baixo pelo Rio, sem endereço fixo, morando em casas de amigos, tocando em violões emprestados e vendo seus colegas de turma e de geração voando para o estrelato: Johnny Alf, Luiz Bonfá, Tom Jobim, Tito Madi, Dolores Duran, Os Cariocas. Todos, menos ele e seu grande amigo João Donato, para quem pelo menos não faltava trabalho como músico nas orquestras de boates. João Gilberto, para sobreviver, teve de fazer até uma ponta como cantor num espetáculo de Carlos Machado. Exceto Dolores, morta em 1959, todos os citados me contaram suas experiências com esse primeiríssimo João Gilberto.

Um gaúcho, Luiz Telles, líder do conjunto vocal Quitandinha Serenaders, conheceu-o e adotou-o como o filho que nunca tivera. Telles, famoso pela bondade, achou que Joãozinho (também o chamava assim) estava se perdendo no Rio, talvez pelas "más companhias", e acabaria tendo um treco. Para salvá-lo, convenceu-o a passar uma temporada em Porto Alegre, onde, dizia, as tentações eram menores. E João Gilberto topou. O ano era 1955.

Em Porto Alegre, João Gilberto caiu nas graças de uma pessoa extraordinária: dona Boneca Regina (nome verdadeiro), uma espécie de patronesse dos artistas, ela própria cronista bissexta e dona de uma avassaladora humanidade. Dona Boneca também adotou Joãozinho como filho — e, mais de quarenta anos depois, quando a procurei por telefone (por indicação de Ieda), seus mais de oitenta anos de vida não foram obstáculo a que me descrevesse em pormenores a trajetória de meses de João Gilberto pelo Sul.

A partir daí, começou a me escrever, e suas longas cartas eram sensacionais, pela riqueza de observação sobre as peripécias de João Gilberto em Porto Alegre. Outras pessoas com quem ele se dava, que procurei e com quem falei por carta ou telefone, foram o dr. Alberto Fernandes, Paulo Diniz e Glênio Reis.

Com tudo isso, só vim a conhecer pessoalmente a fabulosa dona Boneca em novembro de 1990, quando *Chega de saudade* saiu. A seu convite, fui encontrá-la na casa de sua filha Vivien e de sua neta Monica, em São Paulo, ambas também fabulosas. Foi quando dona Boneca me disse que, assim como "Joãozinho era seu filho baiano", eu me tornava, a partir dali, "seu filho carioca". Nos anos seguintes, vi-a muitas vezes e, um dia, ela me presenteou com um facão gaúcho. Sua morte, em meados dos anos 90, me abalou e, por mais que lhe dissesse, ela nunca soube o quanto lhe sou grato.

E, finalmente, também por acaso, cheguei a outra pessoa que, por uma dessas iluminações, conheceu João Gilberto num momento crucial de sua vida. Assim como faziam com Cravinho, as pessoas me aconselhavam: "Não deixe de procurar o Pacífico Mascarenhas. Ele mora em Belo Horizonte". E mais não diziam, exceto que, com esse nome extraordinário — Pacífico Mascarenhas! —, ele era um belo compositor e bossa-novista de primeira hora.

No começo de 1990, fui a Belo Horizonte lançar um livro de frases que acabara de publicar [*O melhor do mau humor*] e aproveitei para procurar Pacífico. Ele me recebeu em seu "escritório" — na verdade, uma espécie de garagem ou borracharia, contendo carcaças de carros e de instrumentos musicais (um contrabaixo, um violão, creio que uma bateria, tudo aos pedaços). Pois Pacífico me contou, com grande naturalidade, que, em 1956, fora passar férias com sua família em Diamantina (MG). E, lá, ouvira falar de um rapaz esquisito que passava o dia trancado, tocando violão, na casa de sua irmã. Esta era uma baiana chamada dona Dadainha, cujo marido, engenheiro rodoviário, fora transferido para Minas Gerais.

Pacífico também gostava de tocar violão e foi procurar o rapaz. Este, chamado João Gilberto, recebeu-o e lhe mostrou algumas coisas que estava tentando fazer no instrumento. Pacífico ouviu aquilo e se sentiu em Marte — aquele ritmo, aquela batida, aquela divisão não se pareciam com nada que ele conhecesse. Dois anos depois, ao ouvir o 78 rpm de "Chega de saudade" no lado A e "Bim-bom", no lado B, Pacífico reconheceria aquele ritmo. Era simplesmente a batida da Bossa Nova, que tinha visto João Gilberto criar. Era uma revolução — de cuja gênese ele fora testemunha.

Bem, com tudo isso já no embornal (inclusive longas conversas por telefone com dona Dadainha), pude responder a Menescal, quando ele me perguntou se eu já falara com João Gilberto:

"Ainda não, mas agora, sim. Já dá para procurá-lo. Vou telefonar para ele por estes dias."

Menescal me advertiu:

"Cuidado. Ele é uma cobra. Hipnotiza por telefone."

"Como assim?", perguntei.

"É só isso. Ele é irresistível. Começa a falar com aquela voz e, em poucos minutos, você está fisgado. Se ele te pedir para sair de onde está e ir na garagem do apart-hotel onde ele mora, no Leblon, e trocar o pneu do carro dele, você irá."

Resolvi ser firme:

"Ora, Menescal. Estou acostumado a falar com presidentes, escritores, astros de Hollywood, ídolos do jazz. Por que o João Gilberto seria diferente?"

"Por nada. Estou apenas avisando", ele riu.

Poucos dias depois, escolhi uma hora confortável para João Gilberto — onze da noite, ele já teria acordado e tomado o café da manhã — e telefonei. O próprio João Gilberto atendeu, com um simples, mas inconfundível, "Alô". Apresentei-me, disse a que vinha meu telefonema (estava fazendo um livro sobre a música popular brasileira, seria um livro à base de conversas com seus grandes nomes, e ele, sendo o maior de todos etc. etc.). Falei durante dois minutos e João Gilberto apenas me ouvia.

Finalmente, calei-me e esperei que ele falasse. E então, do outro lado do fio, veio *aquela* voz.

Não foi apenas porque ele pareceu se empolgar pela ideia do livro e começou a dizer que seria um livro importantíssimo, espetacular, definitivo, e que eu parecia a pessoa indicada para fazê-lo, estava no caminho certo, era aquilo mesmo etc. etc. Mas era principalmente pela voz: absurdamente macia, sem ser melíflua; suave, sem deixar de ser firme; morna, sem deixar de ser doce. Parecia estar massageando meus tímpanos com uma flanela embebida em mel.

Só sei que, assim que João Gilberto parou de falar, ouvi minha própria voz — ridiculamente no mesmo tom, timbre e volume que a dele e tentando reproduzir a maciez e doçura de cada sílaba ou letra —, dizendo:

"M-a-s v-o-c-ê a-c-h-a m-e-s-m-o, J-o-ã-o?"

Menescal estava certo. O raio do homem tinha me hipnotizado pelo ouvido.

Índice onomástico

15 contos (Jânio Quadros), 230-1
18 de Brumário de Luís Bonaparte (Marx), 20
2001: Uma odisseia no espaço (filme), 275
8/2 (filme), 207

À meia-noite com Glauber na zona proibida (documentário), 287
"A nível de" (canção), 80
"Abismo de rosas" (canção), 43
Absolutamente certo! (filme), 43
Aconteceu em Havana (filme), 249
Acossado (filme), 186, 188-90
Adams, Julie, 220
Adelzonilton (músico), 241
Adenauer, Konrad, 153
Adivinhão da Chatuba, 241
Agora é que são elas (Leminski), 20
Agostinho, Santo, 128
Aí Mocinho! (gibi), 306
Álbum Gigante (gibi), 306

Alcione (cantora), 79
Aldeia dos amaldiçoados, A (filme), 215
"Alegria, alegria" (canção), 266, 285-6
Alexandra, tsarina, 52
Alf, Johnny, 43, 318, 322
"Alfômega" (canção), 284
Alice no País das Maravilhas (Carroll), 75, 77
Alice no País das Maravilhas (filme), 199
Aline (filha de Fidel Castro), 56
Allégret, Yves, 187
Allen, Woody, 182, 219, 255
Almanaque Capivarol, 277, 283, 305
Almeida, Laurindo de, 251
Almeida, Manuel Antonio de, 111
Almirante, 310
"Also sprach Zarathustra" (música), 275
Alves Neto, Cosme, 274
Alves, Adelzon, 266
Alves, Francisco, 310

Alves, Lucio, 43, 318, 320-2
"Am I blue?" (canção), 252
Amado, Jorge, 144, 233
Amantes, Os (filme), 188
Amaral, Nestor, 252
Amaury (jogador de basquete), 42, 45
Amazonas, João, 60
Amores de apache (filme), 185, 192
Anderson, Judith, 213
Andrade, Chico, 71
Andrade, Oswald de, 19, 282
Andreazza, Mário, 97-8
Angela Ro Ro, 109
Anjos do Inferno, 320-1
Anjos, Augusto dos, 45
Antonioni, Michelangelo, 191, 207
Apanhador no campo de centeio, O (Salinger), 182
"Aquarela do Brasil" (canção), 72, 283
Aquele que sabe viver (filme), 207
Aranha, Oswaldo, 220
Araújo, Eduardo, 305
Araújo, Guilherme, 266
Aristogatas, As (filme), 199
Aristóteles, 36
Arraes, Miguel, 95
"Arrasta a sandália" (canção), 310
Arsène Lupin (personagem), 308
Ascensor para o cadafalso (filme), 188
Ashcroft, Peggy, 212
Assis, Machado de, 19, 23
Astaire, Fred, 213
Astolfi, Ivo, 248
Astruc, Alexandre, 188
"Até amanhã" (canção), 310
Autant-Lara, Claude, 187
Autry, Gene, 262
Aventura na Martinica, Uma (filme), 252
Azeredo, Ely, 44

Baby Consuelo (Baby do Brasil), 78, 237-40
Bacall, Lauren, 82, 252
Bacantes, As (tragédia de Eurípides), 286
Badeco (músico), 318
Baker, Chet, 182
Baldwin, James, 182
Bandido Giuliano, O (filme), 207
Bando da Lua, 248-53, 309, 320
"Bárbara" (canção), 79
Barbera, Joe, 198
Barbosa, Marcos, 134
Barbosa, Orestes, 47
Bardot, Brigitte, 31, 82
Barks, Carl, 244, 308
"Barrados na Disneylândia" (canção), 238-9
Barravento (filme), 44
Barros, Adhemar de, 49
Barros, João Petra de, 310
Barros, Luiza, 171-4
Barroso, Ary, 22, 72, 251
Barthes, Roland, 20
Bastos, Ronaldo, 266
Batista (entalhador), 87
Beatles, The, 22, 185, 193-4, 282, 284
Beauregard, Georges de, 188
Bebê de Rosemary, O (filme), 215
Becker, Jacques, 187, 192
Beethoven, Ludwig van, 193
Bela e a fera, A (filme de 1946), 214
Bellini (jogador), 45
Bellow, Saul, 169
Belmondo, Jean-Paul, 189-90
Bengell, Norma, 40
Benjamin, Walter, 20, 75
Bentley, Eric, 176
Bergman, Ingrid, 191

Berns, Bert, 194
Bernstein, Leonard, 176
Bettelheim, Bruno, 130
Biggers, Earl Derr, 305, 307
Billy Blanco, 43, 318
"Bim-bom" (canção), 324
Blanc, Aldir, 80, 311
Blitz (banda), 236
Bloch, Arthur, 111
Bocuse, Paul, 93
Bogarde, Dirk, 214
Bogart, Humphrey, 213, 252
Boisrond, Michel, 187
"Bola Preta" (canção), 311
Bolognini, Mauro, 207
"Bom, O" (canção), 308
Boneca Regina, dona, 320, 322-3
Bonfá, Luiz, 43, 322
Borba, Emilinha, 283
Bosco, João, 80
Bôscoli, Geysa, 79
Bôscoli, Ronaldo, 318
Boyd, Patty, 194
Boyd, Stephen, 204-5
Braga, Gilberto, 59
Braga, Rubem, 295
Braguinha (João de Barro), 281, 283
Branca de Neve e os sete anões (filme), 215, 219
Branca de Neve (personagem), 219-20
Brando, Marlon, 60, 244
Braunberger, Pierre, 188
Bresson, Robert, 188
Brincando de amor (filme), 188, 190
Brizola, Leonel, 58, 94-6, 110-1, 116-8, 120
Bruce, Lenny, 182
Bruce, Nigel, 213
Brucutu (gibi), 306

Brunet, Luiza, 236
Buarque, Chico, 79, 113-4, 270
Buchanan, James, 62-3
Buckley Jr., William, 182
Bueno, Galvão, 71
Bueno, Maria Ester, 42, 45
Bulcão, Athos, 47
Burle Marx, Roberto, 47
Burroughs, Edgar Rice, 305, 307
Burroughs, William S., 184
Burton, Richard, 205-8, 214
Buti, Carlo, 320

"Cabeleira do Zezé" (canção), 78
Cabral de Melo Neto, João, 19
Cabral, Sadi, 281
Caçadores da arca perdida, O (filme), 221
Cacas — The encyclopedia of poo (Toscani), 72
Cafajestes, Os (filme), 44
Café Filho, João, 43
Caffé, Miécio, 319
Cahiers du Cinéma, 186-8, 191-2
Caine, Michael, 214
Caldas, Silvio, 47, 281
Cale, JJ, 76
"Calúnias" (canção), 81
Camelo preto, O (Biggers), 305
Caminho amargo (filme), 207
Campelo, Cely, 80
Campos, Augusto de, 44, 287
Campos, Didu de Souza, 92
Campos, Haroldo de, 20, 44, 287
Campos, Humberto de, 233
Campos, Tereza Souza, 92
Candide (ópera de Bernstein), 176
Canosa, Fabiano, 274
Canutt, Yakima, 222

Čapek, Karel, 32
Capiba, 22
Capinam, José Carlos, 266
Capitão Marvel (gibi), 306
Capote, Truman, 184
Cara de Cavalo (bandido), 289
Cardoso, Fernando Henrique, 56-7
Cardoso, Ivan, 287
Carga da Brigada Ligeira, A (filme), 222
Carioca, O (revista), 287
Cariocas, Os, 43, 318, 322
Carmichael, Hoagy, 252
Carné, Marcel, 187-8
Caroline de Mônaco, princesa, 105
Carroll, Lewis, 77
Carvalho, Joaquim Monteiro de, 106
Carvalho, Joubert de, 281
Carvalho, Olavo Monteiro de, 105
Carvana, Hugo, 266
Cassel, Jean-Pierre, 190
Castelo Branco, Carlos, 313
Castelo Branco, Humberto de Alencar, 46, 98
Castro, Fidel, 54, 56, 59, 61, 95, 99, 121
Catatau (Leminski), 266
Catulo da Paixão Cearense, 51
Cavaleiro Negro (gibi), 306
Cavett, Dick, 177
Caymmi, Dorival, 43
Celestino, Vicente, 283
Ceschiatti, Alfredo, 47
Céu amarelo (filme), 22
Chabrol, Claude, 186, 188, 191
Chacrinha (Abelardo Barbosa), 49, 271, 285
Chagall, Marc, 90
Chambers, Whittaker, 301
Champion (cavalo), 262

"Chão de estrelas" (canção), 47
Chaplin, Charles, 210, 261
Charisse, Cyd, 82
Charles, príncipe de Gales, 295-8
Chateaubriand, Assis, 170
"Chattanooga choo-choo" (canção), 249
Chaves, Erlon, 281
Chaves, Juca, 47
Chega de saudade (Ruy Castro), 318, 323
"Chega de saudade" (canção), 42-3, 321, 324
Cheshire (personagem), 199
Chico César, 287
Children's hour, The (Hellman), 176
Chita (chimpanzé), 254-62
Christian-Jaque, 187
Cidadão Kane (filme), 170
Cienfuegos, Camilo, 55
Cigarra, A (revista), 121
Cinderela (filme), 199
Clair, René, 187
Clapton, Eric, 194
Clark, Walter, 111
Claudia (revista), 180
Clément, René, 187
Clemente, d., 101
Cléo de 5 às 7 (filme), 188
Cleópatra (filme de 1963), 201, 204-8
Cleópatra do Egito: da história ao mito (exposição do British Museum), 201-3
Cleópatra, rainha do Egito, 201-3, 204, 206
Clinton, Bill, 62
Clouzot, Henri-Georges, 187
Clube da criança (disco da Xuxa), 235-6

Clube da Criança (programa de TV), 235

Coburn, Charles, 213

Cocteau, Jean, 36, 214

Coelho Netto, 51

Coelho, Paulo, 266

Cohn, Irving, 281

Coimbra, Rogério, 273

Colasanti, Arduino, 266

Colette, 36

Collins, Joan, 204

Collor de Mello, Fernando, 53-6, 58-9, 65

Collor, Rosane, 53, 55, 58-9

Collor, Teresa, 65

Colman, Ronald, 210

Coltrane, John, 182, 273

Companheira de Tarzan, A (filme), 259

Companheiros, Os (filme), 207

Comte, Auguste, 23, 25

Conan Doyle, Arthur, 234

"Conde e o passarinho, O" (Braga), 295

Connery, Sean, 214

Contatos imediatos do terceiro grau (filme), 20

Contigo (revista), 236

Conto de Natal, Um (Dickens), 244

Coolidge, Calvin, 159

Cooper, Dame Gladys, 211, 213

Coração é um caçador solitário, O (McCullers), 183

"Coração materno" (canção), 283, 287

Corrêa, José Celso Martinez, 270, 278, 286, 288-90

Corrêa, Villas-Bôas, 313

Correio da Manhã, 9, 269-70, 272, 274, 279, 307, 314

Cortázar, Julio, 22

"Cósmica" (canção), 238

Costa e Silva, Artur da, 49, 63-4, 86, 93

Costa, Gal, 79, 266, 268, 277, 287, 309

Costa, Sueli, 266

Coutard, Raoul, 189

Coutinho, Elsimar, 11, 136-66

Couto e Silva, Golbery do, 21, 64

Coward, Noël, 112, 209, 211

Cravo, Jorge, 320-1, 323

Creedence Clearwater Revival, 28

Crime e castigo (Dostoiévski), 246

Crítica da razão pura (Kant), 20

Cruzeiro, O (revista), 111-2, 306

Cunha, Euclides da, 231, 233

Cuny, Alain, 34

Curtiz, Michael, 222, 252

D'Ávila, Roberto, 127

Dadainha, dona (irmã de João Gilberto), 323-4

Dale, Lennie, 266

Dama e o vagabundo, A (filme), 199

Daniell, Henry, 210

Danrley (goleiro), 27

Darlene Glória, 266

Darwin, Charles, 24

David, Mack, 249

Davis, Bette, 82, 293, 295

Davis, Miles, 272

Day, Doris, 29, 81-2, 252

De Broca, Philippe, 188, 190

De Gaulle, Charles, 102, 153

De Lamare, Germana, 270

De repente, no último verão (filme), 205

De Sica, Vittorio, 207

Décoin, Henri, 187

Del Río, Dolores, 259

Delannoy, Jean, 187
Delfim Netto, Antônio, 97
Delon, Alain, 103
Demy, Jacques, 187, 190
Desafio à corrupção (filme), 35
Desejo que atormenta (filme), 207
Deus e o diabo na terra do sol (filme), 44, 271, 277
Dewilson, dr., 319
Di Cavalcanti, Emiliano, 47
Dia, O (jornal), 314
Diabo riu por último, O (filme), 213
Diana, princesa de Gales, 298
Diário Carioca, 314
Diário de Notícias, 314
Dias, Gonçalves, 51
Dickens, Charles, 212, 244
Dida (compositor), 242
Didi (jogador), 45
Diegues, Cacá, 36
Diniz, Paulo, 323
Disney, Walt, 198-9, 239, 243, 247, 249--51, 308
Divórcio à italiana (filme), 207
Doce vida, A (filme), 33-5, 206
Dois destinos (filme), 207
Dois na cozinha — Receitas e relembranças (Hellman & Feibleman), 179
Donat, Robert, 210
Donato, João, 43, 318, 322
Donos do poder, Os (Faoro), 24
Dorsey, Tommy, 320
Dostoiévski, Fiódor, 51, 183
Douglas, Kirk, 255
Dourado, Autran, 47
Dreigroschenoper, Die (Brecht), 185
Drummond de Andrade, Carlos, 47
Duarte, Anselmo, 43, 126

Duarte, Rogério, 271, 273, 277
Duarte, Ronaldo, 271
Duas mulheres (filme), 207
Duprat, Rogério, 278, 285
Duran, Dolores, 43, 267, 322
Dutra, Eurico Gaspar, 43
Duvivier, Julien, 187-8
Dylan, Bob, 193-4
Dzi Croquetes, 310

E Deus... criou a mulher (filme), 31, 188
É esse aí que é o homem (disco de Bezerra da Silva), 240, 242
E o vento levou (filme), 212
"É proibido proibir" (canção), 285
Eclipse, O (filme), 207
Eco, Umberto, 20, 308
Edinho (filho de Pelé), 237
Edson Luís (estudante), 271, 279
Einstein, Albert, 305
Ekberg, Anita, 35
Eles e elas (filme), 60
Elis Regina, 32
Elizabeth I, rainha da Inglaterra, 212
Elizabeth II, rainha da Inglaterra, 27, 29, 296
Ellington, Duke, 320
Elton John, 194
"Em pleno luar" (canção), 281
Embratel do Pandeiro, 241
Emicles, seu (radialista), 320
Emma (personagem), 261
Eneida (cronista), 309, 311
Engels, Friedrich, 25, 101
"Entre a sola e o salto" (canção), 79
Eros e civilização (Marcuse), 185, 270
Escrava Isaura, A (telenovela), 55
Espada era a lei, A (filme), 199

Esquire (revista), 169, 183

Estado de S. Paulo (jornal), *O*, 10, 15, 30, 69, 185, 197, 201, 209, 286, 313

Estrela do norte (filme), 177

Estrela solitária (Ruy Castro), 312, 315, 317

"Eu também quero beijar" (canção), 238

Eurípides (tragediógrafo grego), 286

Fairbanks Jr., Douglas, 213

Fairplay (revista), 267

Falcão maltês, O (Hammett), 176

Falco, Rubens de, 55

Fama & anonimato (Talese), 169

Faoro, Raymundo, 24

Faria, Betty, 266-7

Farias, P. C., 65

Farney, Dick, 43

Farrow, Mia, 255

Fatal (disco de Gal Costa), 287

Faulkner, William, 184

Feibleman, Peter, 179-80

Feiffer, Jules, 182

Feliciano! (disco de José Feliciano), 272

Felipão (músico), 241

Fellini, Federico, 30, 33-5, 207

Ferdinando (gibi), 306

Fernandes, Alberto, 323

Fernandes, Millôr, 11, 110-36

Figueiredo, Guilherme, 79

Figueiredo, João Batista, 21, 57, 62-4, 86, 96-7, 116

Filho de Tarzan, O (filme), 261

Filó (cantor), 80

Finch, Peter, 204-5, 214

Fisher, Eddie, 204, 206-7

"Fita amarela" (canção), 22

Fitzgerald, Barry, 212

Fitzgerald, F. Scott, 182

Fitzgerald, Geraldine, 213

Flaiano, Ennio, 33

Florense (revista), 10, 169, 214, 220, 254, 298, 304, 312, 318

"Florentina" (canção), 287

Flying Burritos Brothers, 28

Flynn, Errol, 211, 222

Fogueira das vaidades (Tom Wolfe), 172

Folha de S.Paulo (jornal), 10, 18, 21, 23, 48, 59, 75, 78, 176, 181, 192, 229, 235, 237, 240, 243, 295, 318

Fonda, Jane, 177, 180

Fon-Fon (revista), 39

Fonseca, Rubem, 69

Fontaine, Joan, 213

Ford, John, 212, 221-2, 226

Fortunato, Gregório, 64

Foucault, Michel, 20

Fragmentos de um discurso amoroso (Barthes), 20

Frajola (personagem), 197-8

Francis, Paulo, 36, 112, 133, 274, 279

Franco, Itamar, 57, 60

Franco, Siron, 69

Franco, Wellington Moreira, 110, 118

"Frank Sinatra está resfriado" (Talese), 169-70

Frei Betto, 54

Freitas, Chagas, 116

Freleng, Friz, 197

Frenéticas, As, 31, 285, 310

Freud, Sigmund, 129-31

Freyre, Gilberto, 233

Fripp, Robert, 194

Fulniô, Marco, 317

Gabaglia, Marisa Raja, 134
Gable, Clark, 213, 310
Galáxias (Haroldo de Campos), 20
Galbraith, John Kenneth, 234
Gallotti, Antônio, 105
Gance, Abel, 187, 274
Gardiner, Muriel, 178
Gardner, Ava, 103
Garland, Judy, 81, 177, 200
Garner, Erroll, 182
Garoto (violonista), 248
Garoto selvagem, O (filme), 191
Garotos da Lua, Os, 321
Garra amarela, A (Rohmer), 305
Garrincha, 36, 42, 45, 312, 315-8
Gata em teto de zinco quente (filme), 200
Gato preto, O (filme), 200
"Gato preto, O" (Poe), 76
Gedeão (personagem), 199
Geisel, Ernesto, 64, 86, 97
Gellhorn, Martha, 178
Genet, Jean, 266
Geopolítica do Brasil (Couto e Silva), 21
Geração em transe — Memórias do tempo do tropicalismo (Maciel), 286
Germi, Pietro, 207
Gibbons, Cedric, 260
Gielgud, John, 212
Gil, Gilberto, 78-9, 81, 266, 277, 282-4
Gingold, Hermione, 211
Ginsberg, Allen, 184
Giorgi, Bruno, 47
Gleason, Jackie, 35
Globo Rural, 293
Globo, O, 171, 314
Gloss, 82
Godard, Jean-Luc, 17, 186-91

Gógol, Nikolai, 51
Gomes, Pepeu, 78, 237-40
Gonçalves, Dercy, 271
Gonçalves, Nelson, 281
"Good bye, boy" (canção), 310
Gorbatchóv, Mikhail, 50-3
Gorbatchóv, Raïssa, 51-2
Gosling, Hilton, 45
Goulart, João, 44-5, 64, 94-6, 99, 116, 278, 312-4
Goulart, Jorge, 314-5
Gouthier, Laís, 105
Goya, Francisco de, 205
Gramática histórica (Jânio Quadros), 234
Gramsci, Antonio, 24
Grande momento, O (filme), 43
Grande sertão: veredas (Guimarães Rosa), 19, 42, 44
Granger, Stewart, 211
Grangier, Gilles, 187
Grant, Cary, 214
Grau zero da escrita, O (Barthes), 20
Greenstreet, Sydney, 210
Griffith, D. W., 221
Gross, Al, 30
Gruault, Jean, 191
Grünewald, José Lino, 272
Grupo, O (Mary McCarthy), 177
Guarabyra, Gutenberg, 266
Guerra dos dálmatas, A (filme), 199
Guerra, Ruy, 44
Guevara, Ernesto "Che", 284
Guignard, Alberto da Veiga, 47
Guimarães, Cleo, 70
Guiness, Alec, 214
Guinle, Jorge, 91-2, 104-5, 126
Guitry, Sacha, 188
Guri, O (gibi), 306

Hammett, Dashiell, 176, 178
Hanna e suas irmãs (filme), 255
Hanna, Bill, 198
Hardwicke, Sir Cedric, 210
Hardy, Oliver, 210
Harrison, George, 194
Harrison, Rex, 205, 208, 210, 212
Harvey, Laurence, 214
Havelange, João, 45
Havilland, Olivia de, 213
Hawkins, Jack, 214
Hawks, Howard, 252
Haxixe (Benjamin), 75
Helio (músico), 249
Hélio Oiticica — Qual é o parangolé? (Waly Salomão), 286
Hellman, Lillian, 176-80
Hemingway, Ernest, 55, 59, 61, 178
Hendrix, Jimi, 193
Hentoff, Nat, 182
Hepburn, Audrey, 82, 214
Hepburn, Katharine, 82
Hiroshima, meu amor (filme), 20, 188
Hiss, Alger, 301
História da civilização (Toynbee), 24
História da riqueza do homem (Huberman), 24
História do Carnaval carioca (Eneida), 309
História e consciência de classe (Lukács), 20
Hitchcock, Alfred, 19, 213, 215
Hitler, Adolf, 250
"Homem com H" (canção), 81
Homem que sabia demais, O (filme), 19
Hope, Sir Bob, 214
Hora de lutar (disco de Vandré), 281
Horton, Edward Everett, 213

Houaiss, Antonio, 116
Howard, Leslie, 211, 213
Huberman, Leo, 24
Hugo, Victor, 70
Huston, John, 213

"I fall in love too easily" (canção), 182
Ibsen, Henrik, 111
"Ich hab' mein Herz in Heidelberg verloren" (canção), 305
Ideologia da cultura brasileira (Mota), 24
Ilsinho (músico), 242
Iluminado, O (filme), 215
"Imagine" (canção), 193
Imperial, Carlos, 305, 308
Incompreendidos, Os (filme), 188
IstoÉ, 10

J. Carlos (desenhista), 250
Jabor, Arnaldo, 72
Jabour, João, 90
Jagger, Mick, 193
"Jane e Júlia" (canção), 80
Janela indiscreta (filme), 19
Jango, uma tragédia (peça de Glauber Rocha), 287
Jardel Filho, 109
Jerry (personagem), 198
Jesus Cristo, 91
João Gilberto, 42-3, 248, 282, 318-25
Jobim, Tom, 42, 248, 272, 279, 305, 318, 322
Jofre, Éder, 42, 45
Jogo da amarelinha, O (Cortázar), 22
Johnson, Andrew, 63
Jones, Jim, 123
"Jonny pirou" (canção), 78
Jornal do Brasil, 10, 39, 53, 62, 70, 134-5, 284, 313-4

335

Jornal, O, 314
José Feliciano, 272
Joyce (cantora), 79
Joyce, James, 184, 305
"Judas traidor" (canção), 240
Juízo Universal, O (filme), 207
Julia (filme), 177, 180
Júlio César (cônsul romano), 201-5
Jung, Carl Gustav, 129
Junqueiro, Guerra, 116
Jurema, dona (administradora do Solar), 271, 273

Kafka, Franz, 305
Kant, Immanuel, 20
Karloff, Boris, 210
Kaufman, George S., 199
Kelly, Fred, 32
Kelly, Gene, 32
Kelly, Grace, 82
Kempton, Murray, 182
Kendall, Kay, 214
Kennedy, Jacqueline, 207
Kennedy, John, 185, 207
Kenton, Stan, 251
Kerouac, Jack, 181, 184-5
Kerr, Deborah, 211
Kéti, Zé, 266, 272-3
Keynes, John Maynard, 234
Khouri, Walter Hugo, 43
King Crimson, 194
Klébnikov, Velimir, 51
Krishna Baby (filho de Baby e Pepeu), 239
Kubitschek, Juscelino, 42-7, 64, 93-4, 98, 121, 232, 278
Kubrick, Stanley, 20, 215, 261, 275

Lacerda, Carlos, 278

"Lacinhos cor-de-rosa" (canção), 80
Laika (cadela astronauta), 50
Lamarca, Carlos, 289
Lamarr, Hedy, 255
Lanchester, Elsa, 210
Lane, Allan "Rocky", 226
Lang, Fritz, 31, 274
Lansbury, Angela, 211
Lassie (cadela), 200
Laughton, Charles, 210, 212
Laurel, Stan, 210
Lawford, Peter, 210
Leão, Nara, 282, 319
"Legítima defesa" (canção), 240, 242
Lehar, Franz, 111
Leigh, Vivien, 210, 213
Leminski, Paulo, 20, 266
Lênin, Vladímir, 52, 101-2
Lennon, John, 193-4
Lenya, Lotte, 185
Leopardo, O (filme), 207
Lévi-Strauss, Claude, 270
Lewis, Jerry, 261
"Light my fire" (canção), 272
Lillie, Beatrice, 211
Lima, Marisa Alvarez, 286, 289
Lincoln, Abraham, 63
"Linda morena" (canção), 310
"Lindonéia" (canção), 283
Lins, Álvaro, 47
Lins, José Luiz Magalhães, 89
Little foxes, The (Hellman), 176
Lobato, Monteiro, 22
Lola, a flor proibida (filme), 187
Lollobrigida, Gina, 82
Look around (disco de Sergio Mendes & Brasil '66), 272
Loren, Sophia, 82
Lott, Henrique Teixeira, 64

Lourdes, dona (mãe de Rogério Coimbra), 273
Loy, Nanni, 207
Lucena, Perla, 105
Luciano (cantor infantil), 236
Lúcifer (personagem), 199
Ludwig, Daniel, 99
Lukács, Georg, 20
Lula da Silva, Luiz Inácio, 57, 96
Lupino, Ida, 213
Luta Democrática, A (jornal), 314
Luxemburgo, Rosa, 24
Lyra, Carlos, 318

Macalé, Jards, 266
Machado, Ana Maria, 274
Machado, Carlos, 40, 322
Maciel, Luiz Carlos, 286-8
Madonna, 194
Magalhães, Antônio Carlos, 97, 120
Magalhães, Mário, 318
Mágico de Oz, O (filme), 200
Maia, Cesar, 71
Maia, Tim, 266
Maiakóvski, Vladímir, 51
Mailer, Norman, 182, 184
"Malandro caguete" (canção), 240
Mallarmé, Stéphane, 268
Malle, Louis, 188
Mallorquí, J., 307
Malthus, Thomas, 24
Maluf, Paulo, 21
Malvada, A (filme), 205
"Mama África" (canção), 287
"Mamãe passou açúcar em mim" (canção), 305, 308
Mamas and the Papas, The, 22
Mamma Romma (filme), 207
Mamoulian, Rouben, 204-5

Manchete, 10, 235, 268-9, 279, 306, 313
Mandrake (gibi), 244, 306
Mankiewicz, Joseph L., 205-6, 208
Mann, Thomas, 305
Mansfield, Jayne, 82, 104, 260
Mao Tsé-tung, 101, 153
Marcelo (buquinista), 306-7
Marco Antônio (cônsul romano), 202-5
Marcos, Imelda, 175
Marcuse, Herbert, 185, 270
Marginália — Arte & cultura na idade da pedrada (Lima), 286, 289
"Marginália ii" (canção), 283
"Maria Chiquinha" (canção), 79
Maria Gladys, 266
Marighella, Carlos, 284, 289
Marília Gabriela, 317
Marinho, Roberto, 89, 118
Marins, José Mojica, 287
Mariscot, Mariel, 266
Marques, Carlos, 268
Marsh, Ngaio, 234
Marshall, Herbert, 210
Martins, Mário, 274
Martins, Roberto, 281
Marx, Karl, 20, 23, 25, 101-2
Marzo, Cláudio, 266, 287
Mascarenhas, Eduardo, 109, 123
Mascarenhas, Pacífico, 323-4
"Masculino e feminino" (canção), 78, 238
Mason, James, 211
Massey, Raymond, 213
Mastroianni, Marcello, 33-5
Matarazzo, Filly, 170
Matarazzo, Francisco, 296
Matarazzo Junior, Francisco, 170

Matogrosso, Ney, 78, 81

Matou a família e foi ao cinema (filme), 20

Mayer, Louis B., 209

Maysa, 43, 253

McCarthy, Joe, 176

McCarthy, Mary, 177, 180

McCartney, Paul, 194

McCullers, Carson, 183

McDowall, Roddy, 210

McLaglen, Victor, 212

McLeish, Archibald, 179

McLuhan, Marshall, 36, 270

Me, Cheeta — My life in Hollywood (livro), 255-6

Médici, Emílio Garrastazu, 86, 92, 99

Médico e o monstro, O (filme), 214, 219

Medium is the massage, The (McLuhan), 270

Melhor do mau humor, O (Ruy Castro), 323

"Mellow yellow" (canção), 22

Melo Filho, Murilo, 313

Melville, Jean-Pierre, 188

Memórias póstumas de Brás Cubas (Machado de Assis), 19

Memórias sentimentais de João Miramar (Oswald de Andrade), 19

Mendes, José Guilherme, 72

Mendes, Sergio, 272

Mendonça, Mauro, 266

Menescal, Roberto, 43, 318, 324-5

"Menino do Rio" (canção), 238

"Mesma rosa amarela, A" (canção), 22

Mesquita, Custódio, 281

Metro-Goldwyn-Mayer, 198

Metrópolis (filme), 31, 274

Meu pé de laranja-lima (Vasconcellos), 19

Mickey Mouse (personagem), 198-9, 243-4, 249

Microfísica do poder (Foucault), 20

Mignaval, Philippe, 226

Milésima segunda noite da avenida Paulista, A (Silveira), 171

Milestone, Lewis, 177

Milland, Ray, 210

Miller, Henry, 270

Millie (cadela de George Bush), 62

Mills, C. Wright, 182

Mills, John, 212

Millstein, Gilbert, 184

Mindinho (gibi), 306

Mingus, Charles, 182, 272, 305

Minha secretária brasileira (filme), 249

"Minorias" (canção), 80

Mionkoff, Rob, 197

Miranda, Aurora, 250-1

Miranda, Carmen, 246-7, 249-53, 310, 320

Misérables, Les (Hugo), 70

Misterinho (gibi), 306

"Misty" (canção), 182

Mitchell, Joni, 193

Moacir Bombeiro, 241

Moça com a valise, A (filme), 207

Modern Jazz Quartet, 272

Modern sounds (disco de Rogers & Mulligan), 183

Molinaro, Édouard, 188

Momento 4 (grupo musical), 266

Monica (neta de dona Boneca), 323

Monicelli, Mario, 207

Monk, Thelonious, 182

Monroe, Marilyn, 82, 103, 207

Monsueto, 305

Monteiro, Ciro, 320

Montello, Josué, 51

Mooney, Joe, 321
Moraes, Reinaldo, 71
Moraes, Vinicius de, 42, 72, 246, 251
Moreau, Jeanne, 82
"Moreninha da praia" (canção), 310
Morgenstern, Ignace, 188, 191
Morgenstern, Madeleine, 191
Morley, Robert, 213
Morley, Sheridan, 213
Morrison, Van, 194
Morro dos ventos uivantes, O (filme), 213
Morte e vida severina (Cabral de Melo Neto), 19
Morton, Thomas Green, 238
Mota, Carlos Guilherme, 24
Mothers of Invention, 192
Mulher do próximo, A (Talese), 169, 175
Mulher é uma mulher, Uma (filme), 187, 190
Mulher inacabada, Uma (Hellman), 177
Mulher na Lua, A (filme), 31
Mulher para dois, Uma (filme), 187
"Mulher" (canção), 281
Mulligan, Gerry, 183
Mutantes, Os, 285
My fair lady (filme), 212
My fair lady (musical de teatro), 15

Na garganta do diabo (filme), 43
Nãna Shara (filha de Baby e Pepeu), 239
Nandi, Itala, 266-7
Não és tu, Brasil (Paiva), 289
Napoleão Bonaparte, 128
Napoléon (filme), 274
Nas garras do vício (filme), 188, 191

Nascimento, Milton, 266
Nasser, David, 307
Navilouca (revista), 287
Nazzari, Amedeo, 56
Neoci (músico), 242
Neves, Tancredo, 21, 49, 96
New York Dolls, 28
New York in the 50s (Wakefield), 181, 185
New York Times, The (jornal), 184, 300
New Yorker, The (revista), 131, 202
Newman, Paul, 35
Nexus (Miller), 270
Nicholas, Harold, 32
Nichols, Dudley, 222
Niemeyer, Carlinhos, 104
Niven, David, 213, 255
"No dia em que eu vim-me embora" (canção), 284
No tempo das diligências (filme), 221-2, 226
Noigandres (grupo concretista), 44
Noite no Rio, Uma (filme), 249
Noite, A (jornal), 314
"Nojentinhas e carentes" (Cleo Guimarães), 70
Nonô do Morro Azul, 241
Nora Ney, 314
Notícia, A (jornal), 314
Novaes, Sylvia Caiuby, 25
Novak, Kim, 82, 104, 108, 200, 293
Novarro, Ramon, 222
Noviça rebelde, A (filme), 208
Novo dicionário prático da língua portuguesa (Jânio Quadros), 230
Novos Baianos, 238, 287

O'Hara, Maureen, 212
O'Sullivan, Maureen, 210, 254, 260

O'Toole, Peter, 214
Oberon, Merle, 211, 213
"Objeto não identificado" (canção), 284
Obra aberta (Eco), 20
Obra de arte na era da sua reprodutibilidade técnica, A (Benjamin), 20
Odila (camareira de Carmen Miranda), 252
Of time and river (Thomas Wolfe), 183
Oiticica, Hélio, 266, 286, 289
Oliveira, Carlinhos, 104
Oliveira, Dalva de, 81
Oliveira, José Aparecido de, 64
Oliveira, Mariozinho de, 109
Olivier, Laurence, 210, 212-3
On the road (Kerouac), 184
"Onde o céu azul é mais azul" (canção), 283
Ono, Yoko, 193, 287
Ontem, hoje e amanhã (filme), 207
Opinião (espetáculo), 280, 282, 285
Opinião 66 (mostra do MAM), 289
Origem do drama barroco alemão (Benjamin), 20
Otaviano (César Augusto, imperador romano), 204

Padilha, Silvio, 45
Pagã, Rosina, 251
Page Cavanaugh Trio, 321
"Paisagem útil" (canção), 266
Paiva, Marcelo Rubens, 289
Palmério, Mário, 47, 232-3
Pamplona, Fernando, 266-7
Para ler o Pato Donald (Mattelart & Dorfman), 244
Paris nous appartient (filme), 188

Parker, Dorothy, 179
Parker-Bowles, Camilla, 298
Pasolini, Pier Paolo, 207
Pasquim, O (jornal), 10, 16, 112, 119-20, 126, 280
Pássaros, Os (filme), 215
Patiño, Antenor, 105
Pato Donald (personagem), 239, 243-4, 247, 308
Patrícia (cantora infantil), 236
Paulinho Boca de Cantor, 79
Paulinho da Viola, 266
Payne, John, 249
"Peba na pimenta" (canção), 51
Peck, Gregory, 22
Pedro Baby (filho de Baby e Pepeu), 239
Pedro Butina, 241
Pedro, o Grande, imperador da Rússia, 52
"Pegando fogo" (canção), 309
"Peixe vivo" (canção), 43, 47
Pelé, 36, 42, 45, 126, 235, 236
Pellegrino, Hélio, 47
Pelos bairros do vício (filme), 200
"Peluda" (canção), 79
Pena Filho, Carlos, 22
Pentimento (Hellman), 177-8
Pepe Luis, 32
Peretti, Mariana, 47
Personnalité, 246, 265
Perú Molhado, O, 26, 309
Perversidade satânica (filme), 188
Philip, príncipe (consorte de Elizabeth II), 27
Philippe I, o Formoso, rei de Castela e dos Países Baixos, 26
Philippe III, o Esbanjador, rei da Espanha e de Portugal, 27

Philippe III, o Ousado, rei da França, 26

Philippe IV, o Belo, rei da França, 26

Philippe V, o Longo, rei da França e Navarra, 26

Picasso, Pablo, 36, 90

Pidgeon, Walter, 213

Pignatari, Baby, 104

Pignatari, Décio, 44, 71, 272

Pinóquio (filme), 199

Pinto, Walter, 40

Pires, Walter, 64

Pitanga, Antonio, 266

Piu-Piu (personagem), 197-8, 201

Planeta proibido (filme), 215

Platão, 36

Playboy, 10-1, 56, 75, 85, 87, 235-6

Plexus (Miller), 270

Plínio, o Velho, 202

Plutarco, 202

Podhoretz, Norman, 182, 184

Poe, Edgar Allan, 76, 173

Porta, A (Heloisa Seixas), 70

Portinari, Candido, 47

Porto das Caixas (filme), 44

Prado, Caio Graco, 22

Preminger, Otto, 104

Prescott, Orville, 184

"Presepada do Mané" (canção), 242

Presley, Elvis, 185, 194

Previn, André, 255

Price, Vincent, 213

Primos, Os (filme), 188

Priscilla (mulher de Alger Hiss), 301

Prokófiev, Serguei, 51

Proust, Marcel, 305

Ptolomeus, reis, 202

Púchkin, Alexander, 51

Puech, Luiz, 316

Puente, Tito, 31

Quadros, Eloá, 229, 231

Quadros, Jânio, 11, 44, 48, 64, 96, 99, 115, 121, 229-30

Quatro dias de Nápoles, Os (filme), 207

Que reste-t-il de la Nouvelle Vague? (Tassone), 185-6

"Quindins de Iaiá, Os" (canção), 251

Quitandinha Serenaders, 322

R.U.R. (Capek), 32

Rains, Claude, 210

Ramone, Joey, 193

Ramos, Graciliano, 72, 316

Ramos, Lilian, 57

Ramos, Saulo, 51, 65

Rasputin, Grigóri, 52

Rathbone, Basil, 210

Reagan, Nancy, 50

Reagan, Ronald, 50, 153

Rebeca, a mulher inesquecível (filme), 213

Rebelo, Glorinha Pires, 58

Redgrave, Michael, 212

Rego, José Lins do, 72

Rei da vela, O (peça de Oswald de Andrade), 282, 286

Reis do Faroeste (gibi), 306

Reis, Dilermando, 43

Reis, Glênio, 323

Reis, Mario, 310

Renoir, Jean, 188

"Renúncia" (canção), 281

Resende, Otto Lara, 47, 295

Resnais, Alain, 20, 188, 191

Rex (cão da Casa Branca), 50

Reynolds, Debbie, 206

Ribeiro, Darcy, 64

Richards, Keith, 76, 193

Richardson, Ralph, 212
Rilla, Wolf, 215
Rin-Tin-Tin (personagem), 200
Rio 40 graus (filme), 43
Riroca (filha de Baby e Pepeu), 239
Risi, Dino, 207
Rivette, Jacques, 188, 191
Robb, Graham, 70
Roberto Carlos, 283
Robson, Flora, 211
Rocha, Glauber, 44, 271, 286-7
Rocha, Martha, 46
"Rock 'n' gol" (canção), 238
"Rock das aranhas" (canção), 80
"Rock Mary" (canção), 79
Rockefeller, Nelson, 249
Roda viva (peça de Chico Buarque), 270, 278
Rodrigues, Nelson, 31, 36, 64, 177, 304, 312
Rodrix, Zé, 266
Rogers, Ginger, 213
Rogers, Roy, 200, 262
Rogers, Shorty, 183
Rohmer, Éric, 191, 305, 307
Rolling Stones, The, 76
Rollins, Sonny, 183
Romance em alto mar (filme), 252
Rooney, Mickey, 261
Roosevelt, Franklin Delano, 102
Roosevelt, Theodore (Teddy), 63
Rosa, dona (irmã de Garrincha), 315-6
Rosa, Guimarães, 19, 44
Rosa, Noel, 9, 22, 281
Rosi, Francesco, 207
Rossellini, Roberto, 191-2
Rossen, Robert, 35
Rossi, Mário, 281
Roulien, Raul, 251
Russo do Pandeiro, 251

Sá, Luiz, 250
Saída de Emergência (grupo musical), 79
Salinger, J. D., 182
Salles, Aloysio, 304
Salles, Mauro, 49
Salles, Walther Moreira, 105
Salomão, Waly, 81, 286
Sanders, George, 211, 213
Sangue de pantera (filme), 215
Santesso, Walter, 33
Santos, Nilton, 45
Santos, Roberto, 43
Santos-Dumont, Alberto, 30
Saraceni, Paulo Cesar, 44
Sarney, José, 48-53, 57, 65, 232
Sarney, Marly, 50-2
Sá-Rodrix-Guarabyra (trio musical), 266
Sartre, Jean-Paul, 20, 72
Saxophone colossus (disco de Rollins), 183
Sayers, Dorothy L., 234
Scarpa, Chiquinho, 105
Scher, Tânia, 267
Scherer, Vicente, 101
Schmidt, Augusto Frederico, 47
Schneider, Romy, 82, 104
Schoendoerffer, Pierre, 189
Schwabacher, Wolf, 178
Seberg, Jean, 189-90
Secreções, excreções e desatinos (Fonseca), 69
"Secretarias, Las" (canção), 32
Seixas, Heloisa, 11, 70, 295
Seixas, Raul, 80
Seleções (revista), 10
Sellers, Peter, 214
Senhor (revista), 46

Ser e o nada, O (Sartre), 20
Sergio Mendes & Brasil '66, 272
Sérgio Natureza, 80
Sertões, Os (Cunha), 233
Severo, Marieta, 266
Sex Pistols, 28
Sexus (Miller), 270
Sgt. Pepper's Lonely Heart's Club Band (disco dos Beatles), 282
Shakespeare, William, 111, 212
Shaw, Bernard, 15, 209
"She don't lie" (canção), 76
Sheffield, Johnny, 254, 255
Sheik de Agadir, O (telenovela), 271
Si e Ão (personagens), 199
Signoret, Simone, 192
Silva, Abel, 266
Silva, Ademar Ferreira da, 42, 45
Silva, Bezerra da, 11, 240-1, 243
Silva, Carlos Medeiros, 64
Silva, Jonas, 320-1
Silva, Moreira da, 243, 310
Silva, Orlando, 281, 319, 320-1
Silva, Robertinho, 266
Silva, Romeu, 248
Silveira, Joaquim Guilherme da, 105
Silveira, Joel, 170-1
Silver, Frank, 281
Simmons, Jean, 60, 211
Simone (cantora), 79
"Sinal fechado" (canção), 266
Sinatra, Frank, 103, 169-70, 173, 175, 255, 285
Sítio do picapau amarelo, O (Monteiro Lobato), 22
Skouras, Spyros, 202, 204-5, 207-8
Smith, Sir C. Aubrey, 211
Soares, Elza, 312-5
Socks (gato de Bill Clinton), 62

Solar da Fossa (Vaz), 265
Something's gotta give (filme), 207
Sondheim, Stephen, 305
Sontag, Susan, 180
Sortilégio de amor (filme), 200
Souto, Gilberto, 251
Souza, Silvia Regina de, 313
"Soy loco por ti América" (canção), 283
Spielberg, Steven, 20, 221
Stálin, Ióssif, 50, 153, 178
Starr, Ringo, 193
Status (revista), 10-1, 110, 125, 138
"Steamboat Willie" (curta), 199
Stein, Gertrude, 20, 287
Stewart, Elaine, 104
Stewart, Rod, 194
Stockhausen, Karlheinz, 192
Strauss, Richard, 275
Streisand, Barbra, 82, 202
Stuart Little (filme), 197, 200
Styron, William, 182
Sued, Ibrahim, 11, 85-110
Sunday Times Magazine, 202
"Super-homem — A canção", 78, 81
Super-X (gibi), 306
Suzon (continuísta), 189

Talbot, Lawrence (personagem), 219
Tales from the Hollywood Raj (Morley), 213
Talese, Gay, 169, 171, 174, 175, 182
Talma, Roberto, 266
Tarzan contra o mundo (filme), 260
Tarzan e os homens-formiga (Burroughs), 305
Tassone, Aldo, 186, 188, 190
Tati, Jacques, 187
Távora, Juarez, 43, 121

Taylor, Elizabeth, 29, 82, 200-1, 204-8, 214

Tchaikóvski, Piotr Ilitch, 51

Teixeira, Miro, 110, 116, 118

Telles, Luiz, 322

Telles, Mario, 320-1

Telles, Sylvinha, 43, 320

"Telúrica" (canção), 238

Temple, Shirley, 29

Tempo de guerra (filme), 191

Tempo de patifes (Hellman), 177

Teresa Batista cansada de guerra (Amado), 144

Terra em transe (filme), 282, 286

Thin Man, The (filme), 200

Thirty years of treason (Bentley), 176

Thomas, Gerald, 287

Thorndike, Sybil, 212

Thurman, Judith, 202

Tiririca (cantor-palhaço), 287

Tito Madi, 43, 318, 322

"Todo dia era dia de índio" (canção), 238

Todos os olhos (disco de Tom Zé), 71

Tolstói, Liev, 51

Tom (personagem), 198

Toquinho, 266

Toscani, Oliviero, 72-3

Tourneur, Jacques, 215

Tous les clichês du cinéma (Mignaval), 226

Toynbee, Arnold J., 24

Travolta, John, 31

Trefflich, Henry, 256

Trenet, Charles, 320

"Três caravelas" (canção), 283

Tribuna da Imprensa (jornal), 50, 314

Tribuzzi, Bandeira, 51

Trigger (cavalo), 262

Trilling, Lionel, 182

Trio Surdina, 43

Tristão de Athayde (Alceu de Amoroso Lima), 134

Tristes trópicos (Lévi-Strauss), 270

Tropicália (disco de Caetano Veloso et al.), 272

"Tropicália" (canção), 284

Trótski, Leon, 178

Truffaut, François, 186-8, 190-1

"Turma do funil, A" (canção), 305

Turner, Lana, 256

Tutancâmon, faraó, 217

"Twist and shout" (canção), 194

Tytell, Martin Kenneth, 299-303

Ulisses (Joyce), 184, 305

Última Hora (jornal), 314

Unfinished woman, An (Hellman), 177

Updike, John, 169

Ustinov, Peter, 214

Vadeco (músico), 249

Vadim, Roger, 31, 188

Valdir dos Pagodes, 241

Vale tudo (telenovela), 59

Valle, João do, 51

Valle, Marcos, 318

Vallone, Raf, 56

Van Dine, S. S., 234

Van Doren, Mark, 182

Van Gogh, Vincent, 193

Vandré, Geraldo, 281

Varda, Agnès, 188

Vargas, Darcy, 64

Vargas, Getúlio, 39, 43-4, 46, 63-4, 85, 121

Vargas, Ieda Maria, 46, 319, 322

Vasconcellos, José Mauro de, 19

Vasconcellos, Naná, 266
Vaz, Toninho, 265
"Veado, O" (canção), 81
Veiga, Jorge, 314
Veja (revista), 10, 110, 119-20, 244, 280
Vélez, Lupe, 262
Veloso, Caetano, 266, 277, 280, 282-4, 286-7
"Vem quente que eu estou fervendo" (canção), 308
Verinha (menina), 304-5, 309
Verissimo, Erico, 251
"Versos íntimos" (Augusto dos Anjos), 45
Viany, Alex, 251
Victor Hugo — Uma biografia (Robb), 70
Village Voice (jornal), 181
Visconti, Luchino, 207
Vitória, rainha da Inglaterra, 49, 212
Viver a vida (filme), 191
Vivien (filha de dona Boneca), 323
Vlamir (jogador de basquete), 42, 45
Você já foi à Bahia? (filme), 247, 251
Vogue Brasil (revista), 276
Voltaire, 176
Vonnegut, Kurt, 182
"Voz do morro, A" (canção), 273

Wakefield, Dan, 181-5
Wanger, Walter, 205
Warren, Harry, 249
Waugh, Evelyn, 209
Wave (disco de Tom Jobim), 272
Wayne, John, 220, 222
We're only in it for the money (disco de Zappa), 192

Webb, Clifton, 210
Weber, Bruce, 300
Week-end à francesa (filme), 190
Weissmuller, Johnny, 254-5, 260, 262
Welch, Raquel, 105, 256
Welles, Orson, 170, 246
Wellman, William, 22
Wilcox, Fred M., 215
Wilde, Oscar, 209
Wilder, Billy, 208
Wise, Robert, 215
Wolfe, Thomas (escritor), 183
Wolfe, Tom (jornalista), 172

"X-ing a paragrab" (Poe), 173
Xuxa (Meneghel), 11, 58, 235-7

Yellow Magic Orchestra, 22
Yellow submarine (filme), 22
"Yes, nós temos bananas" (canção), 281, 283

Zabelê (filha de Baby e Pepeu), 239
Zagallo (jogador), 45
Zanuck, Darryl F., 207-8, 252
Zappa, Frank, 192
Zé Carioca (José do Patrocínio de Oliveira), 247-53
Zé Carioca (personagem), 246-7, 251
Zé Dedão do Jacaré, 241
Zé, Tom, 71, 287
Zezinho (filho de Odila e Zé Carioca), 253
Zinnemann, Fred, 177
Ziraldo, 116, 123
Zito (jogador), 45
Zola, Émile, 308
Zurlini, Valerio, 207

ESTA OBRA FOI COMPOSTA EM MINION PELO ACQUA ESTÚDIO E IMPRESSA
PELA GEOGRÁFICA EM OFSETE SOBRE PAPEL PÓLEN SOFT DA SUZANO
PAPEL E CELULOSE PARA A EDITORA SCHWARCZ EM NOVEMBRO DE 2017

A marca FSC® é a garantia de que a madeira utilizada na fabricação do papel deste livro provém de florestas que foram gerenciadas de maneira ambientalmente correta, socialmente justa e economicamente viável, além de outras fontes de origem controlada.